共和国三部曲史学读本

江英◎主编

人民出版社　中国广播影视出版社

支那國三暗黑時代之一

目 录

第一章　国民党向共产党举起屠刀

一、国共合作成绩斐然 …… 2
　1. 黄埔军校将星闪耀 …… 2
　2. 平商团行东征，中共开始抓武装 …… 6
　3. 北伐战争显神威 …… 12

二、蒋介石叛变革命 …… 20
　1. 中山舰事件 …… 20
　2. 整理党务案 …… 23
　3. 四一二血洗江南 …… 26

三、汪精卫叛变革命 …… 30
　1. 武汉政府逐渐右转 …… 30
　2. 马日事变 …… 32
　3. 七一五反革命政变 …… 35

第二章　南昌起义

一、党决定在南昌起义 …… 40
　1. 不惧艰险，继续战斗 …… 40
　2. 酝酿和部署起义 …… 43
　3. 周恩来发挥关键作用 …… 47

二、革命洪流汇南昌 …… 51

1. 叶剑英递情报，两支力量得保存 ………………………………… 51
  2. 朱德、周恩来到达南昌 …………………………………………… 54
  3. 叶挺、贺龙、刘伯承聚集南昌 …………………………………… 57
 三、南昌城头的枪声 …………………………………………………… 62
  1. 暴动决不能停止 …………………………………………………… 62
  2. 打响第一枪 ………………………………………………………… 66
  3. 人民军队的诞生 …………………………………………………… 73

第三章　南下和挫折

 一、起义军英勇南下 …………………………………………………… 78
  1. 国民党军队虎视眈眈 ……………………………………………… 78
  2. 下一步去向何方 …………………………………………………… 80
  3. 南下路线之争 ……………………………………………………… 83
 二、天灾和人祸 ………………………………………………………… 85
  1. 坎坷南下路 ………………………………………………………… 85
  2. 战斗在壬田、会昌 ………………………………………………… 90
  3. 改道东进，终入广东 ……………………………………………… 94
 三、分散和挫折 ………………………………………………………… 98
  1. 兵败潮汕 …………………………………………………………… 98
  2. 起义军陷入分散和混乱 …………………………………………… 101
  3. 一直把革命干到底 ………………………………………………… 104

第四章　秋收起义和广州起义

 一、八七会议 …………………………………………………………… 110
  1. 紧急召开八七会议 ………………………………………………… 110

2. 罗明纳兹的报告 …………………………………… 112
3. 一天会议决定中国革命的走向 …………………… 116

二、秋收起义 …………………………………………… 122
1. 毛泽东计划"湘中暴动取长沙" …………………… 122
2. 风暴来临前革命力量的集结 ……………………… 126
3. 毛泽东奔赴湘赣边 ………………………………… 130
4. 霹雳一声震天响 …………………………………… 134

三、广州起义 …………………………………………… 142
1. 紧锣密鼓组织起义 ………………………………… 142
2. 夜半枪声连角起 …………………………………… 146
3. 悲歌响起 …………………………………………… 151
4. 刑场上的婚礼 ……………………………………… 157

第五章　井冈山道路通天下

一、退向井冈山 ………………………………………… 164
1. 文家市决策南下 …………………………………… 164
2. 三湾改编——一支新型人民军队的诞生 ………… 170
3. 古城会议决定安家井冈 …………………………… 177

二、建立农村革命根据地 ……………………………… 183
1. 毛泽东送袁文才100支枪 ………………………… 183
2. 盘旋游击，终到茨坪 ……………………………… 188
3. 井冈山革命根据地初具规模 ……………………… 194

第六章　星星之火可以燎原

一、星星之火 …………………………………………… 202

1. 南方群众基础较好的省份起义 202
　　2. 革命的火种传向北方 207
二、湘南暴动和平江起义 214
　　1. 湘南暴动 214
　　2. 平江起义 221
三、革命力量的第一次大汇合 227
　　1. 历史性的握手 227
　　2. 两支红军大会师 232

第七章 武装起义，花开遍地

一、江西起义 238
　　1. 东固起义 238
　　2. 江西首建政权的万安起义 242
　　3. 泰和三十都起义 246
二、福建平和起义 251
　　1. 朱积垒在平和开展农会、工会斗争 251
　　2. 平和临时县委成立及武装力量的扩展 253
　　3. 革命军占领平和 256
　　4. 起义揭开了福建工农革命的序幕 260
三、陕西渭华起义 263
　　1. 渭华起义的条件日渐成熟 263
　　2. 陕西省委做了准备 266
　　3. 渭华起义和西北工农革命军的成立 270
　　4. 国民党军三次反扑 272

结语 我们的队伍向太阳 277
参考文献 279
后　记 281

第一章
国民党向共产党举起屠刀

一、国共合作成绩斐然

1924年国民党一大标志着国共两党第一次合作的开始,国内革命统一战线正式形成。在国共两党合作期间,黄埔军校成立,为中国革命培养了大批军事人才;平定商团叛乱、东征和北伐更是推动了大革命高潮的到来;同时,中国共产党也练兵于大革命的激流中,不断重视军事力量,开始抓武装。

1. 黄埔军校将星闪耀

黄埔军校是在第一次国共合作时期创立的一所新型陆军军官学校,由于位于广州市郊的黄埔长洲岛而得此名。共产党人积极促成黄埔军校的成立,并在军校发展过程中积极参与、不遗余力,特别是在政治工作方面取得了卓越成绩。同时,通过黄埔军校培养出大量的军

◎ 黄埔军校

事、政治人才,将星闪耀,也为以后人民军队的发展壮大积累了宝贵的经验。

1924年5月5日,陆军军官学校(俗称黄埔军校)开始第一期新生入伍,并于6月16日正式举行开学典礼,孙中山发表了著名的开学讲话,黄埔军校正式成立。

黄埔军校贯彻孙中山的革命宗旨,培养军事与政治人才,组建以黄

第一章
国民党向共产党举起屠刀

埔学生为骨干的革命军，武装推翻帝国主义和封建军阀在中国的统治，完成国民革命的目的。军校以孙中山为总理、蒋介石为校长、廖仲恺为党代表组成校本部，本部之下设政治、教授、训练、管理、军需、军医六部。1924年10月增设校军教导团，11月又增设教育长和军法处。学校的学制以6个月为一期（也有9个月或1年制，根据需要灵活变动），采用军事和政治并重，理论与实践相结合的教学方针。

共产党人在军校中主要负责政治教育工作。政治教育以最基本的革命理论和革命知识为主要内容，一方面积极宣传三民主义，另一方面也向学生灌输马克思列宁主义思想，以培养学生爱国爱民的思想，树立推翻帝国主义、封建主义的理想抱负。

随着革命形势的发展以及国共两党的共同努力，黄埔军校日益发展为制度健全、组织严密的革命武装力量，并在1925年至1927年，在广东潮州、广西南宁、湖南长沙、湖北武昌增设分校，影响和规模进一步扩大。在长州本部共举办了七期，1924年至1927年大革命期间毕业四期；大革命时期入校的有第五期和第六期，直至大革命失败后才毕业；第七期毕业时约为1929年12月。

黄埔军校从1926年1月改名为中央军事政治学校。随着大革命的失败，学校的性质发生了变化，学校主要力量迁往南京，孙中山所创立的黄埔军校日益成为革命历史上的辉煌记忆。

在黄埔军校创建过程中，国民党内并没有相关的军事工作人才，军校面临教员和学员都较为缺乏的困境。为了帮助解决这一问题，共产党做出了积极的努力，先后派出了若干名优秀共产党员前往黄埔军校工作。在军校筹办和建校之初，就有张申府任政治部副主任，后周恩来任政治部主任，茅延桢任第二队队长，金福庄任第三队队长，郭俊任第三队第一区队长，严凤仪任第四队副队长，胡公冕任管理部卫兵长，徐坚和徐成章任特别官佐。后又有大批共产党员加入军校工作，包惠僧、熊雄先后担任过军校政治部主任，鲁易担任过政治部副主任，季方曾任政治部副官，聂荣臻、杨其纲、王逸常、洪剑雄、卢德铭等先后担任过政治部秘书、科长或科员，恽代英曾任主任政治教官，于树德、李合林、萧楚女、高语罕、张秋人、安体诚等担任过政治教官。还有部分共产党员如毛泽东、刘少奇、张太雷、吴玉章等，虽未到军校任职，但也通过前往学校发表演讲、协助招生工作等为军校的发展做出重要贡献。

黄埔军校与旧式军事学校最大的不同是一改以往仅仅以军事技术为主的教育方式，而将政治教育与军事训练并重。孙中山决定按照苏联红军的方法，设立党代表和政治部，除了一般的军事训练外，还特别注重学生的政治学习。周恩来担任政治部主任后，立即着手对政治工作各方面进行建设。他根据实际情况对相关部门进行重新设置；对学生所上政治课程进行了调整；采取丰富多彩的宣传教育方式；还完善和发展了军校的党代表制度。党代表制度的建立和推广，保证了军队的革命性和战斗力，为东征、北伐等一系列战斗的胜利做出了积极贡献，也为中国共产党在创建红色革命武装时将党支部建在连上以及连以上设立党代表（政治指导员）制度提供了借鉴，共产党人在实际工作中积累了宝贵经验。

在黄埔军校中，除了政治工作，共产党人还特别注重对自身组织的建设，在1924年秋成立了秘密的黄埔特别支部，隶属于中共广东区委领导。一方面将在入校前就已经入党的党员组织起来，另一方面积极吸收新党员，团结革命师生为实现革命理想而奋斗。

在政治部的指导下，除建立了党组织，黄埔军校中还成立了左翼团体，宣传革命思想，与学校中的国民党右派做斗争。1924年年底，以共产党员、青年团员为骨干成立了秘密的革命组织火星社，作为共产党的外围组织，宣传党的政策，并在广大学生中扩大党的影响。在火星社不断发展的基础上，1925年筹备成立了公开的、跨党跨校的中国青年军人联合会，主要成员不仅有共产党员、青年团员，还有国民党中的进步青年。除了黄埔军校本校的学生，还号召广州乃至全国各地其他军校学生联合起来救国救民。青年军人联合会还创办了自己的期刊《中国军人》和《中国青年军人联合会周刊》，以宣传革命思想和理论，在当时影响广泛。

黄埔军校的诞生，为革命事业的继续发展，为新的革命高潮的到来吹响了号角。它被称为国共两党培养军事政治人才的摇篮，为革命事业的继续发展提供了强有力的干部支撑。据统计，在黄埔军校迁往南京之前，共

第一章
国民党向共产党举起屠刀

培养了六期约12000人,而中共的将帅多出自第一期到第五期的7300人中。这些共产党员不仅接受了系统的军事教育,有着卓越的指挥才能,在两次东征和北伐战争中做出卓越贡献,部分党员还直接领导了武装力量,在以后的土地革命战争、抗日战争以及解放战争中都发挥了重要作用,为人民武装的创立、发展和壮大建立了不朽功勋。

大革命失败后,国共统一战线破裂,共产党开始自己领导武装力量,进行武装斗争。一大批黄埔师生毅然与蒋介石政府决裂,跟随共产党搞革命,为实践革命理想而浴血奋战。

他们参加了几乎所有重大的武装起义,遍布各个斗争区域,用自己的智慧与勇气为推翻帝国主义、封建主义和官僚资本主义在中国的统治而努力,为新中国的成立做出了卓越贡献,有的献出了自己宝贵的生命。如曾任红4军参谋长兼28团团长的王尔琢(1928年被杀害),曾任八路军副参谋长的左权(1942年在战斗中牺牲),曾任赣南红军第6军政治部主任、苏区中央局秘书长的毛泽覃(1935年在瑞金作战中牺牲),曾参与领导渭华起义并担任过中共陕北特委军委书记等职务的刘志丹(1936年在山西牺牲)等都曾在黄埔军校工作或学习过。

还有一些黄埔军校学生为了革命事业牺牲生命却未留下姓名,成了无名英雄。

新中国成立后,被授予将帅军衔的人员中黄埔军校的师生占了很大比例,群星璀璨,耀眼夺目。

十大元帅中的林彪、陈毅、徐向前、聂荣臻、叶剑英5人,都曾在黄埔军校留下身影。

大将中陈赓、罗瑞卿、许光达都是黄埔军校的学生。

上将有周士第、陈明仁、陈奇涵、张宗逊、杨至诚、宋时轮、陈伯钧、郭天民、萧克和陈士榘10人。

中将有12人:阎揆要、谭希林、王诤、倪志亮、郭化若、常乾坤、唐天际、彭明治、曾泽生、莫文骅、何德全、韩练成。

少将有23人:方之中、袁也烈、洪水、周文在、曹广化、廖运周、李逸民、张开荆、戴正华、魏镇、张希钦、陈锐霆、王启明、王兴纲、隐汉章、张学思、高存信、白天、徐介藩、王作尧、吴克之、朱家璧、黎原。

以上共计 53 人。黄埔军校里走出来的共产党军官,对中国革命的成功,对许多战争的胜利都起到了至关重要的作用,可以说,他们是人民军队诞生和成长过程中特别重要的力量。

黄埔军校为国共两党培养了大批军事政治人才,为即将到来的大革命作了准备。从严格意义上说,中国共产党从事军事活动是从黄埔军校开始的,并由此"开始懂得军事的重要"。

2. 平商团行东征,中共开始抓武装

为了稳定和巩固广东革命根据地,国共两党先后平定了广州商团叛乱,进行了两次东征,平定刘杨叛乱和南征邓本殷部。在战斗中,共产党员教员和学生军冲锋陷阵。在武力镇压叛军过程中,共产党更加深刻地认识到,雇佣一些军阀来做革命的军事行动是一种失策的教训,而必须拥有自己的可靠的革命武装来进行革命活动。

首先是平定商团。商团成立的目的只是防御内匪,保全商户的生命财产,维持治安,属于民族资产阶级掌握的中立性的武装自卫团体。1919 年商团改组后,陈廉伯任新商团团长,陈恭受为副团长,商团的性质也逐渐发生了改变。商团一方面依附于帝国主义势力,一方面勾结广州驻军将领和陈炯明等军阀,形成了各种反动势力的联合。同时,陈廉伯积极扩张商团的规模,拉拢各地痞流氓团伙,招募扩充团军数千人,并通过国外势力私自购买大批枪械以充实商团装备,妄图推翻孙中山的革命政权,阻碍革命的进行。

1924 年 8 月,广州扣械事件成为引发商团和革命政府矛盾激化最直接的导火索。面对商团的嚣张气焰,共产党人提出军事计划:第一步解散商团,第二步讨伐陈炯明,第三步北伐,并改双十节为警告节,请国民党作镇压反叛的准备。同时,中共广州地委还决定成立工团军和农团军,以反击商团的进攻。

第一章
国民党向共产党举起屠刀

由于国民党右派和军阀的欺骗和调解，孙中山最终与商团妥协。但这并未能缓解广州的紧张局势，反而爆发了更加严重的武装叛乱。

10月10日，为纪念辛亥革命13周年，由共产党宣传组织的广州各界人士约三四万人聚集游行，工团军、农团军的成员走在了队伍的最前面。当队伍走到太平路和西壕口之间时，全副武装的商团军对手无寸铁的游行队伍开枪射击，当场打死20余人，工团军第二分队队长黄驹等人被打死剖尸，一些队员被打伤或被抓走。当时由于孙中山所能调动的部队都调到北江准备北伐去了，三四天后，北伐部队才回师归来，并在共产党人的提议和支持下成立了革命委员会，决定武力解决商团叛乱。

共产党员周恩来、陈延年、谭平山等都参加了革命委员会的工作，并领导工农、妇女、学生等团体支持镇压商团叛乱，多次召开集会，四处张贴宣传语，号召大家支持革命军队。黄埔军校的学生也全体决议参加战斗，并立誓要与叛军拼死活。

孙中山于10月14日下达镇压商团叛乱令。15日，周恩来、阮啸仙、刘尔崧发动工团军和农团军配合革命军以消灭商团。蒋介石也率领所指挥的黄埔学生军，会同粤军张民达师、警卫军吴铁城部与工团军、农团军一起，包围了位于西瓜园的商团总部。工团军、农团军与黄埔学生军一起，分五路包围了商团的据点，黄埔学生军以火攻的方式焚烧总部之外的木栏和堡垒，经过5小时的战斗，大部分商团军纷纷逃匿，迅速平定了商团叛乱。

在战斗中，有数十名工团军、农团军战士献出了宝贵的生命。广州商团叛乱的平定，使得广州政府转危为安，并赢得了群众更加广泛的支持，黄埔军校的学生军也在此次战斗中初露锋芒，陈赓等共产党员在战斗中发挥了积极作用。

在商团叛乱平定后，工、农团军随即解散了，这是中共第一次独立领导的武装队伍，为以后继续发展工农武装，包括创建属于自己的军队提供了宝贵经验。工、农团军为巩固广州革命根据地做出的贡献将永世长存。

其次是两次东征。

1922年陈炯明炮轰总统府与孙中山彻底决裂后，就一直盘踞在东江一带发展势力准备伺机卷土重来推翻革命政府。1924年北京政变发生后，冯玉祥等人盛邀孙中山北上商谈和平统一大计。1924年11月,孙中山离开广州北上。

陈炯明认为这是反攻广州的大好时机,于12月7日在汕头自称粤军总司令,四处聚集兵力,并以援助商团为名,于1925年1月下达了进攻广州的命令。革命政府迅速做出反应,将所辖的粤军许崇智部、滇军杨希闵部、桂军刘震寰部和湘军谭延闿部联合起来,并任命杨希闵为联军总司令。

◎ 参加第一次东征的黄埔军校教导团

革命政府于2月1日发布总动员令,宣布第一次东征开始。联军总司令部决定分三路讨伐陈炯明,黄埔军校的学生队和两个教导团被编入东征军右路。1925年2月1日,黄埔军校教导团和学生军从校本部出发,正式踏上东征之路,在战斗过程中发挥了核心作用。

棉湖之战是第一次东征过程中规模最大的一场战役。由于通讯不灵、地图不明确等因素,与林虎部正面交锋的只有教导第1团一千余人,面对的却是敌军近万人。面对叛军疯狂的反扑,1团官兵仍拼死坚持,不退不让。面对凶残的敌人,战斗十分惨烈,伤亡惨重。后来,教导第2团在当地农民的带领下,从侧面给敌军强力打击。在合力之下,终于将叛军打败。

经过了棉湖之战后,东征军又相继攻克了五华、兴宁、梅县等地。陈炯明的一部分力量被消灭,残余各部逃往闽赣边界。

东征联军原本分为左、中、右三路,但实际参与战斗的只有以黄埔教导团、学生军和粤军组成的右路军,由滇军杨希闵部和桂军刘震寰部组成的左、中路军却与陈炯明暗中勾结,按兵不动,观望战事。到1925年5月,杨、刘的滇桂军占据了广州的中心区永汉马路及京九车站等要塞地区,意图武装叛变,并且搜刮钱财、欺压百姓,引得民怨沸腾。1925年6月,东征军回师广州,与滇桂军开始正面战斗。

此次,中共广东区委组织了以罗亦农为首的革命委员会,参加了这场

第一章
国民党向共产党举起屠刀

战斗。陈赓等人化装潜入广州城，散发传单，揭露刘、杨罪行，号召民众支持东征军。铁甲车队在徐成章、廖乾吾的指挥下，坚守大沙头的木桥，掩护国民党中央和苏联顾问团转移。东征军攻城时，铁甲车队夜晚偷偷渡过珠江，从敌后方发起攻击，切断了敌军城内城外的联系，有力地配合了主力部队作战。

只经过一夜的激战，刘、杨部队即被打败。而能如此迅速地取得胜利，一方面是由于革命战士的英勇表现，更重要的是共产党发动了广州工农群众起来支持东征军。刘、杨军阀叛乱被镇压，使得广州革命政府政权更加稳定。

第一次东征并未完全消灭陈炯明的势力，在帝国主义和北洋军阀的支持下，陈再一次聚集力量重新占据东江一带，并准备再次进攻广州。国民政府军事委员会决定再度东征，以蒋介石为东征军总指挥，汪精卫为党代表，周恩来为总政治部主任，分三路纵队进攻，以彻底消灭陈炯明余部。

在第二次东征过程中，在由旧粤军改编的东征军第3师被叛军主力林虎部重重包围时，蒋介石亲自前往华阳地区督战，陈赓担任蒋介石的护卫。

陈赓，生于1903年，原名陈庶康，湖南湘乡人。1922年加入中国共产党。土地革命战争时期，曾任中国工农红军团长、师长，中央纵队干部团团长、红1军团第1师师长。抗日战争时期，任八路军第129师第386旅旅长，太岳军区、太岳纵队司令员。解放战争时期，任晋冀鲁豫野战军第4纵队司令员，第2野战军第4兵团司令员兼政治委员。新中国成立后，先后任西南军区副司令员、云南省人民政府主席、云南军区司令员、中国人民志愿军副司令员兼第3兵团司令员、政治委员，中国人民志愿军代司令员、代政治委员，中国人民解放军军事工程学院院长兼政治委员，人民解放军副总参谋长兼国防科学技术委员会副主任，中央军委委员，国防部副部长。是中共第七届中央候补委员，第八届中央委员，第一、第二届国防委员会委员。1961年3月16日，在上海病逝。

无奈第3师的战斗力实在太差，蒋介石到达没多久，第3师就如潮水一般溃败下来，甚至有人就直接从蒋介石面前飞快地逃窜。

蒋介石再也无法忍受，大喊："陈赓！"陈赓立即跑过来，笔直地站在蒋介石面前。蒋介石对陈赓说:"陈赓,你是黄埔的好学生,现在革命危在旦夕,校长现在命令你赶快下山,传达我的命令,不准退却!临阵脱逃一律枪毙!"

陈赓拔出驳壳枪,冒着炮火飞奔到前沿阵地。但眼前已经是一片兵败溃逃的乱局,任凭他怎么吆喝,都没人上前,甚至有几个逃命的士兵还故意撞倒他,有的人就从他身体上面跳过去,有的干脆踩他一脚,发泄心中的火气。

陈赓孤立无援,只能跑回山头,向蒋介石报告军情。陈赓此时已经清醒地认识到危局一时无法扭转,便对蒋介石说:"校长,指挥部该撤退了。"听了陈赓的话,蒋介石才开始环顾四周,发现周围不断有人中弹身亡,敌人的喊杀声也越来越近。蒋介石开始有点紧张了,腿也不知向何处挪动了。

眼看敌人就要扑上来了,危急之下,陈赓不由分说,上前架住蒋介石就往山下跑。跑到山下,蒋介石一屁股坐在地上,赖着不走了,颓然道:"我不走了!我堂堂总指挥落到这步田地,还有什么脸回去见江东父老。"

蒋介石越说越激动,不由得声泪俱下,甚至拔出了短刀。陈赓一把夺过短刀,劝蒋介石道:"你是总指挥,你的行动会对整个战局产生影响,这里没有黄埔的军队,赶快离开这里,再不走就晚啦。"蒋介石听完陈赓的话,稍微冷静了点,无奈地说:"我走不动了。"

"我背你走。"陈赓蹲在了蒋介石面前,蒋介石犹豫了一下,还是跳上了陈赓的背。陈赓背着蒋介石爬过泥泞的山路,穿过草丛,蹚过一条小河,听到枪声渐渐稀落了,才把蒋介石放下来。

把蒋介石安顿好后,由于随行人员都不愿去送信求援,陈赓不顾劳累,又承担起送信求援的任务,一个人穿越敌人盘踞的山区,还要攀爬一座莲花山脉,甚至有可能遇到土匪和野兽。深夜时,陈赓只身穿行在深山丛林中,由于任务急,时间紧,陈赓沿着崎岖的山路紧赶慢赶,一步不停,脚上磨出了血泡,每走一步都钻心疼。但他强忍着疼痛,终于在次日下午赶到了目的地,将信送到。周恩来派出一支队伍将蒋介石接了回来,蒋介石才算完全脱离了险地。因此,对黄埔三杰后有戏言:蒋先云的笔,贺衷寒的嘴,灵不过陈赓的腿。

第一章
国民党向共产党举起屠刀

不久，援军到达。经过了惠州之役、海丰阻击战，并在塘湖地区歼灭了陈炯明的主力部队，到11月初，盘踞东江的敌军基本扫清。

11月6日，蒋介石率领部队到达汕头，发表东江收复的通电，第二次东征将陈炯明的军队彻底消灭。在东征的同时，国民政府还以朱培德为总指挥，率领部分革命军进行南征，讨伐邓本殷等军阀势力，并于1926年2月宣布南征胜利结束。

工、农团军和黄埔学生军在战斗中成长壮大，为中共建立自己的军队提供了保障。由孙中山建立的铁甲车队，经过周恩来的改组扩充后，战斗力大大加强，先后参加了第一次东征和镇压杨、刘叛乱等重大军事活动，为统一广东做出了重要的贡献。

孙中山逝世后，时任黄埔军校校长和国民革命军第一军军长的蒋介石也加紧纠集反动势力，同中国共产党争夺军事的领导权，要求共产党人要么退出共产党，要么退出国民党和黄埔军校。对武装斗争重要性有着清楚认识的周恩来等人在复杂的情形下，强调共产党人必须建立和掌握自己的军队。于是经过努力争取，以铁甲车队为基础，在广东肇庆成立了一个团，隶属于国民革命军第4军，以叶挺为团长。经国民革命军第4军军长李济深同意，取得了该军独立团的番号。

1925年11月，叶挺独立团正式成立。在独立团改组建立时，独立团团长一职成了困扰广东区委的一大难题。这是中共组建的第一支军事武装，团长一职极其重要。在反复衡量考察后，中共广东区委考虑到叶挺受过完整正规的军校教育，具有较高的军事理论素养，不但对军事战略有独到的见解，而且在战术实践方面也颇有建树，于是决定由叶挺任独立团团长。

叶挺接受调动后，立即从广州奔赴肇庆，具体负责独立团的军事训练和政治教育工作。叶挺对自身要求严格，以身作则，奖惩分明，工作严谨，赢得了独立团全团上下官兵的尊重，树立了极高的威望。

叶挺对独立团进行了严格的军事训练和系统的政治教育。他提倡"苦练出精兵"，竭力使官兵磨炼出健壮的体魄、坚强的意志。他亲自安排训练计划，把当时军队普遍实行的"三操两讲"，增加到"四操三讲"。当时有人对这种高强度的训练提出质疑，但叶挺无视各种非议，以身作则，带领官兵一起操练，从不松懈。

　　同时，他也注意加强对官兵的思想教育，仿照苏联红军的经验，开展了反贪污、反对打骂士兵的运动，并制定了三条纪律：连队军官和士兵吃一样的伙食，不得另设小灶；经济公开，定期公布收支账目；严禁体罚，废除肉刑。通过这些教育，官兵们树立起崇高的革命理想，上下级之间建立起新型的、平等的同志式关系，克服了旧军队带来的懒散、拖沓等不良习气。

　　在肇庆时期，叶挺要求独立团不仅要内部搞好建设和训练，还积极帮助当地农民创立自己的组织，帮助打击当地的土豪劣绅，掀起了当地群众参加农会和农军组织的高潮。叶挺还帮助农会组建了自己的赤卫队，举办军事训练班培训赤卫队队员，开创了当地农运工作新局面。

　　在叶挺以身作则的情况下，独立团全团精神奋发、勇猛善战，不仅在国民革命军内被评为军事素质、作风最好的单位，在广大民众中也拥有极好的口碑。叶挺的建设成果也受到了中共广东区委的赞扬。

3. 北伐战争显神威

　　通过平定商团叛乱、两次东征和南征，广州国民政府统一了两广地区，使得广东国民革命根据地和革命政权得到进一步的巩固和发展。与此同时，以五卅运动为起点，全国群众革命运动不断高涨，为北伐战争提供了强大的群众基础。北洋军阀的统治愈发黑暗，人民生活在水深火热之中，迫切要求国民革命军出师北伐，以结束北洋军阀的黑暗统治。

　　北洋军阀看到南方革命形势不断发展，国民革命力量不断壮大，开始勾结起来，意图发动对广州革命政府的进攻，计划由军阀吴佩孚出兵湖南，接着以湖南为大本营，联合云南、贵州等地的军阀向广州国民政府发动全面进攻。直系军阀孙传芳也在此时积极备战，妄图伺机进攻广东，扩大自己的势力范围。纵观全国局势，国民革命军出师北伐的时机已经成熟。

　　虽然北伐时机已经成熟，但国民党内的主要人物如汪精卫、胡汉民、蒋介石等却在为争夺党内最高领导权而彼此斗争，并无暇顾及北伐大计。

第一章
国民党向共产党举起屠刀

与之相对，中国共产党一直在为出师北伐做积极准备。1926年2月，中国共产党在北京召开了中央特别会议，决定从各方面准备进行北伐。

首先，在中央成立了专门的军事领导机构即军事委员会来负责北伐军事方面的相关事宜。另外，要求各级各地组织加紧进行群众宣传动员工作，特别是北伐战争必经的湖南、湖北、河南、直隶等地，以最广泛的力量接应北伐军，积极支持和参加北伐战争。

其次，陈独秀还多次致电蒋介石和汪精卫等，认为国民政府应该"乘吴佩孚势力尚未稳定时加以打击，否则他将南伐，广东就没有积蓄力量之可能"。

1926年5月初，共产党派出自己独立领导的一支武装力量——叶挺独立团，作为先遣队从肇庆经韶关挺进湖南，先行挥师北伐，比其他部队启行时间早了一个多月。

6月2日，独立团到达安仁。3日，遭到吴军、谢文炳部的猛攻，并在安仁以北发生激战。经过一天一夜拼死奋战，4日，独立团击退了谢文炳部，5日，乘势攻占攸县，打败了谢文炳的四个团和唐福山的两个团，取得了出兵以来的第一个大胜利。与衡阳方面的第8军及第7军第8旅取得的胜利，一起稳定了湖南的战局，为国民革命军开辟了进军道路。

叶挺独立团的官兵一路浴血奋战，在湖南战场上连连告捷。国民党内部还在为何时北伐而争论不休时，独立团已经真枪实弹干起来，为北伐的胜利推进打响头炮，充分表明了独立团率先出师北伐是共产党人自觉的行动。

前方不断传来叶挺独立团和其他各军的捷报，蒋介石也无道理指责共产党，并且他考虑到若再不出兵，战前风光将被共产党人占尽，自己的威望难以树立，不能再拖延了，才决定下令北伐。

1926年6月4日，国民党中央执行委员会临时全体会议通过国民革命军北伐案。6月5日，任命蒋介石为国民革命军总司令。7月1日，国民政府发布北伐动员令。7月9日，在广州东校场举行誓师大会，发兵北伐，北伐战争正式开始。

参加北伐的国民革命军总兵力共有8个军，约10万人。蒋介石担任总司令，李济深为总参谋长，白崇禧为副总参谋长，邓演达为总政治部主任。各军军长分别为：第1军何应钦，第2军谭延闿，第3军朱培德，第4军李济深，第5军李福林，第6军程潜，第7军李宗仁，第8军唐生智。除此之外，还有以8艘军舰组成的海军舰队，以3架飞机组成的空军部队。

要讨伐的敌人，北洋军阀主要有直系吴佩孚、奉系张作霖、直系孙传芳，三派军阀兵力合计约75万。单从兵力上来看，力量远远大于国民革命军。但是三派军阀内部矛盾重重，个个拥兵自重，力主扩大自己的势力范围，很难协同作战。

在分析了敌我双方政治、经济、军事力量的差距后，国民革命军在中国共产党和苏联顾问的帮助下，制定了利用军阀之间的矛盾，集中优势兵力，各个击破的战略方针。决计先打倒盘踞中原的吴佩孚，占领长江中游，再转战东南，击败孙传芳势力，占领长江下游，最后挥师北上，进军长江以北地区，消灭张作霖及其他军阀，最终统一中国。

北伐出征誓师大会后，广州国民政府军事委员会发布了具体进军命令。国民革命军各军根据命令，陆续向湘南集中，逐渐形成了对湖南吴佩孚军队的进攻态势。

7月初，国民革命军前敌总指挥唐生智根据国民革命军总司令部的命令和当前敌情，决定趁敌人还未完成反攻部署前，摧毁敌军的涟水、渌水防线，夺取长沙。叶挺独立团为右路军，负责攻击醴陵、株洲。

◎ 叶挺独立团

7月7日夜，叶挺独立团向泗汾的湘军进攻，当地平民救国团等农民武装也积极配合作战，梭镖队、大刀队连夜袭击湘军阵地，疑兵队四处安放旗帜，吹号呐喊，扰乱湘军军心。在农民武装的帮助下，叶挺独立团猛攻泗汾，并于10日凌晨，在黄土岭击退湘军之排哨后，奋勇杀敌，最终占领了泗汾桥北岸街市。接着，独立团在龙山铺附近击败了吴军、谢文炳部两个团,直捣渌水南岸。到下午4时左右,叶挺独立团成功攻下醴陵。

叶挺曾报告这场战役说,独立团"阵亡连长两名,重伤排长一名,士兵30余名,获步枪180余支,营退炮一门,子弹数万。此役第1营在敌强袭渡河,并与谢文炳增援部队千余人对抗,卒将敌击溃。官兵英勇精神颇为友军所赞叹"。7月11日,左、中两路军分别占领了长沙、宁乡、益阳等地,标志着北伐第一期作战计划基本完成。

8月12日,蒋介石及总司令部到达长沙,开会讨论第二期作战计划。第二期作战计划于8月14日发布,叶挺独立团所在的第4军被列为中央军右纵队,与第12师第36团一起担任中路作战,经横磋、狮子岩、金茅园、金窝等地进攻平江。

任务下达以后,8月19日凌晨,作为中央军右纵队的第4军发动进攻。独立团由马铺附近渡河,向平江以东以北发动包围攻击,并取得了鲁肃山、天岳山、童子岭等处的战斗胜利。8月20日,独立团经过狮子岩前进至平江城后,与第36团会合,并于中午12时联合进攻平江北门。

在独立团和第36团的猛烈攻击下,吴军被迫打出白旗投降,俘获军官数十名、士兵上千人,成功占领平江。

听闻第35团仍与敌军激战后,虽然广大官兵都极度疲乏,独立团还是义不容辞地返回南岸,援助第35团,歼灭大部分敌军。8月23日,第4军由平江前往湖北通城,独立团又主动承担起追敌的任务,日夜兼程地行军80多公里,占领武长铁路的中火铺车站,截获敌军一个团,俘获敌军400余人,缴获枪支150多支。

在平江战役过程中,中国共产党组织了大批农民群众,将平江一带的地形、吴军的兵力部署、吴军炮兵位置、布雷区等信息,绘制简图给第4军,还组织运输队、宣传队、疑兵队等协助北伐军作战。

国民革命军占领了平江、岳阳等地后,吴佩孚精心构筑的防线被彻底打破,使得湖南地区成为北伐战争的大后方,为继续北伐,为夺取武汉和开辟江西战场奠定了基础。

吴军防线相继被摧毁,吴佩孚气急败坏,赶紧调集其精锐部队策划反攻,汀泗桥成为吴佩孚重兵驻守的关键之地。国民革命军听闻吴军主力正从北方南下，妄图支援退至汀泗桥的吴军部队，便决计迅速追击，占领武汉，不给吴军任何休整机会，由第4军担任进攻汀泗桥的作战任务。

战斗于8月26日正式打响。由于第4军没有重炮，一时未突破过桥，反而被吴军反扑，军部被吴军部队穷追不舍。危难之际，独立团第1营营长曹渊受叶挺的命令率部前往支援，打退敌军，确保了军部的安全，曹渊因此受到了军部的通报嘉奖。

按照战略部署，叶挺独立团沿右侧从古塘角向吴军中心阵地推进，与第10师右翼联合包围吴军。经过两个多小时的激战，叶挺独立团协同包围了吴军左翼，将吴军成功击破，并占领了汀泗桥东南一带的高地。

在突破汀泗桥后，叶挺又率领独立团追击败退吴军，第2营营长许继慎率部第一个冲到咸宁城下。当时咸宁城外洪水暴涨，两旁均被水淹，城内一片混乱。许继慎率领第2营毫不畏惧，冒险前进。趁着敌军慌乱之时，许继慎当机立断下令攻城，占领了吴军极为重要的一处险要据点。

汀泗桥之战中，吴军数千人被歼，2000多人被俘，大量的枪支被缴获。第4军以少胜多，独立团在其中发挥了决定性的作用，打开了通向武汉的门户。

汀泗桥战役后，北伐军继续向武汉进军。8月28日，兵抵贺胜桥。北伐军的连续胜利让吴佩孚大为震惊，此次纠集了十多万兵力，亲自来到贺胜桥指挥战斗，其中不乏号称百战百胜的精锐部队，还配备了装甲车、山炮、野炮等数十门，重机枪200余挺。

叶挺独立团在这次战斗中冲在最前面，成为第一线战斗力量。29日夜开始靠近敌人阵地，30日凌晨，叶挺独立团向杨林塘的吴军发起猛攻，到9时，成功占领杨林塘，吴军的第一道防线被突破。

独立团乘胜继续追击，许继慎率第2营沿着铁道右边向贺胜桥挺进，在黄家窑处遭遇吴佩孚手下猛将刘玉春部，将许继慎部团团围住。在无援兵的情况下，许继慎要求全营官兵不许后退，牢守阵地，拼死搏斗。当时，不仅第2营，整个独立团都陷入了敌人主力的包围之中，处处防守，层层把关，进退不得。

在这紧急关头，叶挺独立团充分发挥了革命军队不怕牺牲、临危不乱的精神。在叶挺的指挥下，由周士第率第1营赶往支援许继慎部。许继慎部虽然伤亡惨重，但仍咬牙坚持，毫无退败之意，营长许继慎身受重伤仍坚持指挥战斗。

最终在独立团官兵的合力拼搏下，集中兵力杀出一条血路，突破敌人防线，为挺进贺胜桥所在第三条防线扫清障碍。在敌人撤往贺胜桥时，叶挺独立团所在第4军继续追击，冲锋陷阵，前仆后继，即使吴佩孚亲自持刀督战也难遏制溃败之势。

最终，第4军成功攻占贺胜桥。从此，国民革命军名扬天下，叶挺独立团为第4军赢得"铁军"的称号。

武昌位于长江南岸，是湖北的政治中心，攻占武昌是彻底打败吴佩孚的关键之役。9月2日，国民革命军第4军到达武昌外围，并决定9月3日开始攻城。在连续战败之后，吴佩孚垂死挣扎，将几乎所有的兵力都调集至武昌，要不惜一切代价守住武昌，并极力敦促孙传芳出兵以解武昌之围，再南北夹攻，消灭国民革命军力量。

凭借有利位置，吴军在城墙上用火力压制国民革命军各部的进攻，多次强攻都未成功，且死伤众多，进攻全线受挫。鉴于此，各部决定挑选敢死队员突破敌人火线。

叶挺独立团官兵集体请愿，认为不必挑选，全可为敢死队员。第1营营长曹渊主动请缨，愿全营为敢死营。最终，叶挺独立团中以1营为敢死队，2营为拥进队，3营和特别大队为预备队。

9月5日凌晨，第二轮攻城正式开始，叶挺独立团负责攻打通湘门。敢死队在吴军密集的火力网中举枪前进，冲过护城壕沟，逼近城墙之下，并将云梯架起，众队员纷纷冒着枪林弹雨攀援而上，遭到吴军火力的猛烈扫射，伤亡惨重。

独立团1营伤亡尤其严重，几乎全营覆灭，第2营也损失大半兵力，1营营长曹渊在攻城战斗中壮烈牺牲。

最后，经过艰苦的内外线作战才突破城门，叶挺独立团由通湘门攀登入城，与城内的吴军展开巷战，最终肃清了城内敌军，俘获吴军约万人，缴获大批枪支弹药。

武昌战役的成功，标志着两湖战场的战事即告结束。吴佩孚的主力被消灭，鼓舞了北方人民的革命斗争，巩固了国民革命的基础，对继续北伐有着极其重要的战略意义。

两湖战场是北伐战争中的首个战场，也是至关重要的战场。两湖战场的战事取得全面的成功对整个北伐乃至全国革命形势都有着积极的推动作用。叶挺独立团，这一支由共产党领导的队伍，作为先遣队率先为北伐打出了绚丽的开场，并在随后的一系列战役，包括醴陵、平江、汀泗桥、咸宁、贺胜桥、武昌等重大战役中敢为人先、不怕牺牲、临危不乱、团结合作、屡立奇功，赢得了国民革命军乃至全国人民的尊重和赞扬，是当之无愧的"铁军"。他们的精神也必将流传千古，影响后世。

除了叶挺独立团在北伐战争中的突出表现，在国民革命军其他各军的共产党员，无论职务高低各个英勇善战，敢打头阵，特别是在战斗的危急关头，总能看到共产党员主动请缨的身影。

他们通过自己的模范行动，不仅充分体现了党员的先锋模范作用，也鼓舞了身边的官兵积极应战，共同浴血奋斗，流血牺牲者数百人。而聂荣臻、蒋先云、张其雄、王尔琢等共产党员直接参加了北伐战争。广大党员用自己的血肉之躯换来了北伐战争的胜利进行。

在临颍之战中，担任正面攻击的11军26师的77团遭到了敌人集中火力的反攻。在关键时刻，担任团长兼党代表的共产党员蒋先云，一直坚持在战斗第一线，虽胸部被敌人枪弹击中，仍坚持指挥战斗，不下火线。最后，在连续受伤后，流血不止，扑倒在地，仍高呼要杀敌前进，牺牲时，年仅25岁。

担任黄埔军校教官的金佛庄在北伐过程中被派往上海、杭州地区从事对地方军队的策反工作，在南京下关码头被捕，被孙传芳枪杀于南京雨花台。

担任第1军第2师第6团团长的共产党员郭俊，率领部队于1927年1月进入浙江衢州，发动对孙传芳部的猛攻，打得敌人措手不及，全线溃败，并成功俘敌300余人，缴获大量枪炮。郭俊在战斗中腰部中弹，却仍坚持到战斗结束，最终因医治无效而牺牲,将年轻的生命献给了光荣的革命事业。

在北伐进军节节胜利之际，中共中央作出指示，各地党组织都应当号召和动员群众积极配合、支持北伐。通过北伐战争的洗礼,中国共产党进一步认识到武装起义对推翻反动势力、实现革命理想的重要性,先后召开会议,要求各地要把握时机,要做最直接的斗争,随时准备武装暴动,推翻当地军阀政权,发展工农武装力量。1926年10月、1927年2月和1927年3月,中国共产党领导上海工人起义。前两次起义由于准备不充分失败了,第三次起义取得重大胜利。这次武装起义的胜利,是在中国共产党领导下,工人阶级依靠自己的力量反对军阀黑暗统治,创建独立政权的伟大尝试,对于缺乏军事斗争经验的中国共产党来说具有特殊意义。这次起义也是北伐战争重要的一部分。北伐军不费一枪一弹就成功进驻上海,进一步鼓舞了全国人民的革命热情,号召更多的人支援北伐,掀起北伐战争中一个新高潮。

二、蒋介石叛变革命

蒋介石的军事地位和政治地位得到提高之后，其野心更加膨胀。眼见中国共产党日益壮大，苏俄的影响不断增强，国民党左派和苏俄、中共的关系也日益密切，蒋介石接连制造了中山舰事件、整理党务案，打击中国共产党，扩大自己的势力，建立以自己为中心的统治，篡夺革命领导权。西山会议派和孙文主义学会分子也到处煽动仇俄、反共的阴风。1927年4月12日，蒋介石发动反革命政变，向中国共产党举起了屠刀。

1. 中山舰事件

蒋介石是一个极具野心的人，但是国民党一大召开时，他不仅未能跻身国民党中央委员行列，甚至连大会代表也不是。自尊心极强的蒋介石为此感到郁闷，他在日记中写道："到粤月余，终日不安，如坐针毡，居则忽忽若忘，出则不知所往，诚不知其何为而然也。"后来联俄联共策略实施后，黄埔军校顺利建立并发展起来，蒋介石将黄埔军校视为自己安身立命的资本，以此为基础建立了第一支真正属于国民党的"党军"，也第一次拥有了真正属于自己的嫡系部队，他在国民党内的实力大大增强了。

1925年8月，廖仲恺被刺。在鲍罗廷的建议下，由汪精卫、蒋介石和许崇智三人组成"特别委员会"，"授予政治、军事及警察一切全权，应付时局"，实际上成为国民党的最高权力中心。胡汉民、许崇智相继被排挤出局，蒋介石成为汪精卫之下的国民党第二号领袖人物。

第一章
国民党向共产党举起屠刀

1926年1月,国民党二大在广州召开。蒋介石第一次参加全党的这种盛会,并当选为新一届中央执行委员,兼中央常务委员会委员、政治委员会委员、军事委员会委员和国民革命军总监。此前蒋介石的言论表现还是比较"左"倾的,但自国民党二大召开不久,蒋介石的心境就逐渐变化了。他在日记中总结二大召开之后,自己事迹"固可喜慰,而痛苦则非人所知也"。之前蒋介石痛苦的根源在于自己没有得到重用,而这次他的痛苦应该是来自"高处不胜寒"的危机感和忧虑感。2月1日,军事委员会任命蒋介石为国民革命军总监。蒋在日记中写道:"权位愈高,责任愈重,因之心思愈苦,而危险之程度,亦愈增矣,可不懔哉。"

国民党二大召开后,一直比较支持蒋介石的鲍罗廷辞职回国,接任他的是季山嘉,他和鲍罗廷在对中国革命的看法和主张上面有着明显的分歧,而且他的言谈态度常常让蒋介石觉得难以接受。蒋介石认为季山嘉故意与自己作对,在许多战略问题上也与自己针锋相对,这让蒋介石的忧虑感加深了。1926年3月7日,刘峙、邓演达前来告知外间有人发送反蒋的油印传单,更增加了蒋介石的危机感,觉得有人想陷害他、打倒他。3月8日,蒋介石与汪精卫商讨"革命大方针"。蒋介石表示:"一切实权非可落外人之手,虽即与第三国际联络亦应定一限度,要当不失自主地位。"这表明他对共产国际怀有戒惧心理。同时,从当时他的日记来看,蒋介石怀疑反蒋传单是中共所为。而实际上这些都是"西山会议派"和广州孙文主义学会所使用的离间计谋,他们四处散播谣言,煽起蒋介石的疑忌之火。

此时,另一件事情的发生让蒋介石本就已经绷紧的神经再也无法承受。1926年3月18日,一艘由上海开往广州的商轮被土匪抢劫,停泊于黄浦江上游。有人求助黄埔军校调舰保护,由于军校没有可以调用的军舰,军校值班人员电请军校驻广州办事处派舰援助。军校驻省办事处主任欧阳钟到李之龙(共产党员、青年军人联合会骨干)家,声称:"奉蒋校长命令,有紧急之事,派战斗舰两艘开赴黄埔,听候蒋校长调遣。"他还称已通知"宝璧"号预备前往,要海军局再派一艘。其时海军局还有两艘舰,一为"自由"号,一为军校校长座舰"中山"号,而"自由"号刚从海南回省,机件有所损坏。海军局代局长李之龙只好派中山舰前往。19日晨,宝璧舰与中山舰受命出动,开赴黄埔。中山舰于上午9时驶抵黄埔。当军舰于19日晨到达黄埔时,右派却大造谣言,说共产党"要炮轰黄埔,打倒蒋介石,推翻国民政府,组织工农政府"。当日中午,李之龙获悉以依文诺夫斯为首的苏联代表团要参观军舰,于是用电话请示因公滞留在广州的蒋介石,告以俄国考察团想参观中山舰,可否将中山舰调回广州。是日上午,恰好汪精卫已多次询问蒋介石是否去黄埔和何时去黄埔。蒋正疑心汪的用意,一听说中山舰没有他的命令已开去黄埔,顿觉内中必定有诈:"既没有我的命令要中山舰开去,而他要开回来为什么又要来问我?""中山舰到了黄埔,因为我不在黄埔,在省里,他就开回省城。这究竟是怎么一回事?"在此之前,蒋介石已听到伍朝枢等人编造的谣言,说汪精卫和季山嘉想强掳他去莫斯科"受训",又联想到自己的赴俄护照刚刚得到了批准,蒋于是怀疑汪精卫等人想将他劫持到中山舰上,然后强逼他去海参崴。这时,右派分子的奸计基本得逞,蒋介石严重怀疑这件事是汪精卫搞的鬼了。

◎ 中山舰

这件事发生后,蒋介石最初的反应是,离开广州,退到他所掌握的东征军总指挥部所在地汕头。行至半途后,又自忖悄然溜走,反予人以口实,而且有失气骨,于是蒋又折回东山寓所,召集部下连夜开会,商议对策,最后决定布置反击,先发制人。20日凌晨,蒋介石以所谓"共产党阴谋暴动"为借口下令镇压"中山舰阴谋":在广州卫戍司令部宣布紧急戒严,逮捕李之龙,占领中山舰和海军局;扣押黄埔军校和第1军中做党代表和政治工作的共产党员；包围省港罢工委员会和苏联顾问团住宅，并收缴这两处纠察和部队的枪械。

十几个小时之后，未见任何反抗，蒋介石感到自己的反应可能过当。事变当日下午，在初步判定并不存在特别的危险和阴谋后，他就取消了戒严，交还了收缴的武器，并释放了被软禁的中共党代表，一切恢复常态。

这就是骇人听闻的中山舰事件，亦称三二〇事件。

在中山舰事件之前，国民党内包括怀疑和反对"容共"政策、主张分共乃至反共的人，其策略和手段基本是"文"的而非"武"的，而这次事件直接诉诸武力，也标志着国共纷争的进一步升级。

2. 整理党务案

蒋介石利用中山舰事件来不断扩大自己的势力。3月22日，国民党中央政治局委员会在蒋介石的压力下做出了令苏联顾问季山嘉等回国，撤出第2师各级党代表，查办"不轨"军官的决定。中国共产党被迫撤回第1军的全部共产党员，苏联军事顾问团团长季山嘉等也被辞退归国。同时，蒋介石还利用中山舰事件排斥了地位比他高的汪精卫，他诿过于汪精卫，说中山舰事件是汪在军校挑拨国共关系引起误会而造成的，迫使汪离开广州出国。4月16日即召开国民党中央和国民政府联席会议，改选国民党中央政治局委员会主席和军事委员会主席，由谭延闿、蒋介石分别取代汪精卫，成为中央政治委员会主席和军事委员会主席。从此蒋介石进一步掌握了国民党的军政大权。

尽管蒋介石通过中山舰事件扩大了自己的势力，但是其还不敢与革命势力完全决裂，于是又加紧谋划新的阴谋。此时，开始独揽大权的蒋介石把目标转移到如何彻底解决国共两党的纠纷问题上来。1926年5月15日至22日，国民党在广州召开二届二中全会，出席会议者40余人。这实际上是蒋介石执掌国民党最高权力后主持召开的第一次中央全会。会议首先选举谭延闿、蒋介石、谭平山为大会主席团成员，并由蒋介石担任首次会议的执行主席。会上，蒋介石以"消除疑虑，杜绝纠纷"，"改善中国共产党与国民党的关系"为由，与其他人联名提出《整理党务案》、《选举中央执行委员会主席案》，他自己单独提出《国民党与共产党协定事项案》和《全体党员重新登记案》。

《整理党务案》，由蒋介石、谭延闿、孙科、朱培德、宋子文、甘乃光、陈公博、林祖涵、伍朝枢等人联名提出。其主要内容是：第一，确定整理党务之四项原则：（1）改善中国国民党与共产党间的关系；（2）纠正两党党员妨碍两党合作之行动及言论；（3）保障中国国民党党纲党章的统一权威；（4）确定共产党员加入国民党之地位与意义。第二，组织国民党与共产党之联席会议，审查两党党员妨碍两党合作之行动、言论及两党党员之纠纷问题，并协定两党有连带关系之各种重要事件。联席会议由国民党员5人、共产党员3人组成。

《国民党与共产党协定事项案》，由蒋介石单独提出。其内容是：（1）凡他党党员之加入本党者，各该党应训令其党员，明了国民党之基础为总理所创造之三民主义，对于总理及三民主义不得加以怀疑或批评；（2）凡他党党员之加入本党者，各该党应将其加入本党党员之名册，交本党中央执行委员会主席保存；（3）凡他党党员之加入本党者，在高级党部（中央党部、省党部、特别市党部）任执行委员时，数额不得超过各该党部执行委员总数1/3；（4）凡他党党员之加入本党者，不得充任本党中央机关之部长；（5）凡属于国民党籍者，不许在党部许可以外，有任何以国民党名义召集之党务集会；（6）凡属于国民党籍者，非得有最高党部之许可，不得别有政治关系之组织及行动；（7）对于加入本党之他党党员，各该党部所发之一切训令，应先交联席会议通过，如有特别紧急事故，来不及提出通过时，应将此项训令请联席会议追认；（8）本党党员未准予脱党以前，不得加入其他党籍，如既脱离本党党籍而加入他党者，不得再入本党；（9）党员违反以上各项时，应立即取消其党籍，或依其所犯错误之程度加以惩罚。

《选举中央执行委员会主席案》，由蒋介石、谭延闿、谭平山、伍朝枢、程潜、经亨颐、甘乃光、陈公博联名提出，提议设立中央常务委员会主席

第一章
国民党向共产党举起屠刀

一人，监督党务之进行。其条件是："常务委员会主席，由中央执行委员会全体，于本会委员及监察委员中选任之。"

《全体党员重新登记案》，由蒋介石单独提出。其内容有两点：第一，本党全部党员重行登记；第二，各处党部须统一，无中央命令之党部应一律取消。

以上四个提案在会议上被通过后，分别定名为《整理党务第一决议案》、《整理党务第二决议案》、《整理党务第三决议案》、《整理党务第四决议案》，习惯上统称"整理党务案"。

整理党务案公布后，广州的中共党员无不万分激愤，有的要求改变国共合作形式，有的要求退出国民党。而鲍罗廷则认为，中共党员

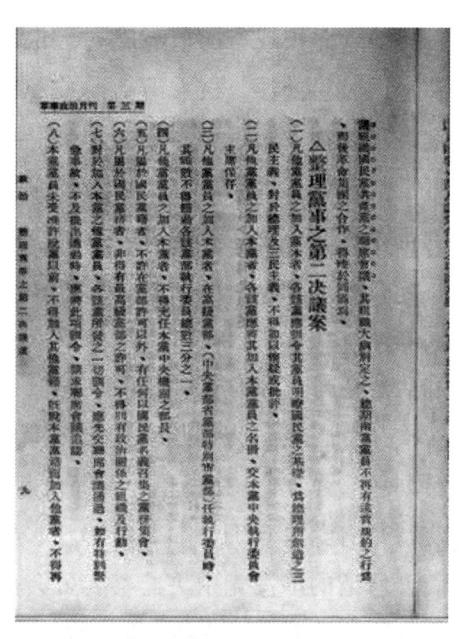

◎ 刊登在《军事政治月刊》的"整理党务案"条文

既然加入了国民党，现在绝不能一无所得就撤下来。他肯定地说："国共是要分家的，不过分得愈迟愈好；北伐打到北京的时候，可能便要实行分家；现在应继续容忍合作。"由于鲍罗廷决定采取以妥协求团结的方针，中共方面也只好服从。由于中国共产党的妥协让步，蒋介石的提案顺利通过。根据这一提案，许多共产党人相继辞去国民党中央职务，国民党中央党部已无共产党人。而蒋介石则又担任了国民党中央组织部长（由陈果夫代理）、军人部长和国民革命军总司令职务。国民党二届二中全会新设中央常务委员会主席，又是蒋介石担任（由张静江代理）。这样，实际上党政军大权都掌握到了蒋介石一人之手。蒋介石后来也承认：中山舰事件和整理党务案，是国共力量"消长的分水岭"。经过这两个事件，蒋介石新右派大大扩张了自己的权势，为进一步发动反革命政变打下了基础。

3. 四一二血洗江南

随着北伐战争的节节胜利,北洋军阀大势已去,工人运动和农民运动在全国风起云涌,极大地动摇了帝国主义在中国的统治。帝国主义为维护其在华利益,加紧干涉中国革命,并从革命内部寻找新的代理人。他们经过反复观察,看中了那个在北伐战争中拥有庞大军事实力而又反共最得力的蒋介石,认为他是"唯一有武力进攻激烈分子的人物"。1927年3月26日,蒋介石到上海,一方面同帝国主义、大资产阶级暗中进行政治交易,一方面勾结青红帮头目杜月笙等人成立中华共进会,并由虞洽卿出面筹措经费和武器,同上海工人纠察队对抗。

在帝国主义和买办阶级的支持下,蒋介石为发动政变做了极其周密的计划和部署。4月初,蒋介石等在上海连续举行秘密会议,决定用暴力手段实行"清党"。4月2日,张静江、吴稚晖、李石曾、蔡元培等8人在上海召开所谓的国民党中央监察委员会全体紧急会议,由吴稚晖提出"弹劾共产党"的呈文,污蔑共产党"谋逆昭著","应予查办",为蒋介石叛变革命做政治上和舆论上的准备。4月3日至5日,蒋介石、李宗仁、白崇禧、李济深等十余人,在上海举行秘密的反共会议,讨论出了其发动政变的纲领。接着,他指派吴稚晖、陈果夫、白崇禧、钮永建等组织上海临时政治委员会,规定该会"决定上海市一切军事、政治、财政之权",掌握上海市的军政财权,篡夺了上海工人第三次武装起义的胜利果实;公布战时戒严条例十二条,严禁罢工、集会、游行;纠集流氓、地痞组织中华共进会和上海工界联合总会,以反对上海总工会。蒋介石在布置就绪后就离开上海到了南京,上海的反革命政变由白崇禧指挥,杨虎、陈群监督执行。9日晚,杜月笙将上海总工会委员长汪寿华诱骗离家,加以杀害。11日,蒋介石施展两面派的手法,一面密令"已克复的各省,一律实行'清党'",同时又题写"奋斗到底"的锦旗,派人赠送给上海总工会,以麻痹工人。

4月12日,蒋介石突然在上海向革命群众举起屠刀,发动反革命政变。按照蒋介石的部署,大批武装青红帮流氓冒充工人,在凌晨袭击工人纠察队驻地。当工人纠察队奋起自卫时,国民党第26军周凤岐部以调解"工人内讧"

为名，企图将工人纠察队缴械。周恩来闻讯后赶往设于商务俱乐部内的工人纠察队总指挥处。到后，被骗至第 26 军第 2 师司令部。在交涉中，周恩来坚持工人纠察队的"枪无论如何不能缴去"。但当即"被禁于司令部"，后经罗亦农派黄逸峰通过第 2 师党代表才将周恩来救出。与此同时，分散各处的工人纠察队或是受骗，或是被强行缴械。纠察队员仓促应变，死伤 300 余人。上海工人阶级通过多次浴血奋战，艰难地建立起来的一支武装力量，一下子被解散了。

蒋介石的反革命行为激怒了上海人民。12 日下午，闸北工人从反动派手里夺回了总工会会所，并宣布全市举行总罢工。13 日，上海工人举行总罢工，共计 10 万余工人、学生和市民集会抗议。会后，到宝山路周凤岐部请愿，提出发还工人纠察队枪械、释放被捕工人、严惩祸首、肃清流氓等要求。当请愿队伍高呼着"打倒新军阀"等口号，冒雨行至闸北宝山路时，突然遭到蒋介石军队的武装袭击，一百多人牺牲，伤者不计其数，宝山路血流成河。接着，蒋介石下令解散上海总工会，查封革命组织，大肆逮捕和捕杀共产党员和革命者。江浙区委领导人陈延年、赵世炎、汪寿华等在此次政变中英勇牺牲。此时，资产阶级也背叛革命，支持蒋介石的"清党"运动。上海商业联合会致电蒋介石，说"敝会一致议决愿与三民主义相始终，对于当局清党主张愿为后盾"，接着又给蒋介石 700 万元的贷款；驻上海的帝国主义军队也纷纷出动，帮助蒋介石屠杀革命群众。

随后，在江苏、浙江、安徽、福建、广东、广西等也相继以"清党"为名，大规模捕杀共产党员和革命群众，东南各省陷入反革命白色恐怖之中。在广东，李济深、古应芬等召开国民党在粤中央执监委员和省市党部委员联席会议，成立特别委员会作为"清党"的领导机关；任钱大钧为戒严司令，充当刽子手。4 月 15 日，反动军警包围了省港罢工委员会、各民众团体及苏联顾问住宅，解除了黄埔军校及工人纠察队的武装，对革命党人进行一周之久的搜捕。总计被捕者 2000 多人，被杀者 200 多人，包括萧楚女、熊雄、邓培、李启汉在内的共产党人被害。与此同时，北方的奉系军阀张作霖指使反动军警采取突然行动，包围苏联驻华大使馆，逮捕李大钊等我党北方区委领导人和国民党左派、苏联使馆人员以及居民等 80 余人。4 月 28 日，李大钊等 20 人在北京英勇就义。

◎ 国民党反动派捕杀共产党员和人民群众

　　四一二反革命政变使中国大革命受到严重的摧残，标志着大革命的部分失败，是大革命从胜利走向失败的转折点。四一二反革命政变发生后，国内政局迅速逆转。4月18日，在帝国主义和江浙财阀的支持下，蒋介石在南京建立了大地主、大资产阶级联合专政的反革命政权——南京国民政府，与以张作霖为首的北京政府、武汉的国民政府相对立。这就在全国形成了北京、南京和武汉三个政权对峙的局面。南京国民政府成立后，对内发布的第一号命令就是所谓"清党"，明令缉拿鲍罗廷、陈独秀、徐谦、邓演达、吴玉章等共产党人、国民党左派和其他著名活动家190余人，并成立"中央清党委员会"，以邓泽如为主席委员，以统一主持全国清党事宜。对外确定的首要任务，是"取宠于帝国主义列强"，积极推行反苏政策。可见，这个在工人阶级和革命群众的血泊中建立起来的南京国民政府，是代表帝国主义和豪绅买办阶级利益的反革命政权。而此时的武汉政府基本上还是革命的政府，直接管辖湖北、湖南、江西三省。5月15日，中共中央机关由上海迁往武汉，继续同在武汉的国民党人合作。

　　四一二反革命政变使得革命遭到局部失败，但在武汉政府管辖下的湘鄂赣三省，革命运动仍然在继续高涨，武汉地区兴起了声势浩大的讨蒋运动。4月17日，武汉国民党中央下令"开除蒋介石的党籍，免去本兼各职。着全体将士及革命民众团体，将蒋介石拿解中央，按反革命罪条例惩治"。同时宣布蒋介石指挥的第一集团军改归武汉军事委员会直辖。20日，中共中央在汉口发表《为蒋介石屠杀革命民众宣言》，完全支持国民党中央执委会关于处置蒋介石的命令，指出蒋介石"业已变为国民革命公开的敌人，业已变为帝国主义的工具，业已变为屠杀工农和革命群众的白色恐怖的罪魁"。22日，武汉国民党中央委员、国民政府委员、军事委员会委员联名通电讨蒋，斥责蒋介石反抗中央、屠杀民众的罪行，号召全国人民"依照中央命令，去此总理之叛徒，本党之败类，民众之蟊贼"。各民众团体、湖北省总工会、湖北省农民协会等，纷纷发通电撒传单，历数蒋介石的罪状，号召人民起来打倒蒋介石。武汉、长沙、南昌等地广大工农和人民群众，举行讨蒋的集会和示威游行，与此同时，逮捕了一批土豪劣绅，处决了罪大恶极的反革命。

在革命的紧要关头，中国共产党第五次全国代表大会于1927年4月27日至5月9日在武汉举行。出席大会的代表80多人，代表党员57967人。共产国际代表罗易、鲍罗廷、维经斯基等出席了大会。会议根据共产国际执行委员会第七次扩大会议关于中国问题的决议案，批评陈独秀忽略同资产阶级争夺革命领导权，以及忽视农民土地问题的错误，但会议未作根本的纠正，仍坚持忽视掌握军队领导权的错误方针。大会没能清醒地判断当时的局势，未能对武汉政府的各派做出正确的分析，导致了对汪精卫一派的右倾迁就政策，未能在党面临生死存亡的危急关头，为全党指明方向。"五大"没有能够担负起在紧急关头挽救革命的历史职责。

三、汪精卫叛变革命

蒋介石叛变革命后成立了南京国民政府，与武汉国民政府相对。最初，蒋介石的叛变行为遭到以汪精卫为首的武汉国民政府的反对与谴责，汪精卫也一度被中国共产党视为国民党内部的左派。然而，随着武汉政府陷入各方敌人的围攻，武汉政府开始逐渐右转，武汉政府内部的一些军官发动了马日事变。1927年7月15日，以汪精卫为首的武汉政府也向中国共产党举起了屠刀，走上了叛变革命的道路。

1. 武汉政府逐渐右转

南京国民政府成立后，在中国出现了武汉、北京、南京三个政权，敌我力量对比发生了重大变化。武汉政府已陷于各种敌人的围攻之中。南京军阀蒋介石、广东军阀李济深、四川军阀杨森、奉系军阀张作霖从东、南、西、北四面对武汉政府实行军事包围和经济封锁。武汉的铁路和长江的航运均被截断，与上海、南京、广州、天津、北京等城市的经济来往也被隔绝，一向被称为"九省通衢"的武汉变成了孤岛。日、英、美等国关闭了在武汉的工厂、银行和企业，运走了物资，套走了现金。武汉地区资本家由于经济封锁带来的困难，以及他们对工农运动的恐惧，也大多关厂罢业，停止贸易，抽金外逃。武汉政府面临着严重的经济危机。

武汉的左派政权本来就极其脆弱，汪精卫的态度更是一直摇摆不定。1927年5月上旬，汪精卫与陈独秀有过一次谈话。汪声称："现在的问题是，

第一章
国民党向共产党举起屠刀

谁领导群众？群众跟谁走？跟国民党走还是跟共产党走？国际关系和军队状况的恶化，无论过去还是现在都是共产党人的错。"汪还提出，两个党并存是不合适的，如果领导权属于国民党左派，共产党跟随他们走，那就不需要共产党。很显然，汪精卫此时已经开始考虑与共产党分手了。陈独秀将这次与汪精卫的谈话告诉鲍罗廷后，鲍罗廷做出"向小资产阶级做出让步"的决定，中共中央开始对工农运动进行急刹车。

然而，中共的妥协并没有换来汪精卫的回心转意，相反，一向以"左派领袖"自居的汪精卫集团在右转的道路上越走越远。他们以军队正在前方作战不能扰乱后方为借口，颁布了一系列法令，打击和压制共产党领导的工农运动，并宽容反动军官发动的武装叛乱。早在1927年4月26日，武汉国民党土地委员会第5次扩大会议推邓演达、徐谦、顾孟余、毛泽东、谭平山五人组成土地委员会，责成该委员会研究一个实行分土地给农民的步骤和方案。该委员会在5月6日以前，共举行过6次扩大会议，先后起草了《保障革命军人土地条例》、《佃农保护法》、《处分逆产条例》和《解决土地问题决议》等法规条例。国民党左派领导人虽然对解决土地问题的意义表示肯定，但对要具体付诸实施疑虑重重。国民党中政会最终只通过并公布了《佃农保护法》和《处分逆产条例》，而《保障革命军人土地条例》则只通过而未公布，《解决土地问题决议》决定暂时保留而未通过。

◎ 汪精卫（左）与蒋介石（右）

5月起，汪精卫、孙科、顾孟余、谭延闿等国民党领导人经常在中政会上指责工农运动过火。武汉国民党中央与国民政府也陆续颁布了一系列纠正民众团体过火行为的条例和训令。5月9日，公布《禁止民众团体及民众执行死刑条例》，规定判处死刑应报告政府核准；各地民众团体拿获反革命派或土豪劣绅，应交政府惩办，不得自由处决。5月14日，公布《取缔擅行逮捕令》和《禁止擅行没收人民财产令》。5月18日，国民党中政会第22次会议讨论通过陈公博起草的解决店员与店东间、工人与厂主间各种冲突的训令及办法，其中规定制止工人及店员之过度要求，并禁止其干涉厂店之管理；严禁工会与纠察队对店主或工厂主擅自逮捕或其他压迫。5月20日，武汉国民党中央训令各级党部，纠正农运过火行为和制裁越轨行动，规定必须剥削压迫农民行迹显著、证据确凿者，始得交由法定机关依法惩办，而"乡里公正及丰裕之户"不反对国民革命者，皆在国民政府保护之列。5月24日，武汉国民政府令各省政府分饬所属各机关，严禁侵犯军人的土地财产。5月30日，武汉国民党中央训令各县党部，不得干涉地方行政，如再有自由逮捕惩罚人民情事，定将该县党部解散。事实上，自5月中旬起，武汉国民党中央陆续惩处了汉阳县、黄冈县以及河南省的各级国民党党部和民众团体。曾以"左派"自居的武汉国民党领导人在内外交困的情况下，日趋右倾动摇，以民众运动失控为由，逐渐走上了限制、取缔乃至镇压民众运动的道路。在国民党中政会上，谴责工农运动的声音日趋高昂和激愤。

2. 马日事变

在武汉政府逐渐右倾的时候，武汉政府内部一些反动军官也伺机叛变革命。对于两湖工农运动的高涨情况，他们早就心生不满，汪精卫打击和压制工农群众的举动使得这些军官的反革命气焰得到助长，不断连续发动几起反共、反工农的武装叛乱。

1927年4月下旬，国民党第35军军长何健在汉口邀集一帮反动军官

第一章
国民党向共产党举起屠刀

聚会,密商了军事叛乱计划。5月13日,原驻宜昌的国民革命军第14独立师师长夏斗寅公然通电联蒋反共,并向武汉发动军事进攻。夏斗寅原是李书城的旧部,1925年在军阀萧耀南手下当过旅长,北伐军攻占湖南时,被迫投诚,被任命为国民革命军鄂军第1师师长。1927年年初,该师移防宜昌,改番号为独立第14师,下辖4团1营,共13000余人。独立14师本是武汉政府用以戒备四川军阀东侵的部队,其部军官多为鄂籍地主出身,仇视工农运动。夏斗寅本人一直觊觎军长职务,与唐生智有矛盾。旅居沪宁的鄂籍绅商几度派人,几番凑款,促夏举兵反共。蒋介石亦派人策动夏氏。5月13日,夏斗寅发表讨共通电,趁武汉政府的主力部队北上河南与奉军作战吃紧之际,率部向防务空虚的武汉进攻,企图一举推翻武汉政府。16日,夏部占据咸宁,进逼武昌。武汉政府派第11军第24师师长叶挺率所部及中央独立1师前往进剿,武汉中央军事政治学校的学生也组成中央独立师参与作战,很快将夏军击溃。

湖北的叛乱也扩散到了湖南地区,21日,在何键的阴谋策划下,国民党反动军官许克祥在长沙发动反革命叛变。许克祥为唐生智所属的第35军第33团团长。5月21日晚,许克祥率领千余人进攻国民党湖南省党部、省总工会、省农民协会、省农民运动讲习所等机关团体,并解除了工人纠察队和农民自卫军的武装,捣毁了省特别法庭,释放了所有被监押的土豪劣绅,枪杀了大批共产党员和工人、农民。因当日的电报代日韵目为"马"字,故这一事变又被称为"马日事变"。许克祥于事变之次日致电

◎ "马日事变"死难烈士、共青团湖南省委书记田波扬(右)及其妻子陈昌甫

武汉国民党中央,声称因"工农运动操之过急,忍无可忍,遂致酿成武装同志起而自决自卫",随即成立湖南救党临时主席团、救党委员会,召开救党扩大联席会议,宣布在全省范围内厉行清党,半个月中全省被屠杀的革

命群众在一万人以上。

中共中央对马日事变感到十分悲愤。湖南数百万有组织的农民和工人，竟如此束手待毙、不堪一击，中共中央表示无比遗憾，并责备中共湖南区委过于麻痹大意。事变发生后，中共湖南区委曾决定组织工农义勇队进攻长沙，准备反击许克祥，因获悉武汉方面派人前往解决，遂停止进攻。

在此紧要关头，共产国际第八次执行委员会全会做出《关于中国问题的决议》，并给中国共产党发出指示：（1）开展土地革命；（2）吸收新的工农领袖进国民党中央委员会，改组国民党；（3）动员两万名左右的共产党员和五万革命工农，组织一支可靠的军队；（4）将新工农分子安排到国民党中央委员会，去代替原有的委员；（5）组织以有声望的国民党人为首的革命军事法庭，惩办反动军官。6月1日，中共中央收到上述指示。中央政治局讨论了国际紧急指示信并通过了陈独秀拟定的回电，称"你们的指示是正确而重要的，我们表示完全同意"，"但在短时期内不可能实现"，"驱逐汪精卫尤其困难"。

而汪精卫等人在实际上对这次事变表示容许和肯定，于是湖南农民协会派遣请愿代表团前往武汉向国民党中央请愿，要求明令讨伐许克祥。6月13日，军事委员会召开会议，决定对马日事变不用武力解决，唐生智表示愿意亲赴长沙，以和平的方式去改组农民协会。6月26日，唐生智抵达长沙，随即向武汉国民党中央报告处置湖南事件所拟办法：党部及民众团体着即停止活动；许克祥记过一次，留营效力。27日，国民党中政会开会讨论唐生智所拟办法。会上，只有于右任提出，对于许克祥未免处置太轻了。而汪精卫则表示，只要唐生智能镇压下去，可以照准。会议乃决议电复唐生智，照所拟办法施行。在此之前，唐生智对中共在湖南的活动一直表示支持和容忍，即使在马日事变发生后，仍表示拥护孙中山的农工政策，决不压迫农工群众，甚至声称"反共产党就是反革命"。但当唐生智抵达长沙后，态度为之一变，公然表示反共，声称"湖南以前种种惨劫，完全是湖南的共产党所造成"。6月29日，国民党中政会批准唐生智提出的改组湖南省政府、省党部的人选名单。一场军队镇压农工运动的叛乱，就这样宣告结束。张国焘认为，马日事变是军队镇压农工运动获得成功的一次行动，是汪精卫明显向右转的一个标志,也是武汉整个局势转变的标志。

3. 七一五反革命政变

6月8日至9日,汪精卫、徐谦、顾孟余、谭延闿等国民党首领和冯玉祥等国民军首领先后到达郑州。10日至11日,汪精卫同冯玉祥在郑州举行会议,在会上,汪精卫一面谴责蒋介石独裁专断,一面又对共产党极为不满,其意图在于预谋反共。汪和冯在反共问题上的主张趋于一致,表示要立刻"清党"。会议还对党务、政治、军事等问题进行了讨论。会后,汪精卫便以共产国际的指示"根本危害"国民党的"生命"为借口,加快了分共的步伐。他回到武汉,即与国民党中央党部非共产党的成员商量和共产党分离的方法。认为现在讨论的"不是是否应当驱逐共产党,而是什么时候驱逐——现在还是过些时候"。6月20日,冯玉祥同蒋介石在徐州开会,胡汉民、张静江、吴稚晖等参加了会议。会上,蒋介石要冯玉祥立即"清共",并向武汉进军。冯玉祥不同意对武汉用兵,主张宁汉合作,但表示将在陕、豫等省进行"清共",蒋和冯秘密达成反共协议。郑州会议和徐州会议促成了国民党各派新军阀在反共旗帜下的联盟。

6月中旬,唐生智的主力部队从河南撤回武汉,公开站在反叛的军官一边,镇压工农运动。6月27日,武汉国民政府应冯玉祥的要求,决定解散工人纠察队,逼迫共产党人谭平山、苏兆征辞去所任国民政府部长的职务。29日,唐生智所部第35军军长何键发出反共训令,攻击工农运动幼稚、工作过火、发生错误,"纯系共产党中暴徒之策略",要求武汉国民政府"明令与共产党分离"。

局势越发严峻,陈独秀召开紧急会议。在会上,周恩来报告第35军何键部准备在汉口制造"马日事变"的消息,说明中央军事部和省委军事部已采取应变措施,准备将武汉总工会纠察队调到武昌参加第4军。会议决定,为了消除何键制造事端的借口,公开宣布解散武汉工人纠察队。会后,周恩来、张太雷在处理纠察队及童子团等问题时,只交出部分破旧枪支,把绝大部分枪支和纠察队员隐蔽、分散，陆续转移到贺龙、叶挺的部队里。

宁汉合流的趋势日见明朗，党内对陈独秀右倾错误的不满也越来越强烈。7月12日，根据共产国际执行委员会的指示，中共中央实行改组，由张国焘、李维汉、周恩来、李立三、张太雷五人组成中央临时政治局常务委员会。从此，陈独秀不再主持和参加中央领导工作。同日，临时中央开会讨论挽救时局办法，决定在张发奎部队中发动军事暴动；在工农运动基础较好的湘、鄂、赣、粤等省举行秋收暴动；并召开一次中央紧急会议。鲍罗廷根据共产国际指示，提议"准备一些军队去南昌回广州"。

7月13日，中共中央发表《中国共产党中央委员会对政局宣言》。宣言谴责武汉国民党中央和国民政府抛弃劳动群众，默认、掩护和帮助一切反动派的进攻。宣言严正宣布：鉴于武汉国民党中央已公开准备反革命政变，背叛孙中山的三民主义与政策，将使国民革命"陷于澌灭"；"使武汉同化于南京"，使旧军阀统治一变而为"新式军阀伪国民党之统治"。因此，中共中央决定撤回参加国民政府的共产党员。同时声明，中国共产党仍将同坚持孙中山的三民主义和三大政策的国民党革命分子继续合作。这个宣言虽然发得迟了一点，但对振奋党内的革命精神起了积极的作用。与此同时，国民党左派邓演达愤然辞职离国，宋庆龄宣布脱离武汉国民政府。

7月14日晚，武汉国民党中央政治局委员会主席团召开秘密会议，接受了汪精卫提出的"分共"主张，决定将《统一本党政策案》和《统一本党政策决议案》提交国民党中央执行委员会常务委员会扩大会议通过实行。7月15日，国民党中央执行委员会举行第二届常务委员会第20次扩大会议。汪精卫在会上宣读了共产国际五月指示，并就其内容发表了长篇讲话。他认为，共产国际提出开展土地革命，由下级没收地主的土地，违背了国民党关于由国民政府下令没收土地的主张，与"三民主义相冲突"；共产国际提出要在国民党的中央委员中"多增加工农领袖"，"简直是破坏本党的组织"；共产国际关于武装工农、改造旧军队的指示，"是根本动摇我们的军队"；"组织特别法庭，不要C.P.参加，由老党员组织"，这就是说"让国民党做刽子手"……最后，汪精卫得出结论说："综合这五条而论，随便实行哪一条国民党就完了！"简直是"破坏国民党的阴谋"，是对国民党生命的"根本危害"。

7月26日,武汉国民党中央执行委员会公布7月14日中央政治委员会主席团提出的《统一本党政策案》,宣布:(1)凡列名国民党员,在各级党部、各级政府和国民革命军中任职者,应自即日起脱离共产党,否则一律停止职务。(2)共产党员不得以国民党名义做共产党的工作。(3)国民党党员未经中央许可,不得加入他党,违反者以叛党论。7月27日,武汉国民党中央执行委员会发表《告中国共产党书》,诬蔑加入国民党的共产党员"不愿接受本党决议,而至破坏全部革命工作",指责湖南的共产党组织对于土地问题私自颁布一种经济没收办法,是不愿与国民党合作,自绝于国民党的表现,并宣称:共产党应即自动放弃其近日"对本党敌视的态度",否则就要执行相当的纪律。同日,国民党中央训令各省党部、各省政府、各军部,应对共产党人的活动"严加防范"。汪精卫同蒋介石一样,对共产党员和革命群众进行大屠杀。在汪精卫"宁可错杀一千,不可漏走一个共产党员"的叫嚣声中,大批共产党人、进步人士和革命群众被投入血泊之中,革命的武汉顿时成了白色恐怖笼罩下的人间地狱。不久,宁、汉合流,第一次国共合作终告全面破裂。顿时,全国时局剧变,阴霾满天,原来生机勃勃的中国南部一片腥风血雨。

◎ 汪精卫主持发动反革命政变

据不完全统计,从1927年3月到1928年上半年,被杀害的共产党员和革命群众达31万多人,其中共产党员2.6万多人。在极其险恶的局势下,党内思想异常混乱,一些同志和不坚定分子离开党的队伍,党员数量急剧减少到1万多人。与此同时,工农运动走向低沉,相当多的中间人士同共产党拉开了距离。事实表明:中国革命已进入低潮。

从1924年国共统一战线建立到1927年大革命失败,中国共产党在近四年的时间里参与了黄埔军校的创办和学生的政治教育工作,并随军参加了平定商团叛乱、两次东征以及北伐战争。共产党员在战斗中英勇善战,不怕牺牲,充分发挥了党员的先锋模范作用。在党中央的要求下,各级政治工作部门认真做好军队政治宣传工作,积极发动和组织群众支援战争,为战斗的胜利做出了重要贡献。虽然轰轰烈烈的大革命最后因敌人的力量过于强大和国民党右派的叛变而以失败告终,但年轻的共产党在这一过程中逐渐认识到了军事工作的重要性,成立了专门的军事领导机构,并拥有了第一支独立领导的武装力量——叶挺独立团,成功改造了贺龙等旧军队,使其投向革命,并开创了军队政治工作的先河。在随军作战中,宣传了共产党的革命主张,吸引了大批进步青年加入中国共产党,各地农运工作和工运工作也得到了极大的发展。这些成绩都为革命的继续发展,为党领导武装斗争,为打响南昌起义第一枪,做好了准备工作。

革命遭到失败,革命的高潮过去了,但无产阶级的革命事业并没有停止,也不可能停止。第一次大革命播下的种子并没有白费。在毛泽东和周恩来等开创的事业中,出现一大批英雄人物,他们更高地举起革命旗帜,自觉地赴汤蹈火,勇敢地继续战斗。

第二章
南昌起义

一、党决定在南昌起义

大革命的失败并没有阻止中国共产党的继续战斗。相反，它使中国共产党认识到了国民党代表大地主、大资产阶级利益的本质，认识到了掌握武装力量的重要性，也更加坚定了中国共产党取得革命胜利的决心和勇气。中国共产党的战士们擦干净身上的鲜血，审时度势，决定在南昌举行一次起义，在这次起义的准备和部署中，周恩来发挥了关键作用。

1. 不惧艰险，继续战斗

面对蒋介石和汪精卫的大屠杀，中国共产党并没有屈服，1927年7月上旬，中共中央排除了陈独秀的机会主义领导，成立了临时政治局。7月13日，为"解释明白国民政府在反动阴谋之下的政局，以及本党为保持民众之革命胜利而奋斗的政策"，临时政治局发布了《中国共产党中央委员会对政局宣言》（下文统称《宣言》）。

《宣言》分析了诸多革命取得胜利的原因，揭露了蒋介石和汪精卫对国民革命的叛变，宣布中国共产党退出武汉政府，并继续战斗下去：

"中国共产党将继续绝不妥协的反对帝国主义的斗争，力争废除一切不平等的条约，收回租界，取消治外法权，实行关税自主，解放中国。

中国共产党将继续反对军阀的斗争，力争国家的统一，建立地方及中央的民权主义的政治。

中国共产党将要反对一切封建余孽，力求革命之完全胜利，以求中国

第二章
南昌起义

经济政治文化之发展。

中国共产党将要更加努力,以实现并巩固中国革命与世界无产阶级被压迫民族及苏联之真正联盟。

中国共产党更将继续增进工人利益的斗争:八小时工作制,最低工资的严格确定,改良劳动条件,救济失业工人,保护女工童工,力争工人罢工集会结社言论出版之自由及工人之武装自卫。

中国共产党将继续解放农民之斗争:地主的田地无代价的交与耕种的农民,保护小田主的田地享有权,不没收的田地当实行极大限度的减租,废除苛捐杂税陋规苛约,改良雇农之待遇,增加其工资,解除豪绅地主贪官污吏之武装,推翻其政权,力争农民武装自卫之权,建立乡村自治,限制高利盘剥,设立农民合作社,要求国家以充分的经济辅助农业,并实行拨款借贷于农民。

◎《中国共产党中央委员会对政局宣言》

中国共产党亦将为城市小资产阶级的利益而斗争:废除一切直接间接的苛捐杂税,制定统一的稳定的货币,反对新旧军阀阻碍商业交通,保护本国工商业以反抗帝国主义的经济压迫,反对买办高利盘剥者之剥削小资产阶级。

中国共产党更将为兵士的利益而斗争,要求兵饷按时发给,反对克扣兵饷,要求改良兵士的待遇及生活条件,反对新旧军阀牺牲兵士的生命而从事于争权夺利的私战,主张兵士退伍后应由国家发给土地或予以工作,使得从事于和平的生产事业,对于归入革命营垒的所谓土匪游民亦应当如此。"

七一五反革命政变标志着大革命的失败,毛泽东总结这次革命失败经验教训时指出:"一九二七年中国大资产阶级战败了无产阶级,是通过中国无产阶级内部的（中国共产党内部的）机会主义而起作用的。""在一九二七年北伐战争达到高潮的时期，我党领导机关的投降主义分子，自愿地放弃对于农民群众、城市小资产阶级和中等资产阶级的领导权，尤其是放弃对于武装力量的领导权，使那次革命遭到了失败。"大革命虽然遭到了失败，革命力量受到了严重的摧残。但是，在前所未有的困难和严峻的生死考验面前，在革命前途仿佛已变得十分黯淡的时刻，中国共产党和中国人民没有畏惧退却，没有被吓倒、被征服、被杀绝。他们从地上爬起来，揩干净身上的血迹，掩埋好同伴的尸首，又继续战斗了。

野火烧不尽，春风吹又生，革命的烈火更是扑不灭的。大革命失败的惨痛教训，使中国共产党认识到武装斗争的极端重要性。没有一支人民的军队，便没有人民的一切，要挽救革命，就必须走武装反抗国民党反动派的道路，就是要"用革命的武装反对反革命的武装"。7月中旬，中共中央派遣李立三、邓中夏、谭平山、恽代英等赴江西九江，准备组织中共在国民革命军中的一部分力量，联合第2方面军总指挥张发奎重回广州，并号召农民起义，实现土地革命，建立革命根据地，然后举行新的北伐。

之所以这么做，是因为那时候党所能掌握或影响的军队主要集中在张发奎统率的国民革命军第2方面军中。第2方面军统率着第4军、第11军、第20军这三个军和一些其他部队。叶挺担任着第11军第24师师长。第4军第25师是以原叶挺独立团为骨干扩编而成的。贺龙担任着第20军军长。当时，贺龙的国民革命军第20军和叶挺的国民革命军第11军第24师，正利用"东征讨蒋"的名义驻扎在江西九江附近。九江北临长江，南倚庐山，是长江中游重镇，自古为兵家必争之地。面对浩瀚的江水，官兵们慷慨激昂地说："军阀手中铁，工农头上血，现在是我们为革命牺牲的时候了。我们要抱定必死的决心去战斗！"

由此可见，中国共产党当时是坚持继续战斗的，只不过此时临时政治局的主要工作是部署党组织转入地下和中央机关经九江撤退至上海，在对将来的打算中还没有南昌起义。随后，李立三、邓中夏等被先期派去九江，部署中央撤退，同时考察利用张发奎的"回粤运动"打回广东以图再举的可能性。在考察过程中，根据实际形势，中国共产党开始决定要在南昌进行武装起义，并开始研究和部署这次起义。

2. 酝酿和部署起义

此时，武汉形势越来越紧张，汪精卫集团已决心要在军队中"清共"。中共中央不少负责人和党员干部先后从武汉转移到九江，包括李立三、邓中夏、贺昌、聂荣臻、颜昌颐、苏兆征、彭湃、夏曦、易礼容、郭亮、董必武、恽代英等。据统计，在九江酝酿和准备南昌起义时，中共五大选举产生的五届中央委员会45名中央委员和候补中央委员中，就有16人先后到了九江；10名五届中央政治局委员、候补委员中，就有7人到了九江；临时中央常委5人除李维汉外，都先后到了九江。这个数字足以说明，中国共产党人从大革命失败的教训中醒悟过来，已经认识到独立地掌握军队、领导武装斗争的极端重要性。

李立三等到九江后，发现张发奎也已经站到汪精卫一边。张发奎公然表示："在第2方面军之高级军官中的C.P.分子如叶挺等须退出军队或脱离C.P.。"如果不尽快采取行动，共产党所能影响和领导的这两支部队将遭受重大损失。7月20日，谭平山、李立三、恽代英、邓中夏、叶挺等同先期到达的聂荣臻一起，在九江召开"谈话会"，即第一次九江会议。

这次会议认真分析了当时的政治军事形势，指出："在政治上武汉政府已完全反动，唐生智正在积极屠杀我党，压迫工农群众。汪精卫已完全投降于唐，张发奎态度虽仍表示反唐，却已深受汪的影响，高唱拥汪，并表示对我不满，有在第2方面之高级军官中的共产党分子如叶挺等须退出军队或脱离共产党之表示。在军事上，4军、11军已向南昌移动，驻扎于马回岭、涂家埠一带，20军已渐次集中九江，朱培德之3军移驻樟树，9军移驻临川，程潜之6军经江西之铜鼓、萍乡，分道向南昌集中，有包围我军之形势。"

基于这种形势，"依靠张为领袖之回粤运动，很少成功之可能，甚至为3、6、9军所包围而完全消灭。纵然回粤成功，我们亦必在张、汪协谋之中而牺牲，将与我们回粤之号召农民运动，实现土地革命，建立新的革命根据地之目的完全相反。"因此，"应该抛弃依张之政策，而决定一独立的军事行动，即刻联合贺龙的军队，向武汉政府示威，做一个革命的许克祥，反对武汉政府。"谈话会最后决定，在军事上我军要"赶快集中南昌"，并运动20军与我们一致，实行南昌暴动，解决3、6、9军在南昌之武装。同时，"在政治上反对武汉、南京两政府，建立新政府来号召"。这是举行南昌起义的最早建议。叶挺在《南昌暴动至潮汕的失败》中也说："至7月20号左右，我们的军队因讨蒋的任务，集中九江者，约六团，张发奎已实行分共的政策，令我们著名的同志退出共产党。此时我们的负责同志，因武汉形势险恶，多到九江。由谭平山召集一个谈话会，参加的有邓中夏、李立三、聂荣臻、叶挺等，多主张令我即刻联合贺龙的军队，向武汉政府示威，做一个革命的许克祥，表示我们反对分共的主张，保持国民党的三大政策，胁迫张发奎赞成这个主张，反对武汉政府。有主张不待中央命令，即刻发动的。最后决定准备待中央命令一到即发动。"

◎ 周恩来等讨论起义的地点——江西大旅社

起义地点选在南昌，是因为在南昌取得成功的把握较大。在当时，中共所掌握和影响的几支主要武装共计2万余兵力，而南昌守敌仅有6个团，不足万人的兵力，蒋介石把固守南昌的任务交给了朱培德，而朱培德所属的第3军和第9军的大部分部队，分驻在吉安、进贤一带，南昌城敌军力量薄弱；而且南昌有我们党的组织，有大批的党、团骨干力量；南昌一带也有较好的群众基础；此外，当时南昌交通不便，没有公路，只有一条铁路，水路也比较浅，大船难以航行。敌军的其他部队很难在短时间内增援南昌。

21日，李立三、邓中夏上庐山，向在这里的鲍罗廷、瞿秋白、张太雷

第二章
南昌起义

汇报了九江谈话会的内容，重点是关于集合叶、贺部队在南昌起义的问题。听后，鲍罗廷没有表示什么意见，而瞿秋白和张太雷则完全赞同。此时共产国际新人代表罗明纳兹到了汉口，汉口传来要召开紧急会议的消息，李立三即请准备去汉口开会的瞿秋白将此意见面告中央，请中央速作决定。

7月24日，中共中央临时政治局常委会在武汉召开扩大会议。对九江谈话会提出的这些意见，中共中央常委和国际代表经过讨论，明确表示同意。周恩来在会上要求中央从速决定南昌暴动的名义、政纲和策略，切实计划发动湘鄂赣和广东东江一带工农势力，并要求共产国际经由汕头迅速予以军火和物资接济。会议正式决定在南昌举行武装起义，并决定由周恩来、李立三、恽代英、彭湃等人组成前敌委员会，周恩来为书记，前往南昌领导和组织这次起义。会议还根据加伦的提议，规定起义后部队的行动方向：立即南下，占领广东，取得出海口，以取得国际援助，再举行第二次北伐。这样，南昌起义的部署就正式确定下来。

24日，李立三、邓中夏、谭平山、恽代英四人在九江召开第二次会议，进一步研究了形势和起义问题。据李立三回忆：鉴于形势日益危急，"张发奎尚未到浔，态度更右倾，并闻将有庐山会议，来实行解决第2方面军之共产党。同时，贺龙已明确表示参加南昌暴动，因此会议决定：叶、贺军队于28日以前集中南昌，28日晚举行暴动，并急电中央征可否？当时我尚在庐山，得中、平、代英等电召即返浔，参加会议，此次会议对暴动计划完全一致。在政治上决定中国国民党革命委员会为集中政权、党权、军权之最高机关，以反对宁汉政府中央党部，继承国民党正统，没收大地主土地（此项决定在此会议上有很大的争论，至第二日，恩来同志始完全决定），实行劳动保护法为暴动之目的。在这项纲领之下发表宣言（用国民党中央委员联名义）"。在讨论要不要把没收大地主土地列入政纲时，会议出现了争议。李立三、恽代英主张必须提出没收大地主土地的政纲，实行土地革命；邓中夏、谭平山则认为提出没收土地的政纲，恐怕会因此引起反动势力的联合围攻和军队的内部分化。由于讨论双方分歧较大，两方人数各半，一时没有结论。

25日，周恩来在陈赓陪同下赶到九江。他立即召集在九江的同志开会。

会上，周恩来传达了中央 24 日会议的决定。李立三等人也向周恩来报告了第二次九江会议情况和准备工作，周恩来表示："形势既已如是，对在浔同志的意见完全同意。"针对起义后要不要没收大地主土地的争论，周恩来明确指出："应该以土地革命为主要的口号，把没收大地主土地列为政纲。"会后，周恩来临去南昌前，给聂荣臻交代任务，让他设法把驻九江至南昌之间的马回岭的第 25 师拉到南昌参加起义。

聂荣臻，生于 1899 年，四川江津人。早年留法勤工俭学，后入莫斯科中山大学学习军事。回国后到黄埔军校任教官，参加北伐战争。参加了南昌起义和广州起义，进入中央革命根据地后，任红 1 军团政治委员。抗日战争时期，任八路军 115 师政委，开辟了晋察冀抗日根据地。解放战争时期，参与组织正太、清风店、石家庄诸战役，参与指挥了平津战役。新中国成立后，主要领导国防科技工业，中国的原子弹、氢弹爆炸成功，人造卫星上天都有他的功劳，是新中国国防科技事业的奠基人之一。1992 年 5 月 14 日，在北京逝世。

当时他们并没有电台，利用民用电报又怕不可靠，于是二人约定，起义一开始，立即从南昌放一列空火车到马回岭，火车一到，聂荣臻即组织装备和人员开往南昌。南昌起义失败后，随朱德上井冈山的人马主要就是这支队伍。

关于南昌起义的提出过程，周恩来曾回忆说："那时，军委想可否搞个起义，主要是鲍罗廷跟加伦说可以搞个起义，国际决定上没有。"根据这个考虑，周恩来向在军委工作的几个同志布置，指定贺昌、颜昌颐、聂荣臻组成前敌军委，聂荣臻为书记，任务是先到九江去，通知同志们了解这个意图，作为起义的准备。聂荣臻在他的《回忆录》中写道："举行南昌起义，是 7 月中旬中央在武汉开会决定的。我没有参加那次会议。那天晚上，恩来同志在会后到了军委，向在军委工作的几个同志进行了传达。他传达的大意是，国共分裂了，我们没有别的办法，只有起义。今天，中央会议上作了决定，要在南昌举行起义。恩来同志还说，会议决定组织前敌委员会，指定他为书记。他传达完后，就指定贺昌、颜昌颐和我，组成前敌军委，我为书记。任务是先到九江去，通知我们的同志，叫他们了解中央的意图，做好起义的准备。但什么时候发难,要听中央的命令。"

3. 周恩来发挥关键作用

在南昌起义的部署和准备过程中,周恩来发挥了关键性的作用。这不仅因为他是前敌委员会书记,担任领导职责,还因为他具有卓越的军事领导才能,是中国共产党杰出的军事家。他特有的品格和魅力,让他在军队中有极高的威望。

周恩来是党内最早从事军事工作的重要开拓者之一。1922年12月,尚在法国参加勤工俭学的他就认识到军队的重要性。他在《少年》杂志上发表文章说:"真正革命非要有极坚强极有组织的革命军不可。没有革命军,军阀是打不倒的。"1924年9月,周恩来从欧洲回国。11月,受党的委派和孙中山的任命,周恩来出任黄埔军校政治部主任。这是中国共产党人第一次领导军队政治工作。针对昔日政治部既"无具体组织",又"很闲淡"的落后状况,他选调一批优秀的共产党员到政治部工作,分设指导、编纂、秘书三股,成为真正的政治工作机关。周恩来亲自制定"政治课程训练计划",对士兵颁布"革命格言",进行"日课问答",出版《军事政治月刊》等进步刊物,推行列宁创造红军的经验。当时,周恩来年仅27岁,但他以出众的爱国精神和忘我的工作作风,立即赢得了广大师生的尊敬和爱戴。为了在黄埔军校积极开展党的工作,他建立和领导了中共黄埔特别支部,为进步军事青年指引方向。

◎ 任黄埔军校政治部主任的周恩来

1925年年初,盘踞在广东惠州、潮州、汕头的反动军阀陈炯明的军队,在英帝国主义支持下,阴谋进攻广州,推翻广州革命政府。为了巩固和发展广东革命根据地,2月,广州革命政府以黄埔军校两个教导团3000多人为主力，举行了讨伐陈炯明反动部队的第一次东征。周恩来担任东征军政治部主任。在东征过程中，周恩来领导政治部与各级党代表紧密合作，鼓励校军坚持战斗到底，致使黄埔学生军打出了雄威。年轻的劲旅从2月出发到3月底，在极度艰难的情况下，以不到两个月的时间，打垮了陈炯明的主力部队3万人，迫使陈炯明率残部困守惠州，取得了第一次东征的胜利。恽代英说，广州青年革命军"以少胜多，每战必克，使陈炯明、林虎诸贼闻风破胆，这一成绩令一切革命青年诚心敬佩，这为中国的革命前途开了一个新纪元！"

政治工作的重要性和必要性，在第一次东征及之后的平定杨刘叛乱、第二次东征等战斗中得到充分体现。当时曾是军校学员的徐向前回忆说："在周恩来的主持下，军校的政治工作相当活跃，革命性、战斗性很强，有力激发了师生的革命热忱。"后来，毛泽东在总结第一次国内革命战争经验时，也对此给予很高评价："那时军队有一种新气象，官兵之间和军民之间大体上是团结的，奋勇向前的革命精神充满了军队。那时军队设立了党代表和政治部，这种制度是中国历史上没有的，靠了这种制度使军队一新其面目。1927年以后的红军以至今日的八路军，是继承了这种制度而加以发展的。"

一系列政治工作和军事斗争实践，使周恩来不仅积累了丰富的军队政治工作和革命军队建设的经验，而且联系和培养了更多的优秀军事人才。后来，我党很多英勇善战的指战员，例如叶挺、聂荣臻、徐成章、曹渊、蒋先云、卢德铭、许继慎、周逸群、周士第、张际春、蔡升熙、宣侠父等人，都是在周恩来的领导下成长起来的。这些人中间，叶挺、聂荣臻、周士第等参加了南昌起义，并发挥了重要作用。也有人被安排到各地从事工人运动和农民运动，建立工农武装，对日后革命发展奠定了基础。

此外，第一支由中国共产党人掌握的正规的革命军队，也是周恩来创建的。1924年11月，周恩来征得孙中山的同意，筹组了"陆海军大元帅府铁甲车队"，队长是共产党员徐成章，副队长是共产党员周士第，党代表是共产党员廖乾吾。铁甲车队除了担任警卫任务外，还多次参加革命的军事斗争，做出了重要的贡献。一年后，周恩来以原铁甲车队为基础，以黄

第二章
南昌起义

埔军校学生为骨干,指导组建了国民革命军第4军独立团,叶挺担任团长。独立团虽属国民革命军第4军,但团长和营长都是共产党员,连一级干部大部分是共产党员或者是青年团员,并且在全团范围内从上到下都建立了党的组织,所以实际上是由我们党掌握的。这支部队在北伐战争中扬名中外,是南昌起义的骨干力量之一。

北伐战争开始后,上海工人为了配合北伐军的胜利进军,在中国共产党领导下曾于1926年12月和1927年2月举行了两次起义,但都没有成功。1927年3月,为配合北伐军,中共中央决定组织上海工人阶级举行第三次武装起义,由周恩来担任武装起义的总指挥。当时,周恩来任中央军委书记兼任中共江浙区军委书记。起义前,周恩来认真分析研究了第一次、第二次起义的经验教训,对各项工作做了周密的部署,包括:(1)建立各级领导机构,以加强对武装起义的领导;(2)制定了闸北、南市、沪东和沪西区的作战计划,包括进攻的主要目标,各路的人力和武器配备,进攻的方式、时间,通讯联络及注意事项等;(3)加强对工人纠察队的训练,讲授巷战的打法等;(4)加强敌军工作;(5)准备了必要的武器;(6)对群众进行深入的动员教育;等等。起义发起后,周恩来始终亲临现场指挥战斗,掌握战斗进展情况,及时调整部署,制定新的作战方案和作战原则。起义从3月21日开始,经连续30小时的激战,便解除了敌人的武装,取得了胜利。这是中国共产党在正式领导武装斗争之前,独立领导武装斗争的一次成功创举,是中国革命史上光辉的一页,为中国共产党后来独立领导武装斗争,制定正确的斗争策略原则,提供了可贵的经验。周恩来在组织领导这次武装起义中,表现出了一个无产阶级革命者非凡的革命胆略和卓越的组织领导才能。

可以说,大革命时期,党的军事工作主要是周恩来主持的。在大革命失败

◎ 八一南昌起义中的周恩来

的严峻关头，周恩来在武装反抗国民党反动派这个关键问题上，做出了关键性决断和卓越贡献。就主要领导者而言，正是他组织和领导了南昌起义。

南昌起义之后，周恩来始终没有脱离军事工作，并屡屡发挥关键性作用。在遵义会议上，周恩来代表军委作了报告。他认为第五次反"围剿"的失败主要是军事领导的战略战术错误；在第五次反"围剿"中我们有着比以前更加充分取得胜利的一切条件，但未能取得胜利，其重要原因是军事指挥上的错误；对军事指挥的错误，周恩来主动承担了责任，作了自我批评。周恩来的报告在会场上引起极大震动。之后，张闻天作反对"左"倾军事路线的报告。毛泽东在会上作了长篇发言，对第五次反"围剿"的失败作了全面的深刻的切中要害的分析。当毛泽东的发言一结束，王稼祥就表示：完全赞同张闻天、毛泽东的发言；红军应该由毛泽东这样富有实践经验的人来指挥；取消李德、博古的军事指挥权，解散"三人团"。王稼祥的提议受到凯丰的反对。正是在这种情况下，周恩来又作了关键性的发言，全力推举由毛泽东来领导红军今后的行动。他讲，只有改变错误的领导，红军才有希望，革命才能成功。遵义会议后，周恩来全力推举毛泽东来领导红军，起到了决定性的作用。

抗日战争时期，周恩来继续担任中央军委副主席并代表中国共产党出任国民政府军事委员会政治部副部长。第三次国内革命战争期间，他仍然担任党的中央军委副主席、兼任中国人民解放军总参谋长，直到1949年10月19日才卸去总参谋长职务。在中国革命战争的全部进程中，周恩来以其雄才大略、多谋善断和知人善任，不仅参与了重大战略问题的决策，协助毛泽东指挥革命战争取得伟大胜利，而且还以自己的理论建树为毛泽东军事思想的发展做出了杰出贡献。中国人民解放军的建军史和中国人民威武雄壮的战争史，无不凝聚着周恩来的心血、智慧和独特的功勋。1955年9月，当朱德等十位开国元帅从毛泽东手里接过元帅军衔以后，都十分敬重地向周总理敬礼并说：你也是元帅！以周恩来在军史上的特殊地位，的确是一位当之无愧的、没有佩戴元帅军衔的老帅。

二、革命洪流汇南昌

高涨的革命气氛引起了汪精卫等反动派的注意，他们决定设一个"鸿门宴"，夺取贺龙、叶挺的军权。这一阴谋被隐藏在张发奎部的共产党人叶剑英所知晓，他匆匆下山把这一消息告知叶挺，使贺龙、叶挺部队迅速开往南昌，从而保住了南昌起义中两支主要的力量。接着，根据中共中央的相应指示，朱德、周恩来、叶挺、贺龙等纷纷聚集在南昌，南昌显露出曙光和希望。

1. 叶剑英递情报，两支力量得保存

7月下旬，第11军、第20军分别在叶挺和贺龙指挥下，陆续由九江等地向南昌集中。曾是中央农民运动讲习所学员的涂国林后来回忆说："在九江上岸后，当晚即宿勃兰地教堂（现柴桑小学），第二天移驻圣约翰中学（现171医院）。九江满街满巷都是我们的部队，'同志'、'同志'之声充满空间，已经好几天接触不到这种空气，现在听起来格外亲热。"这说明，革命的中心慢慢从湖北转到江西。

九江城的高昂革命气氛，已经引起了汪精卫等反动派的注意。一方面，国民革命军第2方面军第4军军长黄琪翔和江西省主席朱培德接踵而来，试图拉拢贺龙。另一方面，汪精卫同张发奎等人经过秘密策划，决定以张发奎的名义——此时的贺龙和叶挺，名义上均属张发奎管辖——邀贺龙、叶挺上庐山开会，来一个"项庄舞剑，意在沛公"的"鸿门宴"，届时

予以扣留，夺贺龙、叶挺的兵权。同时，令贺、叶部队到九江、南昌之间的德安一带集结，然后以3、6、9军的兵力，包围贺、叶部队。然而，他们万万没有料到，当时在张发奎部第4军任参谋长的叶剑英也是共产党人。

叶剑英，生于1897年，原名叶宜伟，字沧白，广东梅县人。早年入云南讲武堂，后参与创办黄埔军校，参加了北伐战争。国民革命失败后，参与领导广州起义。后到中央苏区，参加了长征。抗日战争和解放战争时期在八路军和人民解放军总部工作，为抗日战争的胜利和新中国的成立立下了不朽功勋。1986年10月22日，在北京逝世。

四一二反革命政变后，叶剑英毅然放弃高官厚禄，发出"通电全国反蒋"电文，与蒋介石彻底决裂，只身到武汉，投奔中国共产党。到武汉后，刚刚升任第4军军长的张发奎，早年也在"援闽"粤军中任职，同叶剑英是老相识。这时，他雄心勃勃，急欲网罗将才，邀叶剑英到第4军军部工作。于是，叶剑英随第4军参加了第二次北伐。获胜后，从河南回师武汉，第4军扩充为国民革命军第2方面军，张发奎升任总指挥，叶剑英被正式任命为第4军参谋长，当时军长为黄琪翔。

当时，在国民革命军中，第4军的共产党人和进步青年最多，政治工作活跃。张发奎、黄琪翔对共产党的态度也比较好。叶剑英在这里结识了一些共产党员，多次向他们表示了跟随共产党革命的愿望。叶剑英恳切地向经常同他交往的一位早年入党的老党员提出入党要求。这位老党员同意介绍叶剑英入党，并向周恩来做了汇报。周恩来说：这个人我了解，可以吸收进党。1927年7月上旬，党中央批准叶剑英为中国共产党正式党员。为了保密，暂时不要他和其他党员发生联系。叶剑英从一个追随孙中山民主革命的国民党高级军官转变成为实现共产主义奋斗终生的革命战士。后来，在一次谈话中，他回忆自己走过的曲折艰难的道路说："我自己对于共产主义的认识是逐步提高的。1924年提出入党的要求，没有批准。那时在蒋介石那里当团长，有人说是蒋介石嫡系部队的团长，这没有说错。1927年四一二反革命政变以后，看到共产党的同志对共产主义有坚定的信心，又看到蒋介石那样反动，我就反对蒋介石。经过这个考验，决心就定了，所以1927年正式参加了共产党。"

军情急如火。叶剑英从黄琪翔那里获悉这一消息后，连夜下山，找到

第二章
南昌起义

叶挺,将汪精卫等人的密谋悄悄地告诉了他。他们商定立即通知第20军军长贺龙、第4军政治部主任廖乾吾以及高语罕,到甘棠湖烟水亭附近碰头。他们坐在一只不大引人注目的小划子上,以划船赏景为掩护,共同商议对策。经过短时间的磋商,他们决定了三件事情:(1)贺、叶不上庐山;(2)贺、叶部队不按张发奎命令集中德安,而是开往牛行车站到南昌去;(3)叶挺的部队第二天先行,贺龙的部队第三天行动。最后,叶剑英对叶挺、贺龙、高语罕等说:"你们如有什么动作要告诉我。"会后,贺龙、叶挺立即按计划行动,使汪精卫的阴谋没有得逞。

叶剑英传递的情报非常及时重要,使贺龙、叶挺部队迅速开往南昌,从而保住了南昌起义中两支主要的力量。这个史称"小划子"的会议,对保证起义领导人的安全和将起义的主力部队及时开往南昌,起了重要作用,为南昌起义的光辉历史写下了壮丽的一页。后来,电视片《剑魂》专门赞颂了

◎ 叶剑英传递情报

叶剑英这个力挽狂澜的大智大勇行为,其中一首歌写道:

湖水瑟瑟载小舟,水波淼淼泛中流;
星火点点铸革命,细雨轻轻举沉浮;
狂澜一挽天地动,熊熊巨火燃神州;
…… ……

由于贺龙、叶挺"竟敢公然违抗"命令,汪精卫、张发奎等人大为恼火。7月29日,他们在庐山又做出了妄图进一步镇压和消灭共产党的三条决定:(1)严令贺龙、叶挺限期将军队撤回九江;(2)封闭九江市党部、九江书店、九江《国民新闻报》,并逮捕其负责人;(3)第2方面军实行清共。为了把敌人的反共阴谋及时报告党组织,叶剑英又一次秘密来到九江,找到了当时还留在九江的第20军党代表,要他把一封万分火急的秘密信件迅速转给领导起义的党组织。信的大意是:张发奎靠不住了,对他不能抱任何幻想;

反动的庐山会议，已做出捕杀共产党人的决定，希望把握局势，尽快举行起义。同时，通知还留在九江的高语罕，说明敌人已经觉察他和廖乾吾的身份，劝他二人迅速离开九江。

起义大计已经确定，余下的工作就是根据实际情况，迅速解决好发动起义的一系列具体问题。根据中共中央的相应指示，各路共产党人纷纷向南昌聚集。

2. 朱德、周恩来到达南昌

因为朱德在江西有便利的工作条件，对情况也熟悉，中央派他先赶回南昌。

朱德同志早年参加辛亥革命，从事反对帝国主义和封建主义的革命活动。1915年12月，在云南参加反对袁世凯称帝复辟的起义，时任蔡锷领导的护国军支队长，因战功卓著，很快升任少将旅长。朱德同志对辛亥革命和护国战争后的社会现实深为不满，在黑暗中摸索而又找不到真正的出路。列宁领导的十月革命使他懂得了只有共产主义才能救中国，遂毅然抛掉少将军衔和旅长官职，到上海、北京等地寻找自己的领路人——中国共产党。在上海，他找到了当时中国共产党的总书记陈独秀，但陈独秀冷冷地拒绝了他。朱德同志一心革命，不屈不挠。1922年10月，他万里迢迢到马克思主义创始人的故乡德国，寻求革命真理，在柏林认识了周恩来同志，由周恩来同志介绍加入了中国共产党。1926年夏，朱德同志回国，受党的派遣，到新归附广州革命政府的川军杨森部从事革命活动。

1927年1月，朱德从国民革命军第20军转到第3军工作，来到了南昌。当时，中央军委之所以让朱德来南昌，一方面因为他在第20军已受到杨森的疑忌，另一方面因为江西第5方面军下辖的第3、第9两个军都是云南部队，其高级军官朱培德、王均、金汉鼎等都是朱德在云南陆军讲武堂的同班同学，以后又长期在滇军共事，交谊很深。朱德还有一些旧部和老同事也在这支部队里。因此，鉴于朱德在滇军中的威望很高，他一到南昌，就立刻

第二章
南昌起义

被朱培德委任为军官教育团团长,不久,他又被委任为第5方面军总参议。1927年6月,江西省省长、第5路军总指挥朱培德"礼送"共产党人出境。朱德同志将军官教育团的大部分学员分配到赣江流域各县从事革命活动,自己也离开南昌去武汉。7月21日,朱德同志在武汉接受党的指示,又返回南昌。他利用自己原来的社会地位和声望,为起义做了大量的准备工作。

在朱德的主持下,军官教育团的各项工作进展得十分顺利。据第一批进入军官教育团学习的赵镕回忆:"当时朱德同志在滇军中很有威望,因此,在南昌创办军官教育团的消息传开以后,滇军各部队的进步青年军官纷纷要求入校学习,江西各地大批进步的青年知识分子也赶来报考。仅一个多月,即接收学员1100多人。"更重要的是,朱德在对军官教育团学员进行十分严格的军事教育和训练的同时,十分重视提高学员政治思想觉悟。他经常亲自给学员讲解革命形势,以自己受人压迫、被人剥削的经历和体验来教育学员领悟革命道理,用一些幽默和通俗的比喻来揭露反革命的阴谋,解释一些重大事件。他还经常请国民革命军总政治部副主任郭沫若和共产党人方志敏、邵式平、曾天宇等讲中国革命问题、农民问题、社会问题等课程。

因而,军官教育团名义上隶属国民革命军第3军,实际上是在中央军委和江西省委直接领导下的培养军队人才的基地,是我党培养干部的一座熔炉。朱德注意有计划地在学员中发展中共党员。每个连队很快都秘密建立起共产党的小组,有的连党员达到学员的三分之一。整个教育团内呈现出浓重的革命气

◎ 戎马一生的朱德

氛。当时,江西的工农运动正在高涨,不少工人运动和农民运动的干部参加了教育团举办的短期训练班。朱德后来回忆说:"以后在赣东北、井冈山上的干部,一部分是那时候训练出来的。"

3月6日,在蒋介石指使下,驻江西的国民革命军新编第1师伙同反共

的AB团分子杀害了中共赣州特别支部书记、江西省总工会副委员长兼赣州总工会委员长陈赞贤。18日，朱德率领军官教育团参加南昌群众追悼陈赞贤的示威游行。他对军官教育团学员们说：反动派已经开始动手杀害革命同志了，我们要准备还击。AB团的捣乱绝不是孤立的事件，阶级敌人已经杀进南昌来了，我们必须认真对待。此外，他还陆续派遣学员到农村和矿山去发动群众，打击土豪劣绅和地方反动势力，支援工农运动。

4月，朱培德派朱德率军官教育团到赣东的临川、崇仁、宜黄等地剿匪。随后一个多月，他采取"剿抚兼施，各个击破"的策略，实施"先投降者免罪，顽固逃窜者严惩"的政策，平息了匪患，又发展了农民运动。5月，朱培德转向反革命，下令"礼送共产党员出境"，随即下令在江西全省停止工农运动。接着，各革命团体被查封，大批共产党人被押送出境。6月中旬，得知南昌形势严峻的朱德，匆匆赶回。为保存革命力量，他果断决定让军官教育团第1、2营学员提前结业，只留下第3营学员继续学习。毕业的学员大部分回到扩编的第3、9两军，其余分到赣江流域各县做工人运动和农民运动的工作。同月下旬，朱培德也以"礼送"的名义要朱德离开南昌。朱德后来回忆说："我因为平素与朱培德他们感情还好，而博得一个'欢送'。"不久，朱德离开南昌，经九江转往武汉。

7月20日中午，朱德乘江轮抵达九江。他下船后，直接到赣北警备区司令部去见国民革命军第5方面军第9军军长兼赣北警备区司令金汉鼎，他们是多年共患难的老朋友。朱德向金汉鼎分析了目前的形势和今后革命发展的趋势，劝金汉鼎说："在江西的这班人都是灰色的，不愿革命了。我们一同到广东去建立新的革命根据地。"金汉鼎后来回忆说，当时因为他有阶级偏见，没有答应朱德的要求。

21日，朱德到达南昌，立即着手投入紧张的暴动准备工作。赵镕回忆道："几天来，他肩负党的重托，紧张地开展活动，从早到晚忙个不停。他一方面要与地方党的同志密切联系，共商大事；另一方面还要和敌方上层人士，特别是国民党南昌驻军的高级军官广为交往，通过各种方式，加紧对他们进行争取工作；同时在交往中密切注视敌人的动态，了解敌军人员、武器、装备以及城防部署、火力配备等情况。每天深夜归来，他继续伏案挥笔，绘图标记。为了起义的胜利,他不辞辛劳,夜以继日、废寝忘食地工作着。"此外,朱德还利用他的特殊身份和社会关系,租了位于南昌市中心的江西大旅社,作为党中央一些人员落脚的大本营。

27日,奉中共中央之命,负责发动并领导南昌起义的周恩来来到南昌,当晚住进花园角2号的朱德寓所。周恩来是24日晚乘船离开武汉前往九江的,由于这次行动是极端机密的,所以他在临行前对邓颖超同样守口如瓶。据邓颖超后来回忆,周恩来直到"要离开武汉的时候,在晚饭前后才告诉我,他当晚就要动身去九江。去干啥,待多久,什么也没有讲。我对保密已成习惯,什么也没有问。当时,大敌当前,大家都满腔仇恨。我们只是在无言中紧紧地握手告别。这次分别后,不知何日相会?在白色恐怖的岁月里,无论是同志间、夫妇间,每次的生离,实意味着死别呀!后来还是看了国民党的报纸,才知道发生了南昌起义。"周恩来走后,恽代英、彭湃、刘伯承、聂荣臻、吴玉章、徐特立、林伯渠和李立三、谭平山等人也相继到达南昌。

周恩来到达南昌当天,中共前敌委员会在朱德出面租下的南昌江西大旅社成立,由周恩来、李立三、恽代英和彭湃等组成,周恩来为书记。周恩来在前敌委员会会议上说:"我们这次起义是敌人逼出来的,不如此便没有出路。起义只能成功,不能失败。成功的关键在于团结一心,众志成城,在于有周密的准备,出敌不意,攻其不备,一举歼灭南昌的敌人。"

考虑到部队行军匆忙,刚赶到南昌,如果马上起义,很多准备工作还来不及展开,会议决定将起义改在7月30日举行。会议研究了起义的行动计划,根据敌我力量,做出了相应的战斗任务的部署:(1)贺龙的第20军负责消灭章江路第5方面军的总指挥部、伪省政府、牛行车站,以及永和门附近的敌人;(2)叶挺的第24师负责歼灭顺化门、贡院、天主堂和新营房方面敌人,并攻占敌军弹药库;(3)朱德的军官教育团负责歼灭附近的敌军。

3.叶挺、贺龙、刘伯承聚集南昌

在周恩来、朱德等人筹划南昌起义的时候,7月26日至27日,叶挺、贺龙的部队由九江依次乘火车，沿南浔线开往南昌。朱培德为了阻止叶、贺军队，破坏了通往南昌的涂家埠山下渡铁路大桥。铁路工人连夜突击抢修，使叶、贺部队得以顺利开抵南昌，从而完成了南昌起义主力部队的集结。

贺龙出生于1896年，出身贫苦，为了生计，1910年，年仅14岁的贺龙决定加入赶马帮的队伍。贺龙虽然年轻，但是为人豪爽、仗义、正直，在骡子客里面赢得了不小的名气，结交了许多讲义气、为人豪爽的朋友。几年走南闯北的生活不仅让贺龙长了见识，也让他深刻认识到了清政府的腐败，在他的心灵里埋下了反抗的种子。1914年秋天，在桑植以教书为掩护的中华革命党人陈图南，对贺龙这个豪爽侠义的热血男儿早有耳闻，特意前来拜访，向贺龙陈述孙中山救国救民的理想。经陈图南介绍，贺龙在桑植书院高等小学宣誓加入中华革命党，服从孙中山。1924年，中国国民党第一次全国代表大会召开，国共开始合作，贺龙很快就投入到了轰轰烈烈的国民革命的洪流中。

1926年8月，贺龙所在的第9军第1师迎来了这样一个特殊的队伍，这个队伍就是国民革命军总政治部派出的以共产党员周逸群为队长、共产党员为骨干的宣传队。多年的军旅生涯使贺龙看清了各派军阀的丑恶嘴脸，这些军阀互相打打杀杀，只是为了争夺地盘、谋求一己私利，从来没有考虑过广大老百姓的利益。

在周逸群的影响下，贺龙逐渐认识到，共产党才是真正为了劳苦大众着想的，思想上逐步倾向共产党。部队的许多事情他都和周逸群商量，不把他当作外人，部队的许多工作都按共产党的意见去办。在贺龙的支持下，周逸群在当时贺龙所在的独立第15师发展了一批共产党员，使独立第15师成为共产党倚重的武装。贺龙因在北伐战争中战功卓著，1927年6月他所在的独立第15师被扩编为第20军，贺龙任军长，共产党员周逸群为政治部主任，随后贺龙奉命将第20军带回武汉。

当时，贺龙还不是共产党员。但他一直积极向党靠拢，在汪精卫政府逮捕和屠杀共产党员时，主动保护了大量共产党员和革命群众。6月间，他在武昌就对周恩来明确表示过："只有共产党才能救中国，只有马列主义才是救国救民的真理。我听共产党的话，决心和蒋介石、汪精卫这帮王八蛋

第二章
南昌起义

拼到底。"基于此，贺龙7月23日从鄂东到九江，中共中央政治局委员谭平山就把起义的计划告诉了他。贺龙当场表示拥护，并表态说："我贺龙感谢党中央对我的信任，也感谢你把这样重大的机密告诉我。我只有一句话，赞成！我完全听从共产党的指示。"

后来，贺龙在回忆南昌起义时说："我参加八一南昌起义，是由于很早就接近了共产党，是思想发展的必然结果，而绝不是偶然的。第二，是由于政治上没有出路，看到国民党革命什么呢？尽是军阀政客争权夺利，腐化堕落，感到个人政治上没有出路，整个军队也没有出路。另一方面，却看到共产党的主张好，有办法，能够救中国。这是最重要的原因。第三，我本人出身是贫农，家里很苦，穷人的痛苦我知道得很深，所以在我的部队中是不准贪污搞钱的，跟我走的都是穷光蛋。我有一个亲三妹夫，本来家里也很穷，跟我多年，我一手提拔他当旅长，后来因为搞钱，就不能让他再当我的旅长了，而让他走了。我参加南昌起义的第四个原因，是我对毛主席的信仰，自从1916年以后，在我们湖南人中，就听说有毛泽东，诲人不倦，常与青年学生或群众讲话，湖南的学生都说毛泽东是天才，是革命领袖，而和我说的这些人又是我们县里有学问的人。因而我对毛泽东敬仰得很，认为他是一个了不起的人物。"

7月25日，贺龙从九江乘火车到达南昌，将第20军指挥部设在宏道中学，这是一座位于南昌市西大街的三层楼房。7月28日，周恩来来到这里，正式通知贺龙，党中央已决定举行武装起义，征求他的意见。贺龙当即向周恩来表示："我完全听共产党的命令，党要我怎么干，就怎么干。"周恩来代表前委，委任贺龙为起义军总指挥，与参谋长刘伯承一起拟定起义计划，叶挺则被任命为前敌总指挥。贺龙一怔，站了起来，有些讷讷地说："我还没有入党……"周恩来盯着贺龙，说："你看，你刚刚讲过完全听共产党的命令，

◎ 时任国民革命军第20军军长的贺龙

怎么第一个命令就不听了?"贺龙很激动,接受了这一艰巨而光荣的任务,满怀信心地表示:决不辜负党的信任,绝对服从党的命令,一定要打响武装起义的第一枪。贺龙接受任务以后,在刘伯承的帮助下,制定了起义的具体计划。

南昌起义的另一支起义军主力就是叶挺同志领导的第24师。这是我党能够完全掌握的部队,是起义军的骨干力量。

叶挺,生于1896年,原名叶为询,广东惠阳人。1924年在苏联东方劳动大学与军事学校求学时,叶挺加入了中国共产党。1925年回国,担任国民革命军第4军参谋处处长,北伐后开始担任独立团团长。北伐军占领武昌后,叶挺同志被提升为第11军第24师师长,后兼武汉卫戍司令。原来的叶挺独立团,编为第4军第25师第73团,该团及第25师第74团一小部及第75团的大部也成为起义军的主力之一。曾被毛泽东称为"共产党的第一任总司令,人民军队的战史要从你写起"。陈毅同志在1946年4月叶挺同志因飞机失事遇难后,曾作长诗《哭叶军长希夷同志》,其中有句云:"脱颖自北伐,初胜湘江曲。秋风扫落叶,铁军显威力。江汉功更伟,一战安群黎。革命初受难,南昌举义旗。"

刘伯承,生于1892年,1911年年末到万县参加响应辛亥革命的学生军。1912年2月,考入重庆蜀军将校学堂受训,因成绩优异被选入速成班,毕业后分配到川军第五师熊克武部任司务长。1913年夏,由司务长改任排长,随部队参加四川讨袁战争。他多谋善断,治军有方,被誉为"川中名将"。1926年,加入中国共产党。北伐战争时期,任国民革命军四川各路总指挥、暂编第15军军长。泸州顺庆起义失败后,辗转来到武汉,积极寻找党组织,请求新的指示。

中共中央一直关注着四川的革命斗争。周恩来获悉刘伯承来到武汉后,即召集他和吴玉章、黄慕颜、韩百诚等座谈,听取他们对时局的看法和意见。周恩来指出,目前革命势力虽有分化,但革命洪流不可阻挡,终会浩荡前进,共产党人不达此目的,誓不终止。革命的武装要向基础较好的广东发展。之后,鉴于刘伯承既有秘密组织大规模兵暴经验,又有丰富作战指挥能力,周恩来选他任参谋长,参与组织南昌起义。为迷惑敌人,刘伯承特在武汉《国

第二章
南昌起义

民日报》刊登消息说因病要请假调养："暂编第15军军长刘伯承与副军长黄慕颜等先后来汉，向中央陈述与川中反动军阀奋斗之情形。极为中央之嘉奖。近刘军长因病特向军事委员会请假调养，其职务交副军长代理。已蒙军委批准。"7月下旬，刘伯承来到南昌，根据周恩来的指示，到第20军军部协助贺龙拟定起义计划。

参加起义的军队胜利地移动到集合地点，完成了集中任务。分散的武装力量已集中起来。革命的力量在南昌压倒了反革命势力，已处于绝对优势。具有光荣革命传统的南昌市民，热烈欢迎这些军队的到来。江西省总工会、南昌市总工会、江西省农民协会、南昌县农民协会，以及省、市学生会、妇女会和商人协会等人民团体，采取联合行动，组织了运输队、招待站、慰问队等，工人还组织了纠察队。全市人民欢欣鼓舞，张灯结彩，革命气氛笼罩着南昌城。1927年7月31日的《大公报》在谈到这种情景时，无可奈何地说：铁军"陆续入城，过激分子齐集南昌，农工运动又复抬头"。这时候，全国乌云滚滚，昨天还充满革命气氛的九江，自从铁军走后又重新笼罩着乌云，南昌却显露出曙光和希望，正在燃起革命的烽火。

三、南昌城头的枪声

由于中国共产党的一些领导人对要不要革命、要不要走中国共产党独立自主领导革命之路的问题还认识不清,尽管南昌起义已经箭在弦上,张国焘还是站出来阻挠起义。在解决完张国焘的阻挠后,中国共产党开始进入对南昌起义的积极准备阶段。8月1日凌晨,南昌起义的战斗正式打响并取得胜利,中国革命史上第一支人民军队正式诞生。

1. 暴动决不能停止

1927年7月26日,中央收到共产国际关于南昌起义的电报指示。共产国际的这封电报,是斯大林亲自决定并由布哈林具名发出的。中央十分重视,下午4时就南昌起义再次召开会议,参加会议的有五人中央常委成员李维汉、张太雷、张国焘,还有瞿秋白,新到的国际代表罗明纳兹,苏联军事顾问加伦、范克,少年国际代表以及翻译若克、潘家辰等。共产国际代表罗明纳兹在会上传达共产国际来电内容:"如果有成功的把握,我们认为你们的计划(指南昌起义)是可行的,否则,我们认为更合适的(办法)是让(张发奎部的)共产党人辞去相应的军事工作,并利用他们到农民中做政治工作。我们认为乌拉尔斯基(即加伦将军)和我们其他著名的合法的军事工作人员参加(南昌起义)是不能容许的。"

对于共产国际电报的意思所指,大家有不同意见。罗明纳兹认为来电的真正意图是不同意举行南昌起义的,因而尽力阻止起义计划。但以中共

第二章
南昌起义

中央当时的理解,电报的意见是:"这无疑是说:'除非毫无胜利机会,否则南昌暴动是应举行的。'"按照这条思路,中央常委会的瞿秋白、李维汉、张太雷均认为,南昌起义"必有胜利机会"。罗明纳兹没有办法,只好要中央派一得力同志立即去前方送信,最后大家推定张国焘承担这一任务。然而,张国焘和罗明纳兹的想法是一致的。

27日晨,张国焘到达九江。这时,中共领导人多数已去南昌,张国焘把尚未离开九江的恽代英、贺昌、高语罕、廖乾吾、夏曦、关向应等人召集起来,传达26日中央会议的内容,并说明自己前来的任务是看看情形,参与决定。张国焘此时已开始将自己的偏见理解渗透

◎ 张国焘(左)与毛泽东(右)

进去,有尽可能不举行起义的意思。他要求到会人员讨论表态,企图以此为借口阻止南昌起义。贺昌、高语罕、廖乾吾都说再无讨论之余地。见张国焘固执己见,恽代英愤怒地说:"没有必要等候你来再讨论,因为事情已经决定了。共产国际和陈独秀的右倾机会主义害死了中国革命,葬送了成千上万的同志。现在南昌起义一切准备好了,忽然又来什么国际指示,阻止我们的行动,我是誓死反对的。如果你再动摇人心,我们就要打倒你。"恽代英平时在共产党人中素有"甘地"之称,十分正直也很有礼貌,颇有谦谦君子之风。他的愤怒使张国焘"为之色变",不敢再多言语。为了等候火车,张国焘在九江滞留两日,没有办法的张国焘于29日连续向在南昌的前委发两封密电,说:暴动宜慎重,无论如何要等他到后再作决定。这时候,南昌起义已经处于箭在弦上的关键时刻。前敌委员会接到张国焘的电报后,果断地决定:"暴动决不能停止,仍继续进行一切。"

30日晨,张国焘以中共中央代表身份从九江赶到南昌。前敌委员会立即召开紧急会议。与会者除前敌委员会成员外,还有谭平山、叶挺、周逸群。张国焘说:"报告中央意见宜慎重,国际电报,如有成功把握可举行暴

动,否则不可动。将在军队中的同志退出,派到各地农民中去。所以目前形势,应极力拉拢张发奎,得到张之同意,否则不可动。"可见,到这时,张国焘对张发奎仍心存幻想,乃至片面解释共产国际的指示。张国焘还指出:"张发奎年轻有为,没有军阀气味,称得超模范军人;既是革命正统,又英勇善战,人们崇拜他为铁军英雄,国民党左派和共产党人对他都甚为敬爱。"而血的事实已证明,中国共产党人只有依靠自己的力量,才有可能实现自己的政治主张。

部队部署已经开始。箭在弦上,怎能不发?

当时的形势是,与张发奎在南昌武装分化,是有胜利把握的。参加起义的部队,虽然有一些尚未集结到南昌,但是贺龙、叶挺两部及尚在马回岭的第25师等,即可组织两万兵力。这与南昌驻敌五千余人相比,是占绝对优势的;与张发奎余部一万余兵力相比,也占了相当优势。更重要的是,在这几支部队中,都有共产党的组织,主要指挥人员都是坚决革命的,部队战斗力较强,经过革命失败的磨炼,士气昂奋。形势显然于我有利。那么,推迟与张发奎的"分化"的可能性是否存在呢?早在7月25日前后,张发奎即明令"在第2方面军之高级军官中的共产党分子如叶挺等须退出军队或脱离共产党",并准备与汪精卫召开"庐山会议","来实行解决在第2方面军中之共产党。"按照加伦26日下午的分析,在这种"不得已"的形势下,唯一的出路便是不管得兵多少,唯有"在南昌干起来"。张国焘明知加伦意见的核心,也了解到当时张发奎的态度及我方发动起义的种种有利条件,却仍然要坚持起义"应极力拉拢张发奎,得到张之同意,否则不可动",其企图阻挠起义的用心是显而易见的。

当然,张国焘的意见遭到前委的一致反对。李立三、邓中夏、谭平山、彭湃、叶挺、朱德、刘伯承、林伯渠、周逸群等一致反对停止起义的命令。李立三对张国焘说:"什么都预备好了,哈哈!为什么我们现在还要重新讨论?"周恩来也明确表示:"还是干。"前委几个成员都指出:"暴动断不能迁移,更不可停止,张发奎已受汪之包围,决不会同意我们的计划。在客观上应当是我党站在领导的地位,再不能依赖张。"谭平山十分气愤,大发脾气,一面表示对共产国际电报的不满,一面大骂阻挠起义行动的

第二章
南昌起义

张国焘"浑蛋"。

但是，张国焘执意阻止起义，而且反复强调这是共产国际代表的要求。一向温文尔雅的周恩来实在忍不住了，拍案而起。他激动地说："国际代表及中央给我的任务是叫我来主持这个运动，现在给你的命令又如此，我不能负责了，我即刻回汉口去吧！"20多年后，他对人说道："拍桌子这个举动，是我平生仅有的一次。"参与会议的林伯渠后来也写诗云："英雄城市首南昌，火种燎原不可当。棋争一着局全活，风识正邪帆好张。"

周恩来愤而提出辞职，使会议的气氛达到白热化。张国焘后来在他的回忆文章中说到了这次激烈争论的场面："周恩来愤而辞职的表示，使这个极度紧张的会议达到了沸腾点。……我自不愿意闹到不易收拾的境地，除批评了几句周恩来那种要挟式的辞职表示外，也就到此止步。"会后，谭平山主张把张国焘绑起来。不过，被周恩来制止了。周恩来说：张国焘是党中央的代表，怎么能绑呢？

31日，张国焘又要求召开第二次讨论会议，并故意在一些枝节问题上大做文章。他主张这次武装起义只作为一次"兵变"，不要发表宣言和政治纲领，以免同国民党彻底闹翻。对此，周恩来义正词严地说："南昌起义是我党独立领导革命武装反对国民党反动派的开始，一定要向全中国、全世界宣布我们的《宣言》和《政治纲领》。我们是武装夺取政权，不是'兵变'。"继而，张国焘又以修改宣言为借口，提出继续推迟起义。在此争执不休之时，大家不仅获悉叶剑英的新情报，而且得知汪精卫、张发奎即将于8月1日赶到南昌的消息——是否起义，已再无讨论的必要：汪、张联手反共已成定局，限令叶挺、贺龙撤回九江的命令已发，缉捕共产党员的手令已经下达，第2方面军中实行"清共"已公开化。

对于此时的中国共产党来说，不是要不要在南昌起义，而是一定要在汪精卫和张发奎赶到南昌之前举行起义。前委会决定当晚行动。张国焘不得已，最后表示服从多数。考虑到部队下达命令和进入作战需一定的时间，周恩来与贺龙、叶挺等军事领导人商量，又把起义时间改在8月1日凌晨4时。在炎热的南昌，这是人们酣睡最熟的时候。

张国焘阻挠起义的事件，其实质是要不要举行武装起义、中国共产党

65

敢不敢独立领导革命的问题。以陈独秀为首的右倾投降主义领导在大革命末期，武汉时期，不仅依靠汪精卫，还依靠唐生智，依靠冯玉祥，结果落了空。这是大革命失败的教训之一。要不要举行武装起义的争论正是在能不能认真吸取大革命失败的教训，不再重蹈陈独秀右倾投降主义覆辙，坚决走中国共产党独立自主领导革命之路这一重大原则问题上的反映。张国焘再三阻挠中共的武装起义，说明在中国共产党的领导层对于这一原则问题仍然存在着不同的认识，虽然陈独秀的错误领导受到绝大多数共产党员的唾弃，但其在政治、思想上的流毒在短短半个多月之内是不可能完全失去影响的。张国焘对待起义的态度，可以说正是这一不良影响在中国共产党内自觉或不自觉的反映。可见，中国共产党要转向成熟，还有相当长的路要走。

2. 打响第一枪

7月30日下午2时，叶挺在心远中学会议室召开了第11军第24师营以上及师直机关的军官会议，传达了党的起义决定，指出："宁汉合作已成定局，国民革命遭到了严重危机。中央决定，实行武装起义来挽救目前的危局，粉碎反革命的阴谋。这次行动的具体任务就是占领南昌城，彻底消灭南昌城内外的反革命军队。"接着，师参谋长徐光英部署战斗任务：起义中，叶挺指挥第24师主攻驻守在天主教堂、贡院、新营房一带的三个团的敌军。他还表示，我们和第20军在一起行动，胜利是有绝对把握的。但是敌人有增援部队，有的二十四小时内就可到达，有的两天后也可以到达。如果让敌人增援部队到达，战局就复杂了，下一步行动就有困难。

下午4时，贺龙召开第20军团以上的军官会议，亲自作了动员。他宣布：（1）国民党已经叛变了革命，国民党已经死了，我们今天要重新树立起革命的旗帜，反对反动政府，打倒蒋介石。（2）愿意跟我走的，我们一块儿革命，不愿跟我走的，可以离开部队。（3）我们今后要听从共产党的领导，绝对服从党的命令。贺龙的讲话，军官们纷纷拥护，表示坚决跟着贺龙一

第二章
南昌起义

起参加武装起义。

时间紧迫,一方面要组织起义军的力量,统一行动;另一方面,必须准确周详地了解敌情。朱德同志发挥了很大的作用。他对南昌的敌人了如指掌,早已分清了敌、友、我。他负责向前委报告敌人兵力布置的情况,以及哪些敌人要加以包围进攻,哪些军队是同情并支持起义的。

在南昌的敌军共6000多人,番号是第3军、第9军和第6军。北伐战争时,朱培德率领滇军进驻南昌,后来收编了江西地方军阀杨池生、杨如轩部队,扩充为第3军和第9军。朱培德也升任为第5方面军总指挥,并指挥第6军,部队分别驻在江西吉安、进贤一带。南昌城里的敌军,只有朱培德的一个直属警卫团,王均第3军的第73团、第74团和第9军的一个团,以及刚从外地调来不久的第6军一个团。另外,南昌卫戍司令部和王均住宅有一个警卫队,伪省政府有一个府卫队和部分宪兵武装。

根据敌情,起义军在指挥上作了分工:贺龙部第20军,负责主攻朱培德第5方面军总指挥部和伪江西省政府,并与叶挺部解决敌人营盘一带的敌军。叶挺部主攻贡院、天主堂一带的敌军。教育团的任务,是一面监视进贤门方面的敌军,一面监视小花园敌军的一个团。同时,在赣江北面牛行车站,还布置了第20军的第4团,负责解决那里的巡防队、税务所的武装,并警戒赣江上下游和德安方向。

各部队接受分配到的具体战斗任务后,仔细调查了敌情,包括进攻目标的地形和道路,并尽可能地进驻到进攻目标的附近。

接着,贺龙宣布了起义计划,布置了自己所率部的具体任务。贺龙要求大家回去把那些不可靠的连长都换成共产党员担任,各团要立即做出团的具体战斗计划,听候命令,准备起义。会后,部队积极行动起来了,有的团、营在当晚就进行了一次紧急集合的演习。

这一天,参谋长刘伯承来到中共江西省委所在三益巷,把中央关于南昌起义的决定告诉了江西省委的负责人宛希先、黄道等。中共江西省委立即召开紧急会议,传达中央关于武装起义的决定,布置工会、农会、学联、妇联等革命团体,动员各界人民积极协助起义军搞好通讯联络、后勤和宣传工作,并组织工人纠察队和农民自卫队配合起义军行动。

31日是星期天，各起义部队都接到了禁止外出的命令，准备迎接战斗任务。叶挺奉前敌委员会书记周恩来指示，拟定起义作战命令："我军为达到解决南昌敌军的目的，决定于明日（8月1日）四时开始向城内外所在敌军进攻，一举而歼灭之。"

31日下午，起义的准备进入最后阶段。起义部队以军、师为单位召开团以上干部会议。周恩来、贺龙、叶挺等分别在会上传达党中央和前委的决定，宣布起义的命令，并给各团、营明确了战斗任务和有关规定。据粟裕回忆："7月31日下午，我们就接到'擦洗武器，补充弹药，整理行装，待命行动'的命令。天黑后，大家全副武装在宿营地待命，坐在背包上窃窃私语：'要打仗了吧？跟谁打？是人家打我们，还是我们打人家？'正在这时，恩来同志从我们旁边走过，他停了下来，对我们说：'同志们，要准备打仗了，怕不怕？'大家齐声回答：'不怕！'恩来同志接着又说：'好！这次仗，我们是有完全胜利的把握的，你们准备接受光荣的任务吧！'……"粟裕当时担任警卫队的班长，警卫队在8月1日负责策应第3军军官教育团起义，并将朱德接到革命委员会驻地。

参加起义的部队有的就驻在敌人营房隔壁，他们悄悄地准备停当后又躺下装睡；有的已经神不知鬼不觉地占领了靠近敌人的房屋和街道；有的就地筑起临时工事；有的集合在驻地等待着开赴战斗地点。

31日夜，朱德的部队也开始进行动员与部署，当时在军官教育团受训的赵镕回忆说："直到7月31日晚，才突然宣布起义命令。由于教育团此时兵力单薄，分配战斗任务时，只分配教育团一面监视进贤门方面的情况，一面监视小花园敌军的一个团。"

布置好起义安排后，为了麻痹敌人，朱德在城西大士院的嘉宾楼宴请朱培德手下的23团团长卢泽明、24团团长肖胡子和一个姓蒋的副团长吃饭。这两个团是滇军的主力，也是起义军的劲敌。朱德在滇军将士心中有很高的声望，所以他们不能不给"面子"。

酒席上，猜拳行令，觥筹交错，持续了两个多小时。喝完酒，朱德又拉他们打麻将，直到起义的消息走漏。贺龙召开第20军军官会议，宣布了起义的决定后，第20军第1师副营长赵福生逃跑，偷偷潜入了敌军第5方

第二章
南昌起义

面军的总指挥部告密,各团派人来叫赴宴的军官快回部队。朱德马上赶到贺龙的司令部,把这个情况告诉他,当时街上已禁止行人通行了。贺龙立即向前敌委员会报告,贺龙与周恩来决定将起义时间提前到凌晨两点。必须在敌军还处在分散的状态下,出其不意地发动袭击。

8月1日零时,起义的命令迅速传达到每个战士。起义军的岗哨已布满街头巷尾,起义军全都处于战斗状态。他们紧握手中枪,每人用条红布系在颈项上,作为起义的标志,口令是"河山统一"。这些勇敢战斗的英雄,将改变中国的历史。

起义军总指挥部这夜灯火通明,前后门都架起机枪,加强了警卫。起义的领导者在发出最后一批命令后,立即分赴各主要战斗地点,具体指挥战斗。《八一起义宣言》和《八一起义宣传大纲》,也由政治工作人员赶印,要在起义胜利后马上散发出去。《八一起义宣传大纲》,是根据周恩来同志口述写成的。南昌起义,即将正式开始。

◎ 南昌起义战前动员

"砰!砰!砰!"在贺龙的起义指挥部楼顶上,三声枪响,红色信号划破了黎明前的夜空,向驻扎在这个城市各处的起义军发出了战斗的命令。1927年的中国动荡纷乱,夜深人静之际突然响起枪炮声,无论在哪个城市都不是什么新鲜事。然而,在只有12万人口的南昌城,8月1日深夜两点响起的那阵枪声,却成为中国革命史的一个重要分界线——中国共产党打

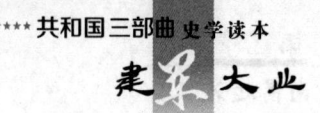

响了独立领导武装斗争、创建人民军队的第一枪。

在以周恩来为首的中共前敌委员会领导下，贺龙、叶挺、朱德、刘伯承等率领在党直接掌握和影响下的军队 2 万余人，举行南昌起义。起义军以"河山统一"为口令，系红领巾，左臂扎着白毛巾，在手电筒和马灯的玻璃罩上贴红"十"字，各自朝目标发起了攻击。

起义打得最激烈的战斗是攻打在章江路口旧藩台衙门里的朱培德总指挥部。这里驻有一个警卫团，是朱培德的精锐部队。贺龙、刘伯承亲自指挥第 20 军第 1、2 团攻打，由于敌人事先得到叛徒的告密，仓促做了些准备，在大门影壁左右各架起了 3 挺机关枪，利用有利地形，疯狂地向起义军扫射，封锁了起义军进攻的要道——鼓楼门洞。贺龙命令营长刘力劳立即调手枪连封锁住敌总指挥部的大门，防止敌人逃跑。他不顾个人的安危，冒着弹雨，站在离敌人不到 200 米的石阶上指挥进攻。起义军战士看到总指挥威武地站在身边，亲临火线指挥战斗，增添了巨大的勇气和力量。战士们奋不顾身地爬上民房的屋顶，从侧面登上鼓楼，占领了制高点，居高临下，猛烈射击，把敌人压进了总部院内，起义军向敌人指挥部发动了猛烈的冲锋。正面进攻的主攻部队冲进了大门，从背后进攻的翻墙冲入了敌军总指挥部，同院内顽抗的敌人展开了白刃战。经过 3 小时的激战，敌军警备团全部缴械投降，占领了朱培德的总指挥部和省政府。在清理俘虏时，抓住了叛徒赵福生，贺龙下令将其就地枪决。

叶挺的第 24 师第 71 团负责解决驻扎在松柏巷天主堂、匡庐中学的敌第 6 军第 57 团。起义前，第 71 团第 3 营营长化装混进敌营，弄清了敌人的兵力分布及火力配置情况。根据敌情，第 71 团召开了各营营长会议，研究歼敌计划，决定由第 3 营进攻天主堂正门，派一个连出城封锁住敌人后侧的城墙，防止敌人翻越城墙逃跑。其余部队埋伏在松柏巷匡庐中学附近，围歼敌人。战争打响后，敌人往外逃窜，刚到松柏巷，就遭到起义军的伏击，敌人只得龟缩进天主堂内，依靠坚固的掩蔽物负隅顽抗。敌人调集轻重机枪，架在天主堂钟楼上，封锁了松柏巷。由于巷子太窄，又无法隐蔽，担任主攻任务的第 3 营伤亡很大，暂时撤了下来。

这时，另一部分起义军翻越城墙，从敌人侧后插了过来。第 3 营先锋

第二章 南昌起义

队趁势发起一个猛攻,把天主堂的大门冲开了。起义军边打边喊:"我们是铁军!缴枪不杀!"敌人一听碰上了"铁军",都纷纷放下武器,举手投降。起义军乘胜爬上天主堂钟楼,向匡庐中学的敌人猛烈扫射。敌人抵挡不住,不得不在操场上缴械投降。时任第71团第2营第4连连长的萧克后来回忆说:"3营攻打天主堂,我们2营攻打匡庐中学。在营长廖快虎的率领下,我们一下子冲进学校,敌人撑不住,仓皇爬上城墙,企图逃跑。城墙上早已布置好了工人纠察队和公安局的警士,他们一阻击,敌人又退回原地。这时,我们就把敌人紧紧围住。天快亮时,敌人一个营全部缴械了。"

◎ 南昌起义

同时,第24师第72团攻打驻贡院的敌人。团长廖运泽后来回忆道:"我按原部署带领第72团以演习夜间行军的方式,接近第23团、第24团驻地,突然夺取该部卫兵的武器,迅速冲进第24团的营房。因为天气闷热,敌军官兵都铺着席子睡在院子内,他们仓促应战,很快就被全部缴械。"

起义军消灭了敌卫戍司令部的警卫队后,打开了监狱,放出了一百多名"政治犯"。这些爱国青年和革命志士获得了自由,眼里闪着泪花,放声高呼:"中国共产党万岁!""打倒蒋介石!""打倒汪精卫!"很多人立即参加了起义军。

在顺化门外,第20军教导团、第6团和第11军第10师,对小营房和老营房的敌第9军所部，发动突然围攻，迅速解决战斗。

在新营房，第24师一部与广东农军并肩作战，进攻第3军第24团营房。

捷报频频传来……

经过4个多小时的激烈战斗，全歼守敌3000余人，缴获各种枪5000余支，子弹70万发，大炮数门。

起义胜利了！革命的旗帜在总指挥部的五层大楼上高高地升起！

年轻的中国共产党用南昌城中的枪声，向全世界宣告：中国的无产阶级革命战士并没有被国民党反动派的残酷镇压和血腥屠杀所吓倒，中国共产党独立领导武装进行革命战争的时代开始了。南昌由此成了中国人民解放军的诞生地。"豫章故郡、洪都新府"的南昌城从此又多了一个美誉——"英雄城"。

8月1日早晨，南昌城店铺照常营业，街上人来人往，只有那满城标语和城头飘扬的红旗，让人们意识到——深夜的枪声确是发生了大事。

当日下午，根据事前约定，一列空火车驶入马回岭。聂荣臻率领驻南昌附近的马回领第25师大部参加起义，并成功摆脱张发奎卫队的阻截，于8月2日赶到南昌。周恩来听说聂荣臻拉出了3000多人，大为惊讶，十分高兴地说："行动很成功！我原来没想到这样顺利，把25师大部分都拉出来了。想不到，想不到，你们干得好！"对此，聂荣臻后来回忆说："在马回岭，我们先把73团拉了出来，叫75团跟进。75团团长是孙一中，黄埔一期的学生，安徽人，是一位相当不错的同志。但是，因为他们和师部在一起，行动不便，所以，当时确定不带背包、行李、伙食担子，只拿武器弹药，以打野外的名义，把部队拉了出来。74团我们只带出了一个侦察连。侦察连的连长是共产党员，琼崖人，名字记不清了，他带侦察连参加了起义。"

第73团的团长是周士第，生于1900年，广东乐会人，早年参加五四运动，1924年12月加入中国共产党。接着在共产党的领导下相继参加了国民革命运动、北伐战争、南昌起义、长征、抗日战争等，创建晋西北抗日根据地。戎马生涯五十余载，为中国革命做出了巨大贡献。

周士第任团长的第73团，孙一中任团长的第75团，是由北伐战争时被誉为"铁军"的叶挺独立团改编而成的，战斗力很强，是第25师的中坚力量。后来,这支部队上了井冈山,与毛泽东率领的秋收起义部队会师,成为井冈山的主力之一。

3. 人民军队的诞生

武装斗争是中国革命的主要斗争形式。中国共产党只有在拥有了自己的武装之后,才能在党的指挥下造就一切,枪杆子里出政权。毛泽东同志曾经说过,"从马克思主义关于国家学说的观点看来,军队是国家政权的主要成分。谁想夺取国家政权,并想保持它,谁就应有强大的军队。"而这次南昌起义的胜利,使得中国共产党终于有了属于自己的军队,使得中国革命终于有了第一支人民的军队。

总体来看,起义军在南昌是比较圆满地完成任务的:

首先,成立了革命的政权机关。8月1日上午9时,在原江西省政府召开有中国共产党人和国民党左派人士参加的联席会议,到会的有关地区代表40余人,其中多数代表是双重身份(既是国民党员,又是共产党员)。由叶挺

◎ 南昌起义军

报告起义经过,选举产生革命委员会,下设秘书厅、农工委员会、宣传委员会、财政委员会、党务委员会、参谋团、总政治部、政治保卫处等机构。会议推举谭平山、宋庆龄、周恩来、贺龙、叶挺、李立三、恽代英、彭湃、吴玉章、邓演达、何香凝、张曙时、徐特立、郭沫若、林伯渠、朱德、张发奎、张国焘等25人为委员,以宋庆龄、谭平山、贺龙、邓演达、郭沫若、恽代英、张发奎等7人组成主席团。在讨论名单时,周恩来、李立三认为不应该列入张发奎,由于张国焘、谭平山坚持,最后还是列入了。后来事实证明,张发奎完全站到反革命方面去了。在南进途中,从革命委员会名单中把张

发奎的名字删除了。

革命委员会成立后,以宋庆龄等人的名义发表《中央委员会宣言》。宣言指出:"武汉与南京所谓党部政府,皆已成为新军阀之工具,曲解三民主义,毁弃三大政策,为总理之罪人,国民革命之罪人。"宣言提出号召一切革命力量共同努力,为获得一个新根据地,解决土地问题,反对帝国主义、封建势力和一切新旧军阀而斗争。

需要注意的是,革命委员会打的还是国民党的旗帜,这也是中共中央事先所决定的。目的则在于,争取和团结国民党中一部分愿意继续革命的分子,揭露蒋介石和汪精卫集团背叛孙中山革命精神的丑恶面目。但是,这个革命委员会与蒋介石的南京政府、汪精卫的武汉政府是完全对立的革命政权。

其次,基本提出了自己的纲领。革命委员会先后颁布了《联席会议宣言》、《中国共产党致国民党革命同志书》、《八一起义宣言》、《八一起义宣传大纲》、《土地革命宣传大纲》等宣言、政纲及各种文告。在政纲中,中国共产党向全国人民揭露了国民党反动派对外投靠帝国主义、对内镇压工农运动的罪行,尖锐地指出国民党早已叛变革命,成为"人民的公敌",因此党公布了关于通缉蒋介石、汪精卫的命令。在土地问题上,宣布"中国的国民革命,第一使命就是实行土地革命","我们此次革命的行动,即是为实行土地革命,解决农民问题而奋斗"。关于财政政策,改变了以前军阀的筹款办法,将财政负担从贫苦工农身上转移到地主资产阶级身上,废除苛捐杂税,征集地主的粮食,没收土豪劣绅的财产和对土豪劣绅罚款。关于劳动保护政策,制定了《劳动保护暂行条例》19条,规定了8小时工作制,工伤赔偿,疾病死亡抚恤,失业保险,童工、女工的保护等。这些政策虽然由于军事上的很快撤离和失败而没有条件贯彻实施,但抓住了消灭封建势力、实行土地革命这个民主革命的根本问题,在宣传共产党主张、动员和教育人民方面,起到了积极作用。

最后,在起义的基础上迅速创建了人民军队。这一次,把部队按照连、营、团、师、军的建制进行整编,组成三个军。军、师、团各级都派了党代表,加强了部队的政治领导。

第二章
南昌起义

8月2日,革命委员会任命吴玉章为秘书长,任命周恩来、贺龙、叶挺、刘伯承组成参谋团,作为军事指挥机关,刘伯承为参谋团参谋长,郭沫若为总政治部主任,起义部队使用国民革命军第2方面军的番号。革委会任命贺龙为第2方面军代总指挥,叶挺为第2方面军前敌代总指挥。第2方面军下辖3个军,第11军,叶挺任军长(兼),聂荣臻任党代表;第20军,贺龙任军长(兼),廖乾吾任党代表兼政治部主任;第9军,韦杵任军长,朱德任副军长,朱克靖任党代表。此外,在革命委员会政治保卫处下辖1个直属团、1个手枪营和1个警卫营。这样,一个拥有2万余人,共计16个团又4个营的新型军队诞生了。这是中国历史上第一支属于人民的军队,是在革命低潮时期,由中国共产党领导的第一支革命武装。

人民军队就这样在战争中诞生了。中国共产党有了这支军队,才能继续高举革命大旗,为民族解放和国家独立而奋斗。

8月2日,南昌市各界群众数万人集会,庆祝南昌起义的伟大胜利,举行革命委员会的就职典礼。据当时南昌出版的《工商时报》报道:"革命委员会于2日下午1时,在贡院侧举行就职典礼……列会群众有农工商学兵各界共数万人,旌旗蔽日,欢声振天,诚南昌此前未有之盛况,亦中华革命开一新纪元之佳兆也。"人们纷纷走上街头,以喜悦的心情争相观看各种文告和宣传演出。南昌各界人民热情慰劳起义军,组成了江西民众慰劳前敌革命将士委员会,捐献了万元巨款支援起义军。

各民众团体纷纷来到起义军驻地进行慰问,市民们敲锣打鼓抬着鲜牛肉,挑着大西瓜,去犒劳起义军官兵。军民欢聚一堂,互相勉励。人民群众以空前高涨的革命热情,积极响应党的号召,踊跃报名参军。仅第25师就吸收了数百名共青团员和青年学生参军。很多工人拿起了枪,加入了起义军的行列,连八一南昌起义总指挥部——江西大旅社的一些工友和理发员,也自愿参军,随军南下。南昌附近的许多农民自卫军也纷纷加入了起义军队伍,决心将革命进行到底。

第三章
南下和挫折

一、起义军英勇南下

在南昌起义行动之前,中国共产党人对于起义后何去何从已经有了明确的目标:联合国民党左派,把能够掌握和联合的军队拉到广东去再建根据地,利用出海口得到苏联援助,然后实行"二次北伐"。南昌起义爆发后,国民党军队从四面八方涌来,企图"围剿"共产党起义军。在如此形势下,中国共产党决定按照原计划,在确定好路线后英勇南下,继续战斗。

1. 国民党军队虎视眈眈

南昌起义的胜利,使国民党反动派的各个集团大为震惊,也引起了他们的极大恐慌。南京的蒋介石和武汉的汪精卫都调兵遣将"讨伐"起义军,从武汉发出的电报一封接着一封:"一九二七年八月二日汉口电:当局通令,据报第二十军军长贺龙及第二十四师师长叶挺,受共产党指使,公然叛乱,除派兵往剿外,希一体缉拿。""一九二七年八月二日汉口电:当局令朱培德、张发奎调集赣东、赣南各处驻军,肃清南昌共产军。"南京国民政府和武汉国民政府也遥相呼应,声称要"通电全国","声明讨共为共同目标",与武汉当局共同"围剿"南昌起义部队。于是,国民党部队迅速从四面八方开来,敌我力量越来越悬殊,企图把革命扼杀在摇篮里。

从力量对比上看,武汉当局、南京当局都有20万以上的军队,广东和广西联合的政权也有5万以上的军队。这些部队,外可购买先进的武器装备,内可从宽广的地盘筹饷,而相比之下的共产党起义军,没有外来武器补充,

第三章
南下和挫折

没有固定的地盘和饷源,而且自身内部还不是很稳定。

如此一来,南昌起义军的压力骤增。值得一提的是,在这样紧张的时刻,叶剑英足智多谋,为张发奎"献计",使得南昌起义军面临的来自敌人的压力减轻了。

张发奎听闻南昌起义的消息后,率领第11军军长朱晖日乘火车从九江到马回岭,企图阻止第25师参加暴动。不料该师第73团团长周士第早已率部起义,正在向南昌开进途中,与张发奎等相遇,将张发奎卫队全部缴械。张发奎和朱晖日狼狈不堪,不得不步行返回九江。

张发奎返回九江后,立刻召集黄琪翔、朱晖日、叶剑英等高级军官开会,在会上他大发雷霆,指责叶挺、贺龙公然叛变,不可谅解。朱晖日等人主张立即派兵追击南昌起义军。叶剑英感到事态严重,如果真的任张发奎追击起义军,其后果将不堪设想。他从维护起义军的立场出发,决定陈述利害,力阻不追。

他沉着冷静从分析面临的战局说起,讲出一番道理:"总指挥早就想南下广东,重举总理革命义旗,目前正是时机。原来盘踞在广州的陈铭枢虽与李济深对立,但他的部队如今已退回潮汕,广东仍是李济深的天下。我们原想去广东,李济深是反对的,现在我们放叶、贺的队伍到广东去,李济深招架不住,必然来请我们回广东相助,此时我军便可打起援师义旗,直趋广州。这样比跟着贺、叶屁股打,两败俱伤,要胜一筹。假若在此尾追叶、贺,徒耗兵力,别说不一定赶上他们,即使捉获,而我等仍无立足之地,何谈北伐统一!"

张发奎觉得叶剑英对局势的分析颇有道理,而且叶剑英的分析正合他想要占据广东的心愿。本来他要尾追,是受到上面的命令,并非出于本心,也是想借机南下广东,扩充实力,别有所图。再者,贺龙、叶挺参加南昌起义,使他的第2方面军损失过半。自知靠尚存的一万余兵力来对付贺、叶的两万多"叛军",难操胜券。因此,他采纳叶剑英的意见,表示放弃尾追贺、叶的计划。

但是,公开表示放弃追击贺龙、叶挺的话,怕有通共之嫌。因此张发奎又虚张声势,派兵追赶起义军,以敷衍武汉政府。直到8月5日,他电告武汉政府，谓"奉令追剿，已经星夜分途出发，现先头部队将抵南昌"。实际上，他的部队追抵南昌后，又拖延数日，等到贺、叶部队进兵临川、宜黄时，才派兵前去追赶。后来张发奎的"追兵"，与起义军又"嗣忽分途"，改向南雄，出现一种奇妙的"追而又舍"的局面。其实，这正是叶剑英向张献计的结果。这样，就使南昌起义军摆脱了一部追兵，从而迅速打开南进通路，直下潮梅，与彭湃的农民军汇合，保存了部分革命武装。

2. 下一步去向何方

在中国共产党方面，南昌起义的胜利仅仅是消灭国民党反动派的开始，起义后党立即面临着严峻的课题是，到何处去安家，建立一个革命根据地。叶挺同志在《告战士书》中说："欲维持我们生存以为革命奋斗，也必须找一个内不受军阀所包围，外不受帝国主义所封锁的地方。"

当时，第一次真正掌握了武装力量的中国共产党人有三种选择：（1）就地不动——以南昌为中心，形成与汪精卫的武汉政府、蒋介石的南京政府鼎足而立的态势。这显然是不切实际的。从当时的形势和敌我力量的对比看，起义军是不可能久占四面受敌的南昌城的。因此，迅速及时地撤出南昌以保存有生力量是完全正确的。（2）上山——到江西、湖南的广大山区建立根据地，和当地的农民运动相结合，以便扩大革命力量。贺龙等人主张这样行动，但没有得到同意。（3）下海——南下广东，夺取出海口，争取共产国际的支援，尔后再攻取广州，准备将来再次北伐。当时说是苏联运来一船军火，起义军到汕头一带的出海口就可取得。

为了决定下一步的动向，8月1日下午，总指挥部的参谋团会议在刘伯承的主持下召开，周恩来、贺龙、叶挺、蔡廷锴以及被称为"纪功"的苏联顾问库马宁都围在江西大旅社楼下会客厅内的一张大桌子旁，对着墙上挂着的地图，急切地讨论着。

虽然在南昌建立了政府，停留在那儿不走显然不行。起义能够顺利进

第三章
南下和挫折

行,是在于乘敌不备,武汉国民党当局没有想到共产党会拉走叶、贺的部队,统治江西的云南军阀朱培德的部队也措手不及。一旦他们惊魂甫定,就要反扑过来。而且从当时双方的力量对比来看,四周十几万敌军若是围攻上来,共产党人掌握的这两万余人的部队肯定难以抵挡。

要走是肯定的了,问题在于向哪儿走。

其实,早在"八一"行动之前,这个问题已经决定了。周恩来、李立三他们于7月中下旬离开武汉去九江时,就已经与尚未回苏联的鲍罗廷共同确定了一个明确的目标——联合国民党左派,把能够掌握和联合的军队拉到广东去再建根据地,利用出海口得到苏联援助,然后实行"二次北伐"。

这还是想重走国民党当初起家的老路,在当时的条件下,人们也普遍还不知道有别的路好走。而选择广东作为南下的目的地,也是有原因的:广东是大革命的根据地,共产党最早在那里发动了农民运动,开展了工人运动;另外就是广东有出海口,有可能像当初国民党东征北伐时一样得到苏联的援助。尽管现实并非如设想那般简单,但当时中国共产党人普遍都不知道自己应该走"农村包围城市"的路线,仍然是将眼睛瞄准大城市。在两湖地区遇到困难后,自然而然会想到要到广东地区去。

南昌暴动前,中国共产党方面和苏联军事顾问加伦想拉张发奎一同回粤,就已经同他讲明了这个目的。张发奎同意回广东,却想在部队中清除C.P.分子,是要自己回家乡打地盘。张国焘知道张发奎同意合作才能发动起义,若照此办理只会坐等别人来解决。周恩来等其他领导人知道自己与张发奎"同道不同谋",终于自己在南昌拉起义旗,不再"为他人作嫁衣裳",这正是英明之处。

起义之后,虽然没能拉上张发奎,原来的初衷却没有变。由于在南昌的叶贺军队和中共中央都没有电台,交通员的联络也不畅,以周恩来为首的前委还是根据起义前的计划,准备把叶、贺部队以"国民革命军第2方面军"的旗号拉回广东,先夺取出海口取得苏联援助,有了枪和饷,就能扩大军队,再建以共产党人为主的新的国民政府。

◎ 国民革命军第 2 方面军总指挥贺龙《告全体官兵书》

在这次会议上，因到会的贺龙、蔡廷锴还不是共产党员，周恩来还是以团结国民党左派加强合作的口气，介绍了中共中央的意图，并说明只有占领广东才好重新北伐。到会的人一致响应，刚刚赶到南昌并表示附和起义的第 10 师师长蔡廷锴虽然发言不多，也吞吞吐吐地表示赞成。

接着，周恩来提出，南进的目的地是广东东江。由于两年前东征时在那里当过行政专员，周恩来很熟悉当地的情况，他介绍说，东江有惠州、潮州、嘉应州（即今日的梅县）共二十五县的广大地区，过去就有很好的革命基础，尤其是海陆丰现在还有一支农军在坚持斗争，汕头又是一个可停靠大船的海港，便于取得外援。

在今天的我们看来，南下广东的决定本身就是错误的，这一决定使得后来中共陷入困难的境地。按照毛泽东思想，这时应该到农村去建立根据地，"因为强大的帝国主义及其在中国的反动同盟军，总是长期地占据着中国的中心城市，如果革命的队伍不愿意和帝国主义及其走狗妥协，而要坚持奋斗下去，如果革命的队伍要准备积蓄和锻炼自己的力量，并避免在力量不够的时候和强大的敌人作决定胜负的战斗，那就必须把落后的农村造成先进的巩固的根据地，造成军事上、政治上、经济上、文化上的伟大的革命阵地，借以反对利用城市进攻农村区域的凶恶敌人，借以在长期战斗中逐步地争取革命的全部胜利"。但当时中国共产党自身本就不成熟，没有完全放弃城市中心的道路，也没有意识到以农村包围城市这条道路去取得革命的胜利。正确的决定和道路都是在不断探索中慢慢形成的，中国共产党的这些"错误"的决定为以后找到正确的革命胜利之路打下了基础。

3. 南下路线之争

确定起义军要南下了，但是，南下要走哪一条路线呢？

在参谋团会议上，刘伯承以参谋团参谋长的身份，介绍了参谋团的计划。事先，他已经与周恩来协商过，取得了一致意见。刘伯承对着地图，向到会人员介绍说：

"参谋团确定的进军目标也是尽快前进以夺取东江。由南昌到东江有两条平行的路线：一条是大路，经吉安、赣州、韶关、广州进入惠州地区；一条是小路，经临川、会昌、寻邬进入嘉应州地区。现在，大家研究一下，以选择哪条路线进军为好。"

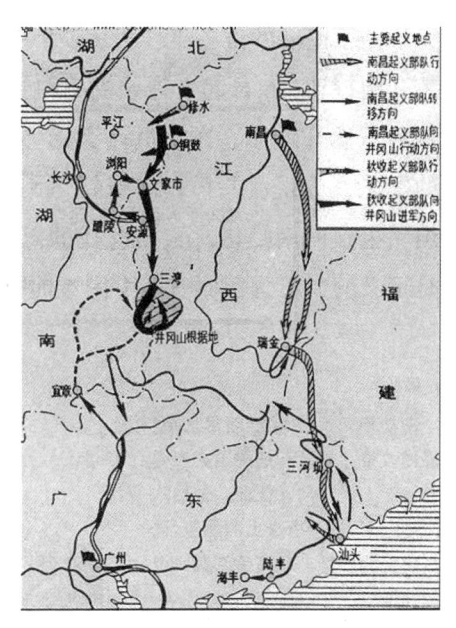

◎ 南昌起义、秋收起义和井冈山会师示意图

当时有两种意见：一种主张沿赣江南行，经过樟树、吉安、赣州等比较富庶的地区，取道韶关，直下广东。这是一条大路，便于行军。另一种是周恩来等所主张的，那就是由赣东经寻邬直取东江，是一条"小路"。他们为什么选择这条路线？主要有两个原因：（1）前一条虽是大路，却也是敌军重兵驻扎的地区。朱培德的第3军在吉安，钱大钧部在赣州，李济深可

利用粤汉路的方便，集中兵力在粤北与我决战。张发奎余部一万多人也可能沿这条路尾追而来。走这条路，势必会陷入腹背受敌的苦战之中。而赣东敌军的力量则较薄弱。（2）东江是广东农民运动发达的地区，周恩来对这里是很熟悉的。直取东江，可以较快地取得当地群众的支持，使兵力得到补充；汕头又是重要的出海口，可以取得国际的接济。周恩来等的这个主张得到多数人的支持。起义军撤离南昌后，就取道这条路线南下。

于是，南进的行军计划就这样确定下来。参谋团当天就定好了第一阶段行军计划，即南昌—临川—宜黄—广昌—石城—会昌—寻邬，在全长一千二百里的主要道路上，选的是平行路，预计8月2日出发，26日集中于寻邬。

由于南征的准备工作繁多，8月2日部队未能出发，拖到3日先头部队才开始行动，5日起义领导机关和主力才离城。在起义后的三四天里，南昌城内虽然开大会，做动员，实际上各种布置都是准备离城远走。这支英雄的军队，像铁流一样，沿着赣东山地流去。在抚州、宜黄、广昌、石城的山路上，向南挺进。重新北伐的思想，激励着他们。他们相信自己的事业是正义的，不管前面有多少困难曲折，都无所畏惧。

二、天灾和人祸

南下之路并非一片坦途,相反,起义军面临着来自各方面的压力和困难。酷热的天气、崎岖的山路使行军变得艰难无比;反动派的造谣使起义军得不到给养,士气低落;一些士兵、军官比如蔡廷锴的叛变使得起义军元气大伤。但就是在如此情境下,起义军部队仍然斗志昂扬,相继取得壬田、会昌战斗的胜利。随后,起义军改道东进,成功进入广东省内。

1. 坎坷南下路

起义军踏上南征的道路后,队伍中充满了革命的乐观主义精神,战士们一路走一路高唱《国际歌》和《青年先锋队队歌》等革命歌曲。周恩来、恽代英、刘伯承、彭湃、徐特立、郭沫若等人始终与大家走在一起唱在一起。但是,由于准备不足,且行动比较仓促,意外的艰难和挫折相继而来。

首先,自然环境的恶劣使得起义军南下困难。8月的江西,酷暑笼罩,天气热得使人难以忍受。起义军南下后所走的多是山路,且负担较重,每人背负250发至300发子弹,还要自扛机枪、大炮等。越往南走,路边就陆续出现被丢掉的子弹、火炮零件,到后面更是完整的山炮和迫击炮。许多士兵都面带菜色,不断倒在南下的途中。此外,由于反动派的造谣,沿途居民对起义军心存疑惧,很多人躲了起来,连食物和茶叶也难以买到,部队的给养相当困难。许多战士又得了赤痢,缺医少药,给部队带来了更大的困难。路上病倒的、脱队的非战斗减员十分严重。比如,起义部队进入了宜黄县城后，发现全城只剩下老孺，屋内的东西也早就被搬得空空如也。到新丰县城，又是空无一人，只有当地产的几十缸胶糖摆在大街上，还有一些桐油桶摆在那里。部队士兵们都饿得饥肠辘辘，纷纷用胶糖充饥。有的连队把桐油拿来炒，好多人吃完呕吐不止，还有的腹泻。

其次，很多起义军逃亡和士气不高。由于对起义的意义不甚明了，对南进途中的艰苦生活又缺乏足够的思想准备，起义军内部因此而产生了一些动摇和不满情绪。李立三在党内报告中说道："八月三日至五日，军队先后离开南昌，向临川前进。时天气极热，沿途多系山路，每日行六十里，实际多至百里。兵士负担极重，每人背二百五十发至三百发子弹，机关枪大炮，都系自扛（因无民工）。沿途全无农民支援，加以反动派宣传的影响（杨如轩事先通电各县，说我们是北军实行共妻共产），沿途农民闻风而逃。饮食全买不到，甚至终日难得一粥。渴则饮田沟污水，以致士兵病死极多，沿途倒毙者络绎不绝。同时军中多无军医处、卫生处等组织，病者无法救治。加以宣传工作极坏，兵士全不明此次起义的意义，因此军心大为动摇，逃走极多。仅行军数日，实力损失已在三分之一以上，遗弃子弹将近半数，迫击炮几乎完全丢尽，大炮亦丢了几尊，逃跑及病死的兵士将近四千。……八一革命的意义，不但是没有深入群众，就是两军的士兵亦不明白。"

最后是蔡廷锴部的叛变。

8月4日，行进至进贤村时，在左翼行进的蔡廷锴部第10师背离起义军，突然脱离起义部队，折往浙江，投靠了蒋介石。这一下就拉走了全军将近四分之一的兵力，使起义部队南下计划受到严重挫折。

蔡廷锴，字贤初，广东罗定人，早年曾务农、学裁缝、开小杂货店，辛亥革命前投营，后效力于粤军，在孙中山大本营特别团中任过营长，北伐时曾任第10师第28团长，后升任第10师师长，与叶挺是同乡，过去私人关系也不错。在抗日战争中奋起反抗日军，立下赫赫战功。后参与领导福建事变，与中华苏维埃共和国临时中央政府和红军签订了《反蒋抗日的初步协定》，1934年1月因内部瓦解而失败。抗日中一度复出，因无兵而没有大的作为。新中国成立后，任中国人民政治协商会议第四届全国委员

第三章
南下和挫折

会副主席。

论起蔡廷锴的第10师，可算是北伐中功勋卓著的一个部队，当时在第11军的编制内。其实，第11军在北伐前，就是第4军的老10师。北伐后第4军以两个师打先锋，攻下武昌后以这两个师为基础扩编成两个军。第12师扩编成第4军，张发奎任军长。第10师扩编成第11军，辖第10、第24师，开始由第10师师长陈铭枢任军长，原第28团团长蔡廷锴升任了第10师师长，由第4军独立团的部分骨干另组建了一个第24师，叶挺担任了师长。1927年春天，这个军负责守卫武汉，因宁汉对立，军长陈铭枢离开武汉去投奔蒋介石，张发奎兼任了该军军长。由于蔡廷锴不是张发奎的老部下，而是陈铭枢的亲信，在张发奎手下感到受气，还担心被解除兵权，所以亲近叶挺，也不想东征与蒋介石打仗。借东征讨蒋之机，他率部离开九江去南昌，也有脱离张发奎去浙江另谋出路的意向。

◎ 蔡廷锴在前线视察

叶挺率第24师准备起义时，拉上了第10师。不过这时是用脱离张发奎及"打回广东"为口号来动员蔡廷锴，双方缺乏共同的革命思想基础。因此，实际上蔡廷锴参加南昌起义是极不情愿的。起义前，他正在庐山参加汪精卫、张发奎的军事会议，当他赶回九江时，他的部队已随贺龙、叶挺开赴南昌。无奈之下，他才追上部队，参加了南昌起义。第10师中，共产党的力量比较薄弱，只有以第30团团长范荩为首的几十名共产党员和共青团员。

后来，蔡廷锴在本人的自传中也谈到了当时的情况。他回忆说："我军回师武汉，即令赶速补充，不及一月，便已整理完竣。时宁汉由分裂而至兵戎相见，不久，武汉当局下动员令，决由武汉东下。唐生智总军权，以张发奎为第1方面军，他部为右翼，向南京攻击前进，以张发奎为前锋，先占领九江、湖口掩护大军集中，我师归叶挺指挥跟进。到达九江后，叶挺与我密商，他说：'我们攻下南京，亦属互相残杀，于革命前途确无意义。

且唐之革命比蒋相差甚远,不如我军回粤休养为高。'我听叶挺如此表示,正中下怀,深表赞同。但他是共产党,自己是国民党,根本信仰不同,主张亦异,惟有待机定进退。过了数天,各军集中完毕,张军长已到,令叶挺率我师及贺龙部先占领南昌。占领南昌后,张军长即召集师以上人员在庐山开谈话会,汪精卫亦到。所谈结果,仍拟分两路由皖南、浙南向南京攻击前进。我在庐山住了两天,即回九江,率师部直属队由火车输送。车抵乐化站,贺龙部在该处握守向北警戒,我即下车问警戒该处之团长,他说:'我奉命任何军队无叶、贺命令,不准通过。'我见此情形,自念不回去,则我师更危险,遂打电话向叶挺请示。叶接我电话,请我即返南昌。返抵南昌,叶、贺已将朱培德、程潜驻南昌部队缴械,即召集会议,在南昌成立临时军政府。我当时退既不得,逃更不能,只有伏首服从叶、贺之命。驻留数日。复开会议,结果决定返粤。"

从他的自述我们可以看出,他参加南昌起义和南下是极其不情愿的,特别是他和叶挺还"根本信仰不同,主张亦异"。所以,他也只是在找寻恰当的时机脱离南昌起义的队伍。4日,蔡廷锴趁乱清理了队伍中的共产党员,并在进贤寻机率部脱离了起义军。蔡廷锴后来率部逃到福建,并扩编成了国民革命军第19路军。

7日起,起义军陆续到达临川(今抚州),这里距南昌已有100公里。鉴于部队非战斗减员严重和思想比较混乱的状况,中共前委决定在此休整几天。基于蔡廷锴的教训,朱德等在抚州对部队进行了近一周的整顿,加强了部队的政治思想工作,撤换了一些不可靠的军官,以保证部队的稳定。在此期间,抚州中学有300多名师生报名参加了第9军宣传队,还有工人纠察队和农民自卫军数百人也参加了起义军。不久,他们都编入第9军。期间还发给当地农民协会一些武器。为筹措急需的军饷,周恩来、李立三、恽代英等主张改变以往派款、借款的办法,实行征发地主粮食,没收劣绅反动派财产和对土豪劣绅罚款。经过讨论,革命委员会决定采取这一财政政策。

经过几日的停留,部队得到休息和整顿,起义军的士气得到提高,表现出了顽强的斗争意志。尤其是起义军领导人的崇高品格和坚毅精神,使

第三章
南下和挫折

战士们深受鼓舞。在临川军中,时任政治工作领导的郭沫若曾作一首五言诗,为起义军壮行:

夜雨落临川,

军书汗马还。

一声传令笛,

铁甲满关山。

一个从南昌出发后一直在周恩来身边的战士这样描写道:"每天,当行军休息下来的时候,因为过度疲劳,我们总是一倒地就呼呼入睡。往往一觉醒来,睁眼还看见周恩来同志在豆油灯下工作,或是踱着步子,默默沉思。""我们对待周恩来同志的命令是绝对服从的,从不敢懈怠。这是因为周恩来同志对部下要求非常严格,而他对自己的要求尤其严格。"

当然,起义军在南下途中,也有意外的好事情发生。12日,起义军进抵宜黄,陈毅赶来与南昌起义军会合。

陈毅,生于1901年,名世俊,字仲弘,四川乐至人。早年赴法国勤工俭学,后因参加中国留学生的爱国运动,被武装押送回国。参加了南昌起义和湘南起义,率领部队上井冈山,为中央根据地的发展壮大做出了贡献。在土地革命战争时期,历任中国工农红军第4军第12师师长、中共第4军军委书记、军政治部主任,中共第4军前委书记、军政治委员、军长,江西军区总指挥兼政治委员,中共苏区中央分局委员、中华苏维埃共和国中央政府办事处主任。红军长征后,坚持南方游击战争。抗日战争中,率新四军第一支队奔赴苏南抗日前线,后到苏北,取得黄桥决战的胜利,打开了华中抗日的局面。皖南事变后任新四军代军长、军长,为巩固华中根据地,打击敌寇,收复失地,英勇作战。解放战争中,先后取得了鲁南、宿县、莱芜大捷,粉碎了敌人的全面进攻,又取得孟良崮大捷,粉碎敌人重点进攻。不久,挥师豫皖苏边,与刘邓、陈谢大军一道大举进攻中原,揭开战略反攻之序幕。后参与指挥了淮海、渡江、上海战役和向东南进军。中华人民共和国成立后为国防和军队建设做出了贡献。1972年1月6日,在北京逝世。

事情的经过是这样的:1927年5月,陈毅担任了武汉中央军事政治学校共产党党委书记。7月,军校改编成张发奎第2方面军的教导团,陈毅就成了教导团的党委书记。8月2日教导团随第2方面军东征讨蒋,从武汉顺长江东下,8月4日到了九江,南昌起义的消息才传过来,张发奎却打出了与共产党分手的旗子,他知道教导团里共产党员最多,就利用渡船分散之际,将教导团徒手集合,公开宣布"分共",愿意跟叶、贺的,他"礼送"出境,愿意留下来的,跟他去广州。当天晚上,陈毅召集共产党干部开了个紧急会议,决定身份已暴露的党员立即撤离,一是分散赶赴南昌,参加我们共产党自己的队伍,一是回家乡搞农民运动,准备武装起义;没有暴露身份的党员,组织新的党支部,隐蔽下来,坚持斗争。后来这批人有200多人随教导团到达广州,参加了广州起义。

陈毅的共产党员身份已暴露,他安排好教导团的工作后,就连夜赶去南昌,同行的有特务连连长萧劲。8月6日到了南昌,才发现叶部已南下撤离。而张发奎则进了南昌,陈毅和萧劲又向南追去,经过种种坎坷,8月12日终于追上了南昌起义军。周恩来分配陈毅担任叶挺的第11军第25师第73团的团指导员(相当于党代表)。和陈毅一样,第11军政治部的数十名同志和黄埔军校武汉分校的一部分女同志从九江翻过庐山,抄小道,冲破了敌人的重重封锁,赶来并入了革命的行列。

2. 战斗在壬田、会昌

离开宜黄后,起义军于8月18、19两日到达了广昌。在广昌,革命委员会召开了连以上干部会议,以进一步统一思想,明确起义军南下的目的和意义。此外,第20军还召开了军人大会,强调了部队纪律,印发了《兼代第2方面军总指挥贺龙告全体官兵书》。离开广昌时,起义部队分为两路,第11军为右纵队,取道宁都;第20军为左纵队,取道石城。两路均昼夜兼程,预定在壬田会合后,向瑞金攻击前进。夜晚,起义军打着火把,行进在崎岖的山路上,就像一条长长的火龙在游动。

此时,蒋介石已发现起义军的矛头直指广东,于是急忙命令驻广东的国民革命军第8路军总指挥李济深进行堵截。于是,李济深调蒋介石的嫡

第三章

南下和挫折

系钱大钧部队9000余人,由赣州进至会昌、瑞金地区,阻止起义军南下;又调黄绍竑部队10个团由南雄、大庾(今大余)向雩都(今于都)前进,支援钱大钧部。

8月25日,起义军东路第20军在蜿蜒的乡道上,向瑞金前进。这时前面部队报告说,国民党右路军钱大钧部王文翰第20师部已到达瑞金、会昌一线,该师前锋两个团2000余人占据了离瑞金15公里的壬田寨。前委当即决定,趁敌军立足未稳、兵力分散之机,将敌人各个击破。

同日,起义军到达瑞金壬田以北地区。壬田是通往瑞金的必经之路。钱大钧在此布置了两个团的精锐部队,封锁住了这一要隘。起义军除非把敌人击溃,否则没有别的办法通过。于是,前敌委员会派朱德指挥第20军主力趁敌军尚未集中,向壬田守军发起进攻。

敌军虽然只有两个团的兵力,但他们武器精良,精神饱满,8月25日下午,贺龙亲临前线,指挥作战。据当事者回忆,贺龙拿着一柄硕大的芭蕉扇,在苏联顾问的陪伴下走到临近火线的一片稻田,不断用望远镜观察对面的情况。尽管迫击炮弹不断在旁边爆炸,震耳欲聋,这位军长和顾问却毫不在意,这对不远处集结着的部队是一个无声鼓舞。

了解到对面的敌情后,发现对方约有两个团兵力,贺龙决定以第1、第2两师正面攻击,让第11军赶来增援,准备一举歼灭这股敌人。可是打到傍晚,第11军的部队因道路不熟,没有及时赶到,第20军的正面冲击已经把敌人打跑了。部队尾随追击,第二天进入了瑞金,敌人逃向南面的会昌。

在壬田的战斗,是起义军离南昌南下后所打的第一仗,起义军攻占瑞金县城。在瑞金,周恩来从报纸上得知各地国民党新军阀封闭工会、农会,捕杀共产党员和工农群众的消息,感到再继续沿用国民党的名义已经不合适。他主持召开中共前敌委员会会议,决定要建立无产阶级领导的联合贫苦小资产阶级的工农政权,提出乡村政权应完全归农民,并须以农民为中心;城市政权,工人须占绝对多数。

当起义军准备继续南下的时候,从缴获的国民党军文件中,获悉钱大钧、黄绍竑两部正在会昌一带集结大量兵力,成掎角之势,准备进攻起义军。面对如此的境况,前委有两种意见,一方面是周恩来、贺龙、刘伯承、叶挺等人，主张攻击会昌的敌人，将其歼灭；另一方面是以苏联顾问纪功为代表的人，主张避免与敌人接触，绕过敌人从汀州、上杭进往广东潮汕。

会昌距瑞金90华里，是座古城，它位于贡水、绵水和湘水三条河的汇合点上，城西河面很宽，水流平缓，河边有座很陡的小山头，西北方向是开阔地；北面距城五里，便是控制城东北的制高点——大柏山。1934年毛泽东曾写过一首战地诗："会昌城外高峰，颠连直指东溟，战士指看南粤，更加郁郁葱葱。"其中，"战士指看南粤"，说明会昌是通往广东的门户。此时，守敌的情况是，钱大钧之第20师、第18师、新编1师，合计十团之众，兵力多于南昌起义的部队，又基本上是以逸待劳。对这样的敌军硬攻，可是要费一番力气。

由此可见，主张进攻和主张避免与敌接触都是有一定道理的。然而，多数人认为，不论是采取哪种行动方案，都必须得先破会昌之敌，如果不这样做，会昌的敌人会随时跟踪追击。为解除后顾之忧，前委还是决定进行主动攻击。周恩来和贺龙、叶挺、刘伯承等商定兵分两路，先击破会昌之敌，再折回瑞金，转道南下。由叶挺率领第11军的第24师和第25师担任主攻，向会昌西北山头阵地之敌进攻；朱德率领第20军第3师助攻，向会昌东北高地之敌进攻；贺龙率第20军第1、2两师因刚经过壬田战斗，为总预备队。

◎ 会昌战役旧址

30日，起义军与敌人展开激战。但是，战斗首先开始的是助攻方向，因为担任主攻的第25师一直担任后卫，赶到瑞金就接到进攻会昌的命令，当时天已经全黑了。第25师连夜出发，赶往会昌，然而由于没有向导，走错了路，没有能够在预定时间赶赴会昌，因此敌军就被吸引到助攻的东北方向了。

第三章
南下和挫折

在助攻方向,第20军以第3师师长周逸群率领正面部队开始向敌猛攻,第1师的部队称前几天作战疲劳,没有马上跟上,形成第3师和第2师的一个团孤军前进。这个第3师刚刚成立,里面的学生兵和工农分子差不多都没有打过仗,只有担任各级军官的黄埔学生们还有些军事知识。经过行军减员过半的损失,此时只剩下一千多人。此时骤然对强敌担任正面主攻,任务的艰苦可想而知。

按照预先的计划,第20军的进攻主要是佯动,吸引住敌军,待起义主力第11军的两个师迂回围歼敌人。可是一交火,钱大钧的第20师就向会昌城内狼狈退却,第3师和第2师的第5团没有等到叶挺部队跟上来,就跟踪追击了十来里,到达离城二三里处,这时敌人增兵三个团,又实施反攻。周逸群率领的进攻部队既缺乏战斗经验,兵力数量又远不如敌人,当场抵挡不住,形成转胜为败的局面。

就在此时,主攻方向的战斗也打响了。周恩来和叶挺、刘伯承、聂荣臻等率领第11军第24师抵达会昌西北郊外,这里既是第24师师部又是前委指挥部。叶挺看到城东北面的敌人正在横冲直撞,觉得不应再等待第25师了,即时调整部队,以24师不足一师的兵力,向城西北敌人主阵地的岚山岭方向发起了猛攻。

中午时分,第25师终于辗转赶到。周恩来看着面前风尘仆仆、满身泥水的师长周士第、党代表李硕勋说:"部队是很疲劳,可是会昌一定要打下来。你们有没有把握呀?"他们一致表示:"我们向党保证,一定打下会昌。"他们和第24师担任主攻,以当年"铁军"攻打武昌城的顽强战斗精神,向敌人的阵地反复冲杀。由周逸群任师长的第3师,其成员大都是工运或农运的积极分子,他们虽然没有什么战斗经验,但是同样非常勇敢顽强。当时任1营营长的陈赓,在战斗中被敌人的子弹打中了左腿,虽身负重伤却仍然坚持战斗不下火线,表现出革命军人大无畏的英雄气概。到下午5时,起义军胜利占领会昌,并派兵尾追到筠门岭。这是一场恶战,也是起义军在南征途中取得的大胜利。此役歼敌6000余人,缴枪2500余支,以及大批辎重。但起义军付出的代价也是巨大的,伤亡1700人,在当时的全军人数中占了不小的比重。

会昌战斗后，根据贺龙从南昌起义到会昌战役的表现和本人的要求，周恩来和周逸群提出同意贺龙参加中国共产党。中共前委通过这一提议，由周逸群、谭平山做介绍人。周恩来在会上发表了深情的讲话。他说："组织上对贺龙很了解，贺龙同志由一个贫苦农民，经过斗争，成为国民革命军第 20 军军长很不容易。多年来，贺龙同志积极追求真理，是经过考验的，是信得过的。"李立三、恽代英、谭平山也相继讲了话，回顾了大革命以来，贺龙反对军阀，反对帝国主义列强，支持工农运动的一贯表现，赞扬了贺龙在革命危急关头挺身而出，率军参加南昌起义的革命精神。贺龙入党后，编入了中央特别小组，同组中有周恩来、张国焘、廖乾吾、刘伯承、周逸群等。

3. 改道东进，终入广东

攻克会昌后，起义军回师瑞金。恽代英代表前委向部队介绍了彭湃领导的广东东江农民运动的力量和声势，以及部队准备绕道福建去东江的计划，再一次明确提出当前的任务就是打到广东去，实现第三次北伐。31 日，起义军改道东进，经福建省长汀、上杭，沿汀江、韩江南下。这是因为：（1）沿原路南下，敌方已在途中驻有重兵，而福建却是敌军兵力空虚之地，行军阻力较小；（2）走长汀、上杭，顺鄞水下韩江，可用船只运送大批伤员和战利品（枪支有 5000 支左右），如走寻邬，都是山路，运输困难，无法携带；（3）长汀、上杭富饶，可以解决部队给养问题；（4）由寻邬南下的行军计划，已被叛逃的军官向敌人报告，并在各报上披露，必须改变。

9 月 5 日，起义军先头部队到达长汀，起义军在长汀稍事休息，数百名伤员被送进傅连暲主持的福音医院得到了治疗。福音医院本来是外国人办的，五卅运动后，外国院长跑了，医生和职工们便推举傅连暲当了院长。傅连暲虽然当时不是共产党员，但他关心、同情北伐革命。起义军到汀州来，他和城里的医生以福音医院为中心，利用极其有限的治疗手段，为部队中的伤病号治病疗伤。大部分伤员和病号经过治疗都重返部队。后来成为人民解放军著名将领的陈赓和革命老人徐特立，都是经傅连暲的治疗才得以

第三章
南下和挫折

康复的。傅连暲后来参加了红军，成为红军中著名的医生。

到汀州后，起义军派出宣传队到各处演讲，散发和张贴标语传单，张贴革命委员会的宣言、告示，刷写墙头标语等。还在横岗岭师范学校举行政治报告会，郭沫若、恽代英在大会做报告。起义军一些领导人还分别接见了长汀的共产党党员和革命分子。利用这个条件，起义部队在这里休息了一个多星期，初步治愈了许多伤员，获得了休养生息的时间。

9月5日至11日，起义军在长汀期间，前敌委员会接连召开会议，再次讨论一些重大问题。特别是对攻取东江的计划又进行了一次详细的讨论。当时有两种意见。周恩来和叶挺主张："以主力军由三河坝经松口取梅县，再经兴宁、五华取惠州，以小部分军力（至多两团）趋潮汕。"这样做有两个好处：（1）潮汕敌军兵力空虚，地势又无险可守，预计可不战而得；（2）如果先以主力取潮汕，再折回来取兴宁、五华，攻惠州，就过于迂缓，使敌人有集中兵力、抢占有利地势以攻击我军的可能。

另一种意见，主张"以主力取潮汕，留一部分兵力于三河监视梅县之敌，再经揭阳出兴宁、五华取惠州"。他们主要是担心敌人死守潮汕，不能很快攻下，就难以取得国际的接济，且梅县、兴宁、五华一带都是山路，部队不便行动，给养也会发生困难。而走三河坝到潮汕，可以顺韩江而下，水陆并进。由于苏联顾问等坚持这个主张，而一般军官在长期行军后渴望得到一个地方休息，也赞成这种主张。后来，就按多数意见做出决定，采纳了后一方案。此次行军路线的选择，对日后起义军的迅速失败有着直接的影响。

9月10日，周恩来和彭湃率领一团起义军沿汀江先行进占上杭。

上杭县是汀江上游重镇，从上杭以下，汀江江面宽阔，可直达粤东的大埔、丰顺和潮汕。上杭守军蓝玉田部闻风不战而逃，转至武平。9月12日，贺龙、叶挺主力部队第20军、第11军和朱德率第9军也先后到达。此时，中共闽南特委临时书记罗明日夜兼程赶赴上杭，并通知永定县党组织负责人张鼎丞、卢肇西、陈正等也专程到上杭迎接起义军。中共广东大埔县委赖释然和罗伯良受广东省委的委派也到了上杭迎接。

在听取中共福建党组织负责人罗明等人的汇报时，周恩来说：当前是要打到潮汕，和海陆丰农民斗争会合起来，建立革命政权和根据地。并要求闽西上杭党组织搞好交通运输、筹集粮饷、协助警戒、搜集提供情报、收容安置伤病员,做好后勤工作。之后几日,部队在上杭休整。期间,周恩来出席在第9军军部召开的政工会议,提出整编起义军的设想,拟到汕头后,将起义军的名称改为中华革命军。此外,革命委员会在讨论土地政纲时,做出决定:没收地主全部土地,实行耕者有其田。后又按照中共广东省委送来的政纲,改为没收50亩以上地主的土地。

在此期间,罗明曾根据特委意见,请起义军留下一些部队驻在闽西。为此,前委还多次召开会议讨论这个问题。但是,多数同志都忽视了这个主张,最后,前委仍坚持原议,即"以主力取潮州,留一部分兵力于三河坝监视梅县之敌再经揭阳出兴宁、五华取惠州"。这时,粤桂军阀早在调兵遣将,密切注视起义军的动向,千方百计阻截起义军入粤。

14日,起义军进入广东境内。19日,起义军占领三河坝。

◎ 如今的三河坝

三河坝位于汀江、梅江、梅潭河汇成韩江的合流处,是重要的交通枢纽,战略地位十分重要。起义军按照长汀会议的决定,在这里实行了分兵:由朱德率第11军第25师和第9军教育团等部共约4000人留守三河坝,以监视在梅县的钱大钧部,掩护全军的侧背;由周恩来、贺龙、叶挺、刘伯承等率第20军和第11军第24师从粤闽边境的大埔乘船,经韩江直下潮汕。这个分兵决定,就是党的历史上著名的"三河坝分兵",即八一南昌起义后起义军南下东粤时的第一次分兵。后来聂荣臻元帅曾这样回忆评述:"为守三河坝而留下我们最强的主力师是完全不应该的。"因为叶挺的第11军

第三章

南下和挫折

是起义军中战斗力最强的队伍。三河坝分兵把这支主力拆开,使起义军的战斗力受到很大削弱。而第25师和第9军教育团扼守三河坝,也因态势孤立而处于危险境地。后来,潮汕的敌军果然如周恩来和叶挺所估计的那样,没有进行什么抵抗,就分路撤离了。9月23日,起义军顺利地进入潮安(今潮州)。24日晨,起义军沿着铁路工人连夜抢修好的潮汕铁路进占汕头市。

汕头是广东东部的主要出海口城市,也是起义军南下的重要目的地。起义军占领汕头后,立刻由贺龙以第2方面军总指挥名义发布安民告示,着手肃清反动分子,恢复社会秩序,设想先在这里站稳脚跟,再图发展,并等待在这里取得国际的接济。26日,起义军在汕头市牛屠地召开有数万人参加的群众大会,周恩来在会上作了讲演,号召人民起来斗争,争取自身的解放。1925年到1926年的一段时间里,周恩来曾担任过国民政府东江地区行政委员,亲自领导过这一地区的国民革命和工农运动,因此,潮汕地区的广大革命群众对于起义军的到来倍感亲切。起义军在市内各处遍贴"实行土地革命,耕者有其田"的标语,开始没收50亩以上地主的土地,捉拿土豪劣绅。又派出宣传员到各地宣传,把枪支发给当地农民武装。

然而,预想中来自国际的援助并没有出现。相反,躲到海上的敌人却在帝国主义兵舰的支持下,不断向起义军挑衅。尤其严重的是,由赣南兵败进入粤东,一直跟踪起义军的钱大钧部和黄绍竑部,前者前锋已到达梅县以东的松口镇,后者亦到了兴梅边境,蠢蠢欲动,窥测起义军行动。此外,另一支以陈济棠任总指挥的"东路军",以陈亲率的第11师、徐景唐的第13师和薛岳的新编第2师,正在从广州向东江推进,企图奔袭潮汕起义军。

在潮汕,起义军又进行了第二次分兵。前委决定留下以周逸群率第20军第3师1000余人警备潮汕地区;贺龙、叶挺率主力第11军第24师和第20军第1师、第2师约6500人进占揭阳。革命委员会各机关驻汕头,参谋团则随叶、贺部主力前进。经过两次分兵,起义军兵力实际上分成了三个部分,力量进一步削弱了。这也为之后起义军的兵败埋下了祸根。

三、分散和挫折

起义军虽然顺利进入广东,然而等待着他们的,是早已集结成队的敌人的重兵。在敌我力量悬殊的情境下,起义军虽然顽强战斗,但还是兵败潮汕。在敌军的突然袭击和围追堵截下,已经相当疲劳的起义军陷入分散和混乱。另一边,留守三河坝的起义军在朱德的率领下隐蔽北上,历尽千难万险,转战湘、粤、赣边境,这支从南昌起义失败的血泊里挣扎过来的人民武装,终于生存下来了。

1. 兵败潮汕

起义军在汕头立足未稳,敌人的重兵就在潮汕周围悄悄地集结了。当时统治两广的是国民党第8路军正副总指挥李济深和黄绍竑。他们倾注全力来对付起义军:陈济棠率领粤军主力第4军第11师、第13师和蒋介石麾下干将薛岳新编第2师从广州出发,向粤东推进,会合王俊的警备旅,乘起义军直入潮汕的机会,抢先占领了原来可作为潮汕屏障的揭阳、汤坑(今丰顺市)一带的有利阵地;黄绍竑率第7军两个师在粤北渡过韩江上游,绕道窥伺潮汕的后背;钱大钧部留在梅县以东的松口镇,监视并牵制留守三河坝的起义军。

9月26日,根据前委决定,起义军集中主力迎击来犯的粤军,继而进军夺取梅县,西占海陆丰,再进占惠州,最后占领广州。由于这时第25师约3000人已留在三河坝,第20军第3师约1000人留守潮汕,能调赴前方的只有第11军第24师和第20军第1、2师合计约6500人,兵力只及当面敌人的三分之一。

27日,起义军刚到揭阳,就得知敌军陈济棠、薛岳的三个师兵力的前锋已开进到60里外的丰顺县汤坑镇。傍晚,起义军总指挥部又接到不准确的情报,说敌王俊(国民党委他为警备司令)部派出一个师的兵力在汤坑集中,准备向揭阳进攻。当晚贺龙与叶挺、刘伯承马上商定,以主力迅速消灭该敌,再绕过汤坑向兴宁、五华县攻击前进,并急令第20军第2师师长秦光远率部赶往揭阳参战。

◎ 起义军汕头总指挥部旧址——大埔会馆

28日,起义军主力在揭阳县同东进之敌遭遇。将敌击溃后,继续向汤坑推进。汤坑地区是一片丘陵地带,起义军一路仰攻,处于不利地位。但将士们士气旺盛,作战十分勇敢,一交手就击破了王俊部的警备旅。这时在战地上拾得敌军计划,方才获知敌军的后续兵力多达1.5万余人,远较预计的一个师的兵力多。这样就形成了敌军兵力集中,我军力量分散;敌军人数众多,我军数量上明显处于劣势;敌人居高临下,我军仰攻;敌军以逸待劳,我军长途奔袭、人马疲惫等这些军事上的不利形势。

29日晨,起义军又发起强攻,夺取敌薛岳部新编第2师控制的一片山地。这时敌人钱大钧、黄绍竑的后续部队陆续到达了,敌人利用优势兵力和有利地形继续顽抗。起义军反复发起冲杀,同敌军展开了短兵相接的白刃战,终将薛岳部4个团击溃，包围了薛岳的师指挥部。眼看就要全歼薛岳部之际，起义军中一名营长欧震叛变，率部在阵前倒戈，致使汤坑之战起义军失利。

此战历时两天，起义军虽歼敌三千余人，但自己也折损两千人之多，而且部队弹药消耗很大，再战已不可能，处境十分不利。迫于这种情况，总指挥部贺龙、叶挺、刘伯承等研究，临机决定，拂晓前全军撤出战斗。先退揭阳，再退潮州，拟与前委、汕头革命委员会和三河坝第25师会合后，再向福建撤退。撤出战斗前，贺龙将20军在揭阳缴获的数十支步枪、九千发子弹，送给当地党和武装组织。

萧克后来回忆说："这是一场罕见的恶仗。从天亮到黄昏，你攻过来，我攻过去，拉锯似的相互冲锋，双方伤亡都很大，但谁也攻不动对方的主要阵地……营长廖快虎被敌弹击中，传令兵要背他下阵地，他坚决不肯，面对敌人坐着，表示决不后退，最后牺牲在阵地上。"萧克说："在战前有兵70人，现（战斗结束时）已伤亡过半……汤坑一仗，是南昌起义从胜利到失败的转折。"

30日凌晨，起义军主力利用黎明前的黑暗，主动撤出战斗，退回揭阳。敌军也因伤亡过大，同时引退，未敢追击。然而，在起义军主力正同陈济棠部陷于苦战中时，黄绍竑部已绕道插入起义军后背，在30日突然沿韩江西岸向潮州发起袭击。起义军留守潮州的是第20军第3师的教导团一部，约1000人，都是新参军、缺乏训练的学生，其中包括将近三分之一的伤病员。此外还有第6团一个营的兵力来往潮汕之间协防。而来犯的敌军却有9000人之众，兵力悬殊。潮汕又无险可守。由于敌强我弱，加上援军未到，教导团溃散，师部被包围。危急中，师长周逸群被迫下令撤出战斗，率卫队数十人，机智冲出潮州。因为事先没有准备要撤退，后勤部门已经筹集的大批冬衣、物资和几十万军饷，绝大部分丢掉了。

黄昏时，潮州失守。汕头原来就几乎没有防守兵力，也不得不在10月1日凌晨放弃。

潮州、汕头既已失守，揭阳也必不保，起义部队即从揭阳撤出，向海陆丰方向撤退。3日，起义军领导成员周恩来、李立三、恽代英、彭湃、张国焘、谭平山、贺龙、叶挺、刘伯承、聂荣臻、郭沫若等在流沙（今普宁市）

召开了一次决策性的会议。郭沫若后来在回忆中说:"从汕头市夤夜撤退以后,到了流沙,在这儿已经停留了一天一夜了。在第三天的中午,终于等到了两位军事负责人贺龙和叶挺的到来。首脑部聚集在天后庙里一间细长的侧厅里开会,做着最后的决策。决策大体上已经是商定好了的,只是再征求贺与叶的同意。""主要是恩来做报告,他是在发着疟疾的,脸色显得碧青。他首先把打了败仗的原因,简单地检讨了一下。""把这些失败因素检讨了之后,接着又说到大体上已经决定了的善后的办法——武装人员尽可能收集整顿,向海陆丰撤退,今后要作长期的革命斗争。这工作已经做得略有头绪了。非武装人员愿留的留,不愿留的就地分散。已经物色了好些当地的农会会友做向导,分别向出海口撤退,再分头赴香港或上海。"会议进行中,发现村外山头上有敌人,于是匆忙结束。

2. 起义军陷入分散和混乱

部队离开流沙后,因为大路已被敌军占据,只能排着长列,从乡间小路走。西南行大约五公里,经过莲花山。这是一个三面环山的小盆地,地势险要。第20军的第1、2师刚越过这里,陈济棠的主力第11师从乌石赶到,将起义军拦腰切断,并据险对后续的总指挥部和第24师猛烈伏击。周恩来和贺龙、叶挺指挥部队奋起还击。但战士们已经连续作战数昼夜,伤亡太大,留下的也实在太疲劳了;加上失败之后,军心受到严重影响,又遭受突然袭击,部队就逐渐失去控制,陷于混乱,很快被冲散了。革命委员会和起义军领导人不得不分散转移。

恽代英、林伯渠、吴玉章等分别从汕头、甲子港和神泉等地转移到香港、上海等地进行秘密工作。刘伯承按照党中央的指示到苏联学习军事。1927年11月,刘伯承、吴玉章等30余人从上海乘坐一艘苏联货船,直达海参崴。转到莫斯科后,吴玉章入中山大学学习,刘伯承则进了高级步兵学校。高级步校为中国学员的到来,举行了隆重的欢迎会。刘伯承代表20多名新入学的中国学员致辞,感谢校方的热情接待。他说:"中国革命事业暂时遭受挫折，党派我们来到列宁的故乡学习，这是极大的荣幸。我们要珍惜来之不易的学习机会，勉作布尔什维克，国内的革命事业在等待着我们。"

根据党的决定，贺龙率领一部分部队突破重围，到达揭阳时，把30支步枪和几千发子弹送给揭阳县委，离开了他战斗多年的部队，由汕头经香港去上海找党中央。贺龙没有因为失败而气馁，在危急之中他看到未来的光明，对于革命的前途，有着必胜的信心。他决心按照周恩来关于"今后要做长期的革命斗争"的指示，勇往直前，继续战斗。他怀着高度的责任感激愤地说："我不甘心，我要干到底！我要卷土重来！""干革命，最重要的一点，就是要不怕失败。"

周恩来和叶挺、聂荣臻在汕头市委书记杨石魂陪同下，转移到陆丰县南塘区黄厝寮村黄秀文家。这时周恩来正患病，发高烧，连稀粥都喝不下，常常处于昏迷状态，有时神志不清，还在喊："冲啊！冲啊！"不久，杨石魂找来一条小船，送他们出海。聂荣臻回忆这段经历时说："那条船，实在太小，真是一叶扁舟。我们四个人——恩来、叶挺、我和杨石魂，再加上船工，把小船挤得满满的。我们把恩来安排在舱里躺下，舱里再也挤不下第二个人。我们三人和那位船工只好挤在舱面上。船太小，舱面没多少地方，风浪又大，小船摇晃得厉害，站不稳，甚至也坐不稳。我就用绳子把身体拴到桅杆上，以免被晃到海里去。这段行程相当艰难，在茫茫大海中颠簸搏斗了两天一夜，好不容易才到了香港。到香港后，杨石魂同志同省委取得了联系，把恩来同志安置下来治病，之后他就走了。"

震撼中外的南昌起义就这样失败了。但是，八月一日南昌的枪声，如平地一声春雷，使千百万革命人民在经历了一连串的严重挫败后，又在黑暗中看到了高高举起的火炬，燃起了新的希望。从此，他们在中国共产党领导下，高举起土地革命的大旗，用武装斗争来反对国民党反动派的屠杀政策，历尽艰辛，终于打开了中国革命的新局面，在中国共产党的历史上开辟了一个新的时期。周恩来后来这样说："八一起义在共产党领导下，向国民党反动派打响了第一枪，这在大方向上是对的。"李立三在回忆中说："南昌暴动在革命历史上有它的伟大意义。在广大群众没有出路的时候，全国树出新的革命旗帜，使革命有新的中心，南昌暴动是很重要的时期。"

第三章

南下和挫折

南昌起义的失败，给中国共产党留下了深刻的教训。周恩来曾把这个教训集中到一点，就是没有"就地闹革命"。他说："当时武装暴动的思想，不是马上就地深入农村，发动土地革命，武装农民。""它用国民革命左派政府名义，南下广东，想依赖外援，攻打大城市，而没有直接到农村中去发动和武装农民，实行土地革命，建立农村根据地，这是基本政策的错误。"那时候，江西、湖南、湖北一带工农运动的基础比较好。起义军撤出南昌后，如果就地同湘鄂赣的工农运动结合起来，建立革命根据地，这对以后革命的发展会更有利。周恩来还说过：就在南下以后，经过会昌一战，伤员不少，"如果在那个地方深入土地革命，就会在农村安置不走嘛，留在会昌、筠门岭、瑞金、寻邬，那就很好嘛，靠近闽赣边嘛。当时没有这个思想。"

然而，当时没有这个思想也属正常。中国共产党从诞生到这时还只有6年，处在幼年时期。她的领导人大多很年轻，他们的斗争经验还不多。特别在武装斗争方面，原先只有过从广州出发进行东征和北伐那种大规模进军的经验，还没有认识到建立农村革命根据地的重要性，更没有树立起农村包围城市那样明确的观念。这样的事情在先前还没有出现过。人的认识总是要有一个过程的。这些，都需要在实践中经过多少次胜利与失败的反复比较，经过不断的探索，才能逐步认识清楚。正如毛泽东评价孙中山领导的辛亥革命时所说："这是要从历史条件加以说明，使人理解，不可苛求于前人的。"

总之，南昌起义虽然失败了，但它打响了武装反抗国民党反动派的第一枪，宣告了中国共产党把中国革命进行到底的坚定立场，标志着中国共产党独立领导革命战争、创建人民军队和武装夺取政权的开始。1933年11月，中华苏维埃共和国临时中央政府根据中央革命军事委员会6月30日的建议，决定8月1日为中国工农红军成立纪念日。中华人民共和国成立后，确定8月1日为建军节。从创建红色根据地到完成震惊世界的长征，从挺进抗日前线到推翻国民党反动统治……22年后，从南昌城头升起的红旗就飘扬到了北京天安门前。

在1955年授衔的十大元帅中，有7位直接或间接参加了南昌起义。他们是，朱德、刘伯承、贺龙、陈毅、聂荣臻、叶剑英、林彪。十位大将中，有4位参加了南昌起义。他们是：粟裕、陈赓、张云逸、许光达。朱德于1957年7月纪念"八一"诗云："南昌首义诞新军,喜庆工农始有兵。""八一"这两个字,被永远地绣到了军旗上,铸在了军徽上……

◎ 毛泽东批准"八一"纪念日和"八一"军旗的命令

3. 一直把革命干到底

南昌起义失败后,起义部队的余部主要有两个下落,一部分转到海陆丰,另一部分在朱德等率领下,转至粤湘边境坚持斗争。转入海丰、陆丰地区的,是起义军第20军和第24师余部1200多人。他们在董朗、颜昌颐等率领下,与当地农军会合,改编为工农革命军2师,以董朗为师长、颜昌颐为党代表。11月间,在中共当地组织和人民的支援下,树起苏维埃的旗帜,创立海陆丰红色政权。

这里着重介绍一下朱德等人率领的部队。按照南下途中的长汀会议决定,朱德率第11军第25师和第9军教育团等部共约4000人留守三河坝。10月1日,在会昌城被打败的钱大钧部,收集残兵败将,补充新兵,增强援军,向三河坝发起了攻击。钱大钧几次强攻不下,损失惨重,只好请求调兵增援。鉴于敌众我寡的形势,为了保存革命力量,经朱德、周士第、李硕勋研究,决定不再硬拼,迅速转移部队。于是,起义军边打边撤,摆脱了敌军的追击,

第三章
南下和挫折

往东南方向开拔。因为这时朱德等还不知道南征主力已经失败,潮汕已经陷落,仍计划沿闽粤边境向潮汕转移,与主力部队会合。直到抵达潮州东部饶平县城以北的茂芝时,与从潮、汕地区撤退下来的一部分起义部队约200人相遇,方知潮、汕已失守,并悉主力部队在山湖失败。此时,朱德虽仍有2000余兵力,是南昌起义后保留下来的唯一一支较为完整的武装力量。但获悉主力失败的消息,许多人心情沉重,思想混乱。同时,处境险恶,他们已经成为国民党反动军队围追堵截的最主要目标。

10月7日,朱德在饶平县茂芝全德学校主持召开干部会议。会上展开了激烈的争论。朱德反驳了想要解散部队的消极情绪和错误主张,鼓励大家坚持八一起义的旗帜,坚持武装斗争的道路。他说:"我是共产党员,我有责任把'八一'南昌起义的革命种子保留下来,有决心担起革命重担,有信心把这支革命队伍带出敌人包围圈,和同志们团结一起,一直把革命干到底。"在他的主持下,会议最后决定:部队隐蔽北上,穿山西进,直奔湘南,到敌人统治薄弱的地区求得发展。

会后,朱德率部隐蔽北上,历尽千难万险,转战湘、粤、赣边境。沿途不仅有敌军追赶,土匪和地主武装也不断进行骚扰和袭击。部队除战斗减员外,自动离队的干部、战士越来越多。10月下旬,朱德率部到达赣南安远县天心圩时,部队只剩下七八百人,师、团级政工干部中主张继续坚持斗争的,只剩下第73团政治指导员陈毅一人,处境非常困难。在天心圩,朱德对部队进行了整顿。他召开全体大会宣布:"今后这支队伍由我和陈毅领导,革命的跟我走,不革命的可以回

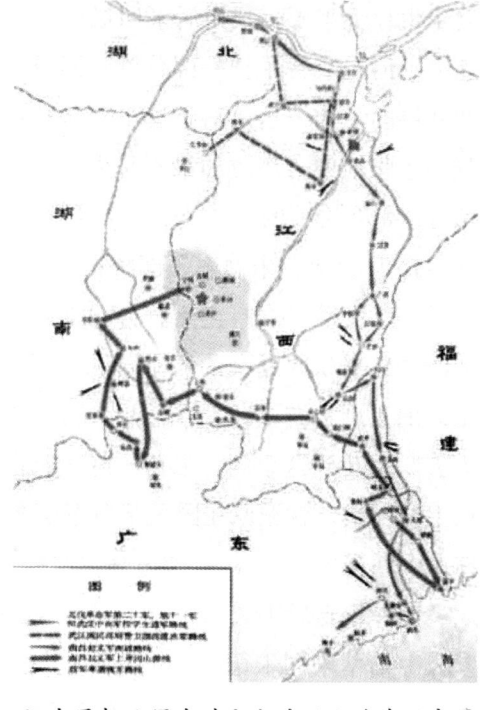

◎ 南昌起义军南进和上井冈山路线示意图

家，大革命失败了，不勉强；即使只留下十支、八支枪，仍要坚持革命。"

他分析了国内形势，指出军阀混战不可避免，只要他们相互打起来，我们就可以发展。1927年中国革命等于1905年的俄国革命，俄国在1905年革命失败后是黑暗的，但是黑暗是暂时的，到1917年革命终于成功了。中国革命现在失败了，现在也是黑暗的，但是黑暗同样遮不住光明，只要能保持实力，革命就有办法，革命就能成功。

陈毅也诚挚地开导大家说："南昌起义是失败了，南昌起义的失败不等于中国革命的失败。中国革命还是要成功的。我们大家要经得起失败局面的考验，在胜利发展的情况下，做英雄是容易的，在失败退却的局面下，做英雄就困难得多了。只有经过失败考验的英雄，才是真正的英雄。我们要做失败时的英雄。"

在朱德、陈毅领导下，经过整顿、整编、整训，巩固了部队，加强了党对部队的领导，加强了纪律，部队慢慢发展到1000多人，且情绪稳定，士气开始重新高涨。这支从南昌起义失败的血泊里挣扎过来的人民武装，终于生存下来了。粟裕后来回忆说："那时候我们还不懂得应当把支部建在连上，但是实行了把一部分党、团员分配到各个连队中去，从而加强了党在基层的工作，这是对于这支部队建设具有重大意义的一个措施。""可以毫不夸张地说，那时如果不是朱德同志的领导和陈毅同志的协助，这支部队肯定是要垮掉的。"

11月上旬，朱德率领部队在湘、粤、赣交界处的大庾岭山区开展起游击战争，发动群众打土豪，分田地。在赣南上犹县，朱德等人意外地与参加湘赣边界秋收起义的一个营取得了联系，营长是张子清。他们是在井冈山周围盘旋打游击时，在遂川大汾突遭当地地主武装靖卫团袭击而与团部失去联系转到这里的。朱德、陈毅听说毛泽东率领的一部分秋收起义部队已上井冈山，就派原在国民革命军第25师政治部工作的毛泽东的胞弟毛泽覃前去联系。

毛泽覃走后不久，驻防于湘粤边境的国民革命军第16军军长范石生派参谋韦伯萃来同朱德联系。范石生与朱德是云南陆军讲武堂同学，滇军同僚。范与蒋介石有矛盾，为防蒋的吞并，范正积极寻找同盟军，以壮大实力，

第三章
南下和挫折

与蒋对抗；因此，当他得知朱德部队的行踪，即派人前来联络。朱德与陈毅、王尔琢鉴于起义军物资和装备供应十分困难，乃决定在确实保持共产党武装独立自主的原则下与范合作，建立反蒋统一战线，借以休整部队，并发动农民运动。于是，革命部队挂上了范石生第16军第140团的番号，朱德任团长，化名王楷，驻守在韶关附近的犁铺头。这为部队争取到了宝贵的休整时间和装备供给，大大增强了部队的实力，为后来发动湘南暴动创造了有利条件。

12月下旬，朱德和陈毅在犁铺头会见了由井冈山派来联络的何长工。以后，朱德又收到中共中央给他的两封信，要他加强与毛泽东的联系，脱离范部，并指示他率领这支部队按照师的建制成立党的师委会，指定他担任书记；还告诉他，广东革命委员会已授予他们部队以工农革命军第1师的番号。此时，蒋介石也已发觉朱德部队的行踪，准备加以消灭。范石生不忘旧谊，向朱德通报了情况，并赠送几万银圆，让他率部迅速离去。脱离范部后，朱德即挥军北上，向湘南进发。

1928年1月，朱德、陈毅等人率部队占领宜章县城。在党的湘南特委的配合下，发动了湘南暴动（也称年关暴动），打出了"中国工农革命军第1师"，并在湘粤交界处的砰石、乐昌一带消灭了许克祥部的两个团，狠狠打击了敌人的气焰。朱德、陈毅领导工农革命军和各地农军，在湖南纵横驰骋，一个月内，暴动的烈火在湘南各地先后燃起，参加暴动的群众达100余万人，起义军很快便扩编为两个师8000多人。3月，朱德、陈毅等根据形势的变化，决定向井冈山转移，同毛泽东率领的秋收起义部队会师。这时，毛泽东也亲自带领一部分井冈山的部队下山接应朱德上山。

4月初，陈毅和朱德率领起义军和农军分两路从耒阳、郴州向井冈山转移。4月下旬，与毛泽东领导的部队在井冈山宁冈的砻市胜利会师。何长工后来在回忆录中写道："快走近村边时，朱德同志抢先几步，毛泽东同志也加快了脚步，早早把手伸出来。不一会儿，他们两只有力的手就紧紧地握在一起了，他们自己道了姓名，使劲地摇着对方的手臂，那么热烈，那么深情。我们都感动地站在旁边，笑着，看着他俩。""我们走出来，看见田野山坡、村庄周围，到处是一簇一簇的人群。井冈山的战士和群众已经和朱德同志带来的战士们相处得很熟了,他们相互介绍情况,谈论革命经历,到处是一片朗朗的笑声。"

随着两双伟大的手的相握,中国革命翻开了划时代的一页。1928年5月,在龙江书院召开两部营以上干部会,确定两部合编为工农革命军第4军(不久改称红军第4军),朱德任军长,毛泽东任党代表,陈毅任军委书记,王尔琢任参谋长。从此,中国共产党人和中国人民反抗国民党反动统治的斗争进入了"农村包围城市,武装夺取政权"的新时期。

第四章
秋收起义和广州起义

一、八七会议

随着革命形势的发展,中共中央开始思考改变先前的策略,于是召开了"中共中央紧急会议"。罗明纳兹作了会议报告,毛泽东等人也相继发言,瞿秋白作了关于未来党的工作方针的报告。这次会议实际上执行了中央全会在政治上、组织上的职权,解决了中共在困难局势下面临的关键问题,决定了中国革命的走向,成为中国共产党历史上的一个重要的转折点。

1. 紧急召开八七会议

大革命失败以后,中国的革命事业和前途面临着异常严峻的形势,中国共产党开始酝酿着改变先前的政策,以应对困难局势。1927年7月12日,以张国焘、李维汉、李立三、周恩来和张太雷5人为成员的中共中央临时政治局常务委员会在汉口成立,代行中央政治局的职权。这次中央领导机构的改组,虽没有明确纠正党内的右倾错误,但已经预示着中共开始改变右倾机会主义统治中央的状况,改变一味妥协退让的政策。

汪精卫公开背叛革命后,在武汉地区大肆屠杀共产党人和革命群众,致使中国革命遭受严重损失。为了挽救革命,新成立的中共中央临时政治局常委会连续召开几次会议,主要做出了3项决策:举行南昌暴动;准备召开中央紧急会议;在湘、鄂、赣、粤四省举行秋收起义。此外,五人常委还进行了其他一些工作,以妥善安排党在大革命失败后面临的各项任务。根据共产国际的指示,瞿秋白主持中央常委会议,决定召开中央紧急会议,

第四章

秋收起义和广州起义

以总结大革命失败的经验教训,纠正陈独秀的右倾错误,确定党在新时期的斗争方针和任务。

由于当时形势非常紧张,交通异常困难,原定于7月28日举行,并由瞿秋白、张太雷、李维汉和共产国际代表罗明纳兹一起筹备的中央紧急会议不得不延期召开。7月29日,中央常委发出中国共产党告国民党同志书,同时设法召集附近各省的代表准备开会。8月3日,中央常委召开扩大会议,就时局和对策、召开紧急会议、中央领导机关改组等问题进行了讨论,决定发动农民土地革命和武装暴动,接受共产国际的指示。直到这时,紧急会议的各项准备工作才基本就绪,议程也得以确定。可是,时局仍然紧张,交通非常不便,不但北方、上海、广东等地的代表来不及通知,就是江西代表虽经通知也不能到会,这种情况使得事先确定的会议议程只能往后拖延。

到了8月7日,通知到会的人员仍未到齐,中央委员尚不过半数,各地到会的只有湖南代表及尚未赴上海的新任书记邓中夏。通知的与会代表无法到会,鉴于情况紧急,就只能召集在武汉的中央委员、监察委员、共青团中央委员及湖北、湖南、上海的负责人参加会议。且中共中央政治局常委中张国焘、李立三、周恩来三人尚在前线,留在武汉的瞿秋白、李维汉、张太雷参加了会议。因此,这次会议既不能叫"中共中央全会",也不能叫"中共中央政治局会议",只能称作"中共中央紧急会议",史称"八七会议"。

八七会议于1927年8月7日在汉口原俄租界三教街41号(现为鄱阳街139号)召开。在这座公寓式的房子里,八七会议的会场就设在楼上的一间房内。出席会议的有中央委员李维汉、瞿秋白、张太雷、邓中夏、任弼时、苏兆征、顾顺章、罗亦农、陈乔年、蔡和森,候补中央委员李震瀛、陆沉、毛泽东,中央监察委员杨匏安、王荷波,青年团代表李子芬、杨善南、陆定一,湖南代表彭公达,湖北代表郑超麟,中央军委代表王一飞,中央秘书邓小平,共产国际代表罗明纳兹以及纽曼、洛蜀莫娃。虽然与会的人数不多,只有二十几个,但因环境险恶,中央内部交通却花了三天工夫,将他们一个一个带进会场。具体组织安排会务工作的是中共中央秘书处负责人邓小平,他在会前三天就来到了会场,直到会议结束,所有代表安全散去后才离开。

由于形势险恶，八七会议只开了一天，由李维汉担任会议主席，负责主持会议。李维汉，又名罗迈，湖南长沙人。曾于1918年和毛泽东、蔡和森等人一起组织革命团体——新民学会，怀抱着救国救民的热望，以一股青年人的蓬勃朝气，意气风发地投入革命洪流之中。后赴法勤工俭学，在1922年6月与周恩来、赵世炎等共同组织旅欧中国少年共产党，负责组织工作。同年10月回国后，代表中国少年共产党接洽加入中国社会主义青年团，并于年底正式成为中国共产党党员。党成立初期，李维汉负责湖南地

◎ 八七会议旧址

方党的具体工作，为党的力量的发展壮大做出了重要贡献。在1925年1月的中国共产党第四次全国代表大会上，他当选为中央执行委员会委员，开始在中央的舞台上崭露头角。土地革命战争时期，他坚持正确的路线，反对王明的"左"倾教条主义错误，并同红军一道经历了长征这一血与火的洗礼和磨炼。抗战阶段到来后，他又满腔热血地担负起抗击日本侵略者的重任，并致力于发展陕甘宁边区的生产，开展边区的文化、教育、卫生和少数民族工作。在解放战争期间和新中国成立后的很长一段时间内，他长期担任中共中央统一战线工作部部长，主管党和国家的统战工作、民族工作、宗教工作长达17年，在理论上和实践上都取得了卓著的成就。

2. 罗明纳兹的报告

会议开始后，首先由李维汉代表常委向与会者报告会议酝酿和筹备的经过，并宣布了会议的三项议程：一是由共产国际代表罗明纳兹作报告；二是由瞿秋白代表常委作党的将来工作方针的报告；三是改组中央政治局。

第四章
秋收起义和广州起义

会议的第一项议程是由共产国际代表罗明纳兹作党的过去错误及新的路线的报告。这位有着苏联格鲁吉亚人血统的布尔什维克党人,不久前才接到共产国际的紧急指示,不远万里来到汉口接替罗易、鲍罗廷等人的工作,参与筹备召开中共中央会议。年仅29岁的他有着十分年轻的相貌,常常被瞿秋白称为"毛头小伙子"。他在报告中首先指出了召开中央紧急会议的重要性和迫切性,并提到了这次紧急会议所要解决的问题。此外,他还起草了《中国共产党中央执行委员会告全党党员书》,并就草案的主要内容作了长篇发言。罗明纳兹的发言着重讲了当时的阶级斗争和国民革命、工人问题、农民问题、对国民党的关系问题、对共产国际的关系问题。由于报告较长,再加上他每讲一段,瞿秋白都要翻译一下,他的报告用去了将近一个上午的时间。

罗明纳兹的报告结束后,李维汉向大家说明:这个报告常委已经接受,接下来由各位同志发言。毛泽东首先对此发表了意见,以亲身经历,从国共合作时党坚持政治上的独立性、党中央不倾听下级和群众意见、抑制农民革命,放弃军事、政权领导四个方面批评陈独秀的右倾错误。

毛泽东慷慨陈词道:"国际代表报告的全部是很重要的。第一,国民党问题在吾党是很长久的问题,直到现在还未解决。首先是加入的问题,继又发生什么人加入,即产业工人不应加入的问题。实际上不仅产业工人,即农民都无决心令其加入。当时大家的根本观念都以为国民党是人家的,不知它是一架空房子等人

◎ 八七会议油画

去住。其后像新姑娘上花轿一样勉强挪到此空房子去了,但始终无当此房子主人的决心。我认为这是一大错误。其后有一部分人主张产业工人也加入,闻湖北亦有此决定,但仅是纸上空文,未能执行。过去群众中有偶然不听中央命令的,抓住了国民党的下级党部,当了此房子的主人翁,但这是违反中央意思的。直到现在才改变了策略,使工农群众进国民党去当主人。"

这段话实际上指出了中央在大革命期间所犯的错误,即未能意识到让共产党员和工农群众加入国民党进而争取国民党领导权的重要性。

毛泽东接下来谈道:"第二,农民问题。农民要革命,接近农民的党也要革命,但上层的党部则不同了。当我未到长沙之先,对党完全站在地主方面的决议无由反对。到长沙后仍无法答复此问题。直到在湖南住了30多天,才完全改变了我的态度。我曾将我的意见在湖南作了一个报告,同时向中央也作了一个报告,但此报告在湖南生了影响,对中央则毫无影响。广大的党内党外的群众要革命,党的指导却不革命,实在有点反革命的嫌疑。这个意见是农民指挥着我成立的。我素以为领袖同志的意见是对的,所以结果我未十分坚持我的意见。我的意见因他们说是不通于是也就没有成立,于是党的意见跟着许克祥走了。甚可怪的,唐军还仅承认只有八处军官家庭被毁,我党反似乎承认不知有多少军官家庭被毁。总之,过去群众对于党的领导的影响太少。"

这番话谈到了毛泽东先前的正确主张未被中央采纳的问题,这指的是他于1927年3月间对湘潭、湘乡、衡山、醴陵、长沙等地作了30多天的实地考察后,写就了一篇《湖南农民运动考察报告》,在中共湖南省委机关刊物《战士》周刊上公开发表,对湖南的农民运动产生了很大的影响,而中共中央的机关刊物《向导》却只登载了其前半部分,即被扣压未登完。在毛泽东看来,中央未采纳他的意见,相反却走上了一条脱离农民群众的道路,其结果终会归于失败。毛泽东对农民有着深厚的感情,一篇《湖南农民运动考察报告》奠定了其在中共农民问题上的权威地位,也为其带领中国共产党人探索出一条"农村包围城市、武装夺取政权"的革命新道路打下了最初的基础。瞿秋白在为他的这篇著作写的序言中称其为"农民运动的王",盛赞他和彭湃为农民运动所做的贡献。

紧接着,毛泽东将话题转向了中国革命最紧迫也是最重要的军事问题,并对此发表了一番非常精彩的论断。他说:"第三,对军事方面。从前我们骂中山(孙中山)专做军事运动,我们则恰恰相反,不做军事运动专做民众运动。蒋唐(蒋介石、唐生智)都是拿枪杆子起的,我们独不管。现在虽已注意,但仍无坚决的概念。比如秋收暴动非军事不可,此次会议应重

第四章
秋收起义和广州起义

视此问题,新政治局的常委要更加坚强起来注意此问题。湖南这次失败,可说完全由于书生主观的错误。以后要非常注意军事,须知政权是由枪杆子中取得的。"这段话着重指出了中共在大革命期间忽视了对军事武装力量的掌握,犯了主观错误,致使革命走向失败。在毛泽东看来,中国革命的特殊性决定了革命武装和军事运动的重要性和必要性,因此,必须汲取大革命失败的血的教训,牢记"政权是由枪杆子中取得的"。毛泽东的这一前瞻性的论断充分显示了他在军事问题上的灵敏和睿智,初显了其作为一代军事家的风范。

毛泽东最后谈到了组织问题,并简要地提出了自己的意见。他说:"以后上级机关应尽心听下级的报告,然后才能由不革命的转入革命的。"在此,毛泽东委婉地指出了中央未能虚心听取下级意见的错误。

在党领导革命的根本性问题上,毛泽东的发言不仅较为全面地总结了大革命失败的经验教训,而且还提出了一些具有重要指导意义的论断,如"政权是由枪杆子中取得的",为党带领人民群众探索出一条适合中国国情的革命道路奠定了基础。

毛泽东发言后,邓中夏、蔡和森、罗亦农、任弼时等人也分别针对罗明纳兹的报告做了发言。他们都明确表示拥护共产国际代表的报告,并指出中国共产党存在机会主义的倾向,特别是中共五大后,党中央机会主义领导的中心在于强调联合小资产阶级,实际上只看到了上层,未将群众纳入其中,而且拒绝执行五大关于土地革命的决议。邓中夏指出:"以前我们将小资产阶级看得太低,第五次大会又把小资产阶级看得太高了。甚至将谭延闿、唐生智、孙科等地主买办军阀都看成为小资产阶级了,这样还说什么土地革命呢?中央对国际决议并未了解,以致将小资产阶级看得比土地革命更重。"

蔡和森认为,"过去一切错误都无五次大会后的错误那样厉害。……现在已经很显然的是机会主义",为此他自我批评道:"我是过去政治局的一人,我应负此错误的责任",并指出错误主要在于未实行五次大会的决议,即"1. 五次大会的中心集中到土地革命,成立了很好的决议,但大会后中央不实行而且相反。2. 五次大会以前的失败完全由于退守,南京如此,广东亦如此，五次大会即指明此点，但大会后仍照此方针。……3. 素来党的指导即未建筑在群众方面，以致中央完全成了普通的政治团体，非阶级的指导。直到以后，政治局的指导简直与国民党一样，并且还以小资产阶级几个上层领袖的意识为转移。"

罗亦农指出："党不注意夺取政权的武装，上海、湖南都是半途而废，这是非常错误的。所以我看中国共产党是革命的作客者，不是革命的主人。"他还批评共产国际之前派了维经斯基、罗易这两个无俄国革命经验的人来指导中国革命，认为国际要为此负责任。另外，他还对湖南代表关于"将群众意见来做党的指导和要吸收工人来做领导"的建议表示赞同。

任弼时认为中国共产党存在机会主义倾向的原因在于，"我们仅仅作了上层的工作，而忘记了要以革命的力量来领导小资产阶级"，这样"不但未深入领导民众，而且还要抑制群众的争斗"。他还指出了党自身存在的一些问题，如"党无土地革命的决心，未明白要土地革命才能引革命于新时期"，"党处处迁就小资产阶级，使党失去了独立的作用"。关于组织问题，他认为，"现在党要改变过去的错误原则，要实行，非有新的领导机关不可，并须吸引下级作实际工作的工人同志来做领导"，还建议"老头子（指陈独秀）可去莫（指莫斯科）"。

由于大家意见较为一致，李维汉建议停止讨论，由共产国际代表罗明纳兹作结论。接着，罗明纳兹针对鲍罗廷、罗易、维经斯基的错误问题，领导机关的工人成分问题，目前形势的估计问题和民族革命中的几个矛盾问题，发表了结论性的意见。在他的提议下，大家对《中国共产党中央执行委员会告全党党员书》进行了表决，在原则上一致通过，并决定以瞿秋白、李维汉和苏兆征三人组成委员会对其进行文字修改。

3. 一天会议决定中国革命的走向

会议的第二项议程是由瞿秋白代表常委作将来党的工作方针的报告。这位来自江苏常州的年轻人，早在1920年10月，即以北京《晨报》记者

第四章
秋收起义和广州起义

身份赴苏俄采访，撰写了著名的《赤都心史》和《饿乡纪程》，是最早系统地向中国人民报道苏俄情况的新闻界先驱。建党初期，瞿秋白在中央负责宣传和理论方面的工作，曾担任中共中央机关刊物《新青年》、《前锋》主编和《向导》编辑，发表了大量的论文，积极宣传马克思主义和党的政治主张，为党的思想理论建设做出了开创性的贡献。大革命时期，他努力促进国共合作的革命统一战线的发展，深刻地揭露和批判了戴季陶主义的反共实质；同时在党内同陈独秀右倾机会主义进行了坚决的斗争。1927年2月，他写了《中国革命中之争论问题》的文章，驳斥彭述之的谬论，彭述之与陈独秀的根本观点是一致的，批判彭述之实际上也是批判陈独秀。由于瞿秋白的理论功底比较深，在对戴季陶主义和陈独秀右倾机会主义进行批判时，他的旗帜都比较鲜明，得到了大家的认可。1927年7月下旬，他从庐山回到武汉后，参加了中央常委的领导工作，并主持了八七会议的筹备工作。因此，瞿秋白虽不是五人常委的成员，但却由他代表常委向八七会议做报告。

瞿秋白在报告开始时先谈了两点：其一，"中国资产阶级是与封建阶级无大冲突的。……中国资产阶级一点民权性也没有。现在只有我们包办国民党或国民党消灭两条路"；其二，"革命的指导机关犯了绅士的毛病。我们的党缺乏平民的精神"。接着，他分析了当时的形势和任务，认为"现在事实已经证明国民党已与我们分裂了。我们再不能以退让手段来争得民权，是要以革命方法来争得民权的"，"过去当我们能包办国民党的时候中央又不允许我们包办，现在想包办又不可能了。过去我们觉得只要利用某打某便可以得到一点民权，这种方法过去也是有效的，但现在已经不适宜了"。在瞿秋白看来，中国共产党于1927年7月13日发表的《中国共产党中央委员会对政局宣言》是党的新政策的开始，其内容是很坚决的，而且八一南昌起义"至少是无意识地走到新的方针"。因此，武汉政府反动后，中国共产党"现在主要的是要从土地革命中造出新的力量来。我们的军队则完全是帮助土地革命"。瞿秋白还谈到了革命前途的一个优点，即"这一堆反革命的冲突非常厉害的，……因为他们内部极不稳定"。

瞿秋白还在报告中指出："土地革命已进到最高点，要以我们的军队来发展土地革命……这是一定有胜利的机会的。农民要求暴动,各地还有许多的武装。有这样好的机会,这样多的力量,我们必须要燃着这爆发的火线,造成土地革命。"随后,他又根据形势提出了党的策略是独立的工农阶级斗争,要不客气地包办国民党和国民革命。为此,他提出了三条具体的方针:第一,"要更注意与资产阶级争领导权";第二,"要纠正过去错误,要注意群众,要由下而上,谁赞成我们,就是左派";第三,"在革命暴动中组织临时的革命政府"。此外,他还提出了如何做国民党工作,团结国民党左派进行革命斗争以及注意军队中及兵士中的工作等问题。

瞿秋白代表常委做完报告后,又一一宣读了常委与国际代表起草的三个议决案,即《最近职工运动议决案》、《最近农民斗争的议决案》、《党的组织问题议决案》,并逐一进行了讨论。《最近职工运动议决案》重点谈到了现时职工运动应特别注意的一些问题,指出:"工会应当是真正工人阶级的组织,群众的

◎ 瞿秋白

组织,从一般工会机关直到全国总工会,都是在本党指导之下,由群众所选举出来。""职工运动是本党的基本工作,应改正以前把他看作部分工作之错误,应以整个的党来指导他,所以各级党部之工人部应即取消,另设职工运动委员会,经过党部委员会直接指导职工运动中的党团。"《最近农民斗争的议决案》主要提出了最近农民暴动的任务、口号和措施等,指出:共产党现时最主要的任务是有系统地有计划地尽可能地在广大区域中准备农民的总暴动,利用今年秋收时期农村中阶级斗争剧烈的关键。《党的组织问题议决案》着重谈到了全党被迫转入地下工作后,在组织方面应做的一些改变和应注意的一些问题,其中所附的组织系统表第一次明确划分了全党从中央到地方基层的上下隶属的各级组织名称与关系,即中央—省委—市委(县委)—区委—支部—分部—小组。

会议的最后一项议程是选举临时中央政治局。开始,先由罗明纳兹提

第四章
秋收起义和广州起义

议中央政治局委员 7 人、候补委员 5 人，并提出候选人名单付诸讨论。讨论时，罗明纳兹并未将毛泽东列入名单里，李维汉、蔡和森等主张让毛泽东加入中央政治局，而毛泽东却一再提出要去参加秋收起义，不能加入政治局。后来，在罗明纳兹的提议下，大家对名单进行了表决，表决前还各增加了两名正式委员和候补委员。最后选出了 9 名正式委员和 7 名候补委员。9 名政治局委员是：苏兆征、向忠发、瞿秋白、罗亦农、顾顺章、王荷波、李维汉、彭湃、任弼时；7 名候补委员是：邓中夏、周恩来、毛泽东、彭公达、张太雷、张国焘、李立三。

由于当时处在白色恐怖之中，形势险恶，会议议程安排得非常紧凑，只开了一天就结束了。会议结束后的第三天，1927 年 8 月 9 日，瞿秋白主持召开了临时中央政治局第一次会议，选举瞿秋白、苏兆征、李维汉为临时中央政治局常委。其中，瞿秋白兼管农委、宣传部并任党报总编辑，苏兆征兼管工委，李维汉兼管组织部和秘书厅。新成立的临时中央政治局决定设立中共中央北方局、南方局和长江局，具体任职如下：王荷波担任北方局书记，蔡和森为秘书；张国焘担任南方局书记（未到任），下设军委会，由周恩来任主任，在他到任之前，由张太雷、杨殷负责南方局工作，张太雷任中共广东省委书记；罗亦农赴长江局，在武汉工作；毛泽东以中共中央特派员的身份被派到湖南去改组中共湖南省委，并筹备和领导秋收起义。

八七会议是中国共产党在大革命失败后召开的一次十分重要的会议，虽然不能称作一次正式的中央全会，但它实际上执行了中央全会在政治上、组织上的职权，解决了中共在困难局势下面临的关键问题，决定了中国革命的走向，具有不可忽视的指导性意义。

八七会议是中国共产党历史上的一个重要的转折点，对于纠正中共中央领导机关所犯的右倾机会主义错误，确定新形势下中共的各项方针和政策都起到了关键性的作用。它在中国革命的危急关头坚决地纠正和结束了以陈独秀为代表的右倾错误，确立了土地革命和武装反抗国民党反动统治的总方针，号召全党和人民群众继续进行革命斗争。毛泽东曾对此评价道："一九二七年八月七日党中央的紧急会议反对了政治上的右倾机会主义，使党大进了一步。"

具体说来，在武装斗争和军队建设方面，八七会议第一次在全党提出要"造成真正革命的工农军队"、"造成真正人民的军队"。会议通过的《中国共产党中央执行委员会告全党党员书》中明确指出要注重"一般共产党员的军事训练，这实是我党第一等重要的责任"；要"有系统的聚集那零星散乱的工农武装队，使成为一有组织的坚固力量，以便做发展革命的真实的拥护者"；要"想尽方法的取得武器，以武装工农"。会议通过的决议中还规定"建立工农的革命军队，这种军队之中要有广泛的政治工作及党代表制度，强固的本党士兵支部，要有靠得住的忠实于革命的军官——这是现时革命运动中最重要的任务之一……这些工农武装，是造成新的革命军队之中心势力"。这充分说明八七会议上中国共产党已深刻认识到了建立工农武装和掌握革命军队领导权的重要性。

在革命方针和斗争任务方面，八七会议明确指示领导南昌起义的前委"应当与中央决定之秋收暴动计划汇合为一贯的斗争"，一方面表明了中国共产党开展土地革命以解决农民土地问题的决心，另一方面也指出了中国共产党将土地革命和武装斗争直接联系起来，为人民群众指明了正确的革命道路和斗争方向。八七会议确定的土地革命和武装反抗国民党反动统治的总方针，将因革命受挫而显得散乱的队伍重新团聚起来，重整了士气，扭转了弥漫在党员和群众中的悲观主义情绪，可称得上为中国革命注入了新的活力。蔡和森曾说："我们绝对不要忘记'八七'以后之伟大的效果。北方有好些同志说：'假若新方针迟来一月，我们都散了。'这不仅北方为然，全国莫不如此，尤其在两湖、上海及广东。我们仗着新方针，不仅挽回了工农群众的恐慌和悲观，而且兴奋了广大范围内几百几千万的群众，继续不断地发展工农革命的高潮，一直向苏维埃政权走。"

在党的自身建设方面，八七会议通过的《党的组织问题议决案》解决了中国共产党在革命危急的形势下面临的组织建设方面的诸多问题；在纠正党内以陈独秀为代表的右倾错误时，会议采取了公开批评的方式，要求全党同志从中吸取经验教训，树立了一种实事求是的作风。会议指出："无产阶级的政党不怕公开的承认自己错误。如果共产主义者不能无所畏惧无所忌讳地批评党的错误、疏忽和缺点，那么，共产主义者也就完了。我们

第四章
秋收起义和广州起义

党公开承认并纠正错误,不含混不隐瞒,这并不是示弱,而正是证明中国共产主义运动的力量。"敌人的攻击是无所畏惧的,因为我们胜过敌人的地方,正在于我们是最先进的阶级,无产阶级之先锋队能够在自己错误经验里学习出来,绝无畏惧地披露自己的错误并且有力量来坚决地纠正。

但是,八七会议也是有缺点和错误的。中共六届七中全会通过的《关于若干历史问题的决议》在谈到八七会议的错误时指出:"八七会议在反对右倾错误的时候,却为'左'倾错误开辟了道路。它在政治上不认识当时应当根据各地不同情况,组织正确的反攻力量或必要的策略上的退却,借以有计划地保存革命阵地和收集革命力量,反而容许了和助长了冒险主义和命令主义(特别是强迫工人罢工)的倾向。它在组织上开始了宗派主义的过火的党内斗争,过分地或不适当地强调了领导干部的单纯的工人成分的意义,并造成了党内相当严重的极端民主化状态。"八七会议还笼统地提出反对资产阶级的口号,未明确区分民族资产阶级和大资产阶级,将他们等同看待,给党在白区和根据地的工作带来了重大的损失。对于八七会议的"左"倾错误,共产国际是负有一定责任的。罗明纳兹在会上将中国革命的形势错误地估计为"不断高涨",更加助长了党内小资产阶级的狂热情绪,"左"的势头开始呈现出来,甚至影响了中共中央领导人瞿秋白等,以致出现了以他为首的"左"倾盲动主义错误,给后来的中国革命造成了严重的危害。

八七会议以后,新的临时中央政治局通过各种秘密渠道将八七会议精神传达到党的各级组织和广大党员,极大地鼓舞了广大党员的斗志,揭开了新形势下中国共产党领导人民群众开展革命斗争的序幕。湖南、湖北、江西、广东、江苏、河南各省的部分地区在中国共产党的领导下纷纷举行了武装暴动,同时工人运动、学生运动、妇女运动也得到有效的开展。在白色恐怖的形势下,党的组织开始恢复、重建和整顿,党的秘密工作机关开始建立,全国的秘密交通网得以布置,党内刊物也得以出版发行,新的革命斗争开始有组织有计划地展开。这样,中国共产党逐渐从第一次国内革命战争造成的困难局面中走出来,胜利地进入了土地革命战争的新时期。

二、秋收起义

八七会议后,毛泽东被派往湖南改组省委,领导秋收起义。回到长沙后,毛泽东主持召开了改组后的中共湖南省委会议,决定以长沙为中心进行湘中暴动。收到中央指示后,毛泽东到安源传达暴动计划,了解了暴动队伍的情况,确定了起义军的编组,布置了具体的行动方案,决定分三路向平江、浏阳、萍乡推进,直攻长沙。秋收起义打响后,毛泽东率领的第3团兵败铜鼓,余洒度率领的第1团遭人暗算,王兴亚率领的第2团兵溃浏阳,三路行动均遭挫败。在此重要关头,中国共产党该如何抉择?

1. 毛泽东计划"湘中暴动取长沙"

1927年8月9日,八七会议上选出的中共临时中央政治局召开了第一次会议。正准备乘船去湖南的毛泽东被通知留下来参加这次会议。会议由瞿秋白主持,主要议题是讨论四省秋收暴动的问题。

8月初的时候,毛泽东曾向中共临时中央提交了《关于湘南暴动的大纲》。考虑到当时彭湃领导了有上千人的广东农民武装驻在湘粤边境的汝城县,正在南下的南昌起义军也有可能抽调出部分兵力开赴汝城支援,浏阳、平江一带的农民武装也可以向这一带集中,毛泽东在《大纲》中提议:"湘南特别运动以汝城县为中心,由此中心进而占领桂东、宜章、郴州等四五县,组成一政治形势,组织一政府模样的革命指挥机关,实行土地革命,与长沙之唐(生智)政府对抗,与湘西之反唐部队取联络。"这一计划经中共临

第四章
秋收起义和广州起义

时中央政治局常委会通过后转发至湖南省委。

8月3日，依据毛泽东在《关于湘南暴动的大纲》中提出的意见，中共临时中央发布了《关于湘鄂赣粤四省农民秋收暴动大纲》，要求四省以农会为中心，实行土地革命，建立革命政府。关于湖南秋收暴动的部署，《大纲》规定：

准备于不久时期内在湘南计划一湘南政府，建设革命政权及一切革命团体，并在广东革命委员会指挥之下。

现即须组织湘南特别委员会，受省委指挥，于交通不灵通时得有独立指挥此委员会所能活动的地方工作。

特委：夏曦、郭亮、（毛）泽东、（任）卓宣。（毛泽东为书记）

为了指导秋收暴动，共产国际派出一个名叫马也尔的巡视员赴长沙了解情况。然而，马也尔只迷信大城市暴动，看到南昌暴动的部队南下广东，就向中共湖南省委建议：集中湖南的力量也去那里帮助夺取广州。当时代理中共湖南省委书记的易礼容也附和他的意见。

在8月9日的会议上，有人提出湖南省委组织一个师的武装去广东，以配合南昌起义的部队。对此，毛泽东很是生气，他说："组织一个师往广东是很错误的。大家不应只看到一个广东，湖南也是很重要的。湖南的民众组织比广东还要广大，所缺的是武装。现已适值暴动时期，更需要武装。前不久，我起草经常委会通过的一个计划，要在湘南形成一个师的武装，占据五六个县，形成一政治基础，发展全省的土地革命，纵然失败也不应去广东而应上山。现在的

◎ 领导秋收起义的毛泽东

省委是在'马日事变'后收拾残局的，成立不到两个月，它在恢复湖南组织上是建了一点功劳的。以后省委内应增加工农同志，党内群众对原来省委的负责人是不满的。"

经过讨论，毛泽东的意见得到中共临时中央政治局的认可。中共临时

中央于会议当天致信湖南省委，批评了湖南省委的主张，并指出："南昌事变是中央预定的计划，其目的在以军事力量帮助四省暴动的实现和成功，不然则失掉暴动的意义。如把四省暴动当作响应南昌暴动的军事势力，那便是本末倒置，与中央决定相违反的。"

共产国际代表罗明纳兹在会上提议说："应改组湖南省委，派一得力同志去。提议毛泽东同志去湖南贯彻八七会议精神。"毛泽东也表态愿意前往。会议最后决定：由毛泽东、彭公达与中共湖南省委商选新省委名单，指定彭公达为新省委书记，而毛泽东以中共临时中央特派员的身份回湖南传达八七会议精神，改组省委，领导秋收起义。

8月12日，毛泽东秘密从武汉乘船回到长沙。为了了解第一手情况，毛泽东在回到长沙的第二天就出发前往长沙县清泰乡板仓村。这里是他和杨开慧的家，此时的杨开慧正带着孩子住在这里。一家人在这个紧要关头团聚在一起，真是不容易，这让毛泽东和杨开慧都感到很高兴。为了调查土地问题，毛泽东在这里与当地农民开了两天的调查会，了解到他们要求全盘解决土地问题的想法。通过调查，毛泽东还了解到，自从国民党军队开始残酷镇压工农运动，群众对他们的看法已经完全改变了，国民党的旗子不能再打了。

回到长沙后，毛泽东开始着手准备召开中共湖南省委会议。8月18日，经过改组后的中共湖南省委委员相继来到长沙市郊的沈家大屋，准备讨论制定秋收暴动的计划。共产国际派驻湖南的代表马也尔也参加了会议。毛泽东在会上以中共临时中央特派员的身份传达了八七会议的精神。马也尔则传达了共产国际的"新训令"——"在中国立即实行工农兵苏维埃"。大家就发动秋收起义的一些具体问题展开了热烈的讨论。

关于举什么旗子的问题。彭公达、夏明翰在会上指出，国民党的旗帜在老百姓中间早已臭了，不像三年前国民党改组时那样了。毛泽东表示赞同，并建议："这次起义，我们要高高地打出共产党的旗子，因为国民党已经变成了军阀党，成为军阀争权夺利的工具，完全臭了。"毛泽东的意见得到了大多数人的同意。

关于暴动中的军事力量问题。当时党内的普遍看法是，暴动主要应该

第四章

秋收起义和广州起义

依靠工农武装，起义成功的关键是要把农民群众发动起来，而军队只能起次要的作用，否则会犯"军事冒险"的错误。毛泽东对此则有不同的意见，他着重指出两点：

第一，湖南的秋收暴动的发展，是解决农民的土地问题，这是谁都不能否认的。但要来制造这个暴动，要发动暴动，单靠农民的力量是不行的，必须有一个军事的帮助。有一两个团兵力，这个暴动就可起来，否则终归于失败。第二，暴动的发展是要夺取政权，要夺取政权，没有兵力的拥卫或去夺取，这是自欺的话。我们党从前的错误，就是忽略了军事，现在应以百分之六十的精力注意军事行动，实行在枪杆上夺取政权，建设政权。

毛泽东的这番话指出了军事武装的重要性，但在当时并未得到应有的重视，随后还被批判为"枪杆子主义"、"单纯军事投机"，然而，这一正确论断终被后来的事实所证明。

关于土地问题。有的省委委员主张没收大、中地主的土地，认为若是把小地主的土地也没收了，那就等于把众多的小地主推到大地主一方，推到反革命一方，这样反而壮大了反革命的力量而使革命力量缩小。也有的省委委员认为不但应该没收大地主的土地，还应该没收小地主的土地，没收自耕农的土地，实行土地国有。毛泽东则认为："中国大地主少，小地主多，若只没收大地主的土地，则没有好多被没收者，不能满足农民的要求和需要。要能全部抓着农民，必须没收地主的土地交给农民。至于没收土地的方法，要由革命委员会制定一个土地政纲，由农民协会或革命委员会执行。对被没收土地的地主，必须有一个妥善的方法安置。还要宣布废除对农民的各种苛税，由革命政权征收适量的农业税。"听了毛泽东的意见，多数省委委员都表示赞同。

关于起义的区域问题。此前，中共临时中央曾设想以湘南为中心发动起义，但由于唐生智的部队南下，湘南与长沙事实上已被隔绝。在这种情况下，原定的暴动计划应该做出相应的调整，而且，根据力量估算，原定的"全省暴动"的范围也必须缩小。毛泽东明确表示："当前的敌我力量对比是敌强我弱，我们不能不顾主、客观条件，轻敌盲动，分散使用力量。认为暴动可以在全省举行，这是一种过低地估计敌人力量的盲动思想。我们要把五个指头捏紧,集中力量,先在群众条件好的湘赣边界发动暴动。"经过讨论,大家感到以目前的力量对比,只能制造湘中四周各县的暴动,应该放弃其他几个中心,而以湘中的长沙为中心。

最后,中共湖南省委决定:以长沙为中心进行湘中暴动,放弃其他几个中心,同时参加暴动的是湘潭、宁乡、醴陵、浏阳、平江、安源、岳州(今岳阳)七县。第二天,这一决定即被报告给中共临时中央。毛泽东也在8月20日这天写信给中共临时中央,报告他在一些重大政策问题上的不同意见。

中共临时中央在收到中共湖南省委的报告和毛泽东的信件后,立即召开常委会讨论湖南暴动的问题。8月23日,中共临时中央做出决定并复函湖南省委,认为抛弃国民党旗帜是不对的,目前仍然要以国民党名义来帮助农民的民主政权;原则上以长沙为暴动起点的计划是对的,但湘南、湘中的暴动应尽可能地同时发动,免陷一地于孤立;工农自卫军应改为工农革命军。

8月30日,中共湖南省委收到中共临时中央的指示,并再次召开省委常委会议。经过讨论,会议决定对于其中不切实际的部分予以解释答复,对于切合实际的部分贯彻执行。会议还确定了暴动的组织计划,决定以中国共产党的名义领导此次暴动,组成中共湖南省委前敌委员会和行动委员会。毛泽东担任前委书记,负责将修水、铜鼓、安源的武装力量编成工农革命军第1师;易礼容担任行委书记,负责组织参加暴动各县的工农起义,配合工农革命军夺取长沙。

2. 风暴来临前革命力量的集结

在中国共产党积极酝酿秋收起义的风暴之时,各方面的军事力量也集结在一起,成为秋收起义所依靠的重要力量,为秋收起义的进行提供了客观条件。这些军事力量主要来自三个方面:警卫团、革命农军和安源武装。

首先是警卫团。

第四章

秋收起义和广州起义

武汉国民政府警卫团是共产党人在大革命中建立的一支重要武装,是二次北伐以后以叶挺部一个独立营扩编的,原属张发奎的第2方面军警卫团,因其负责保卫武汉国民政府,又被称为武汉国民政府警卫团。该团有3000多人,许多共产党员如何长工、宛希先、何挺颖等人都在这里,是中共掌握的一支实力较大的武装。团里的士兵多为安源工人以及湘、鄂两省工农运动的干部和积极分子,军官则主要是从叶挺的部队中调来,由卢德铭任团长,辛焕文任团指挥员,韩浚任参谋长,第1营营长宋文彬,第2营营长李腾芳,第3营营长余洒度,第4营营长黄巨川。不久,中央军事政治学校改为教导团,有2000多人,也归警卫团指挥,加在一起有5000多人。

卢德铭,字邦鼎,号又新,曾用名卢继雄,1905年生于四川省宜宾县双石铺狮子湾,黄埔军校第3期毕业生。1924年,卢德铭加入中国共产党,在叶挺独立团曾任过连长、营长,独立团改编为第73团后又担任团参谋长,显露了出色的军事才能。在北伐战争中,卢德铭表现得英勇顽强、机动灵活,在部队中享有很高的威信。组建警卫团后,他被调到这里担任团长。借助团长这一合法地位,卢德铭吸收了许多共产党员和左派干部做各级干部,使警卫团成为叶挺部队的一个分支,完全由中共中央军委掌握。

◎ 卢德铭

1927年7月底,卢德铭接到两个不同的命令:一是中共临时中央指示他率领警卫团赴南昌跟随叶挺、贺龙的部队参加起义;二是张发奎指示他率部星夜开赴九江参加"东征讨蒋"。在这种情况下,由于武汉国民政府警卫团目标很大,且在国民党当局控制森严的中心地区驻防,要想公开打出革命的旗帜是件相当困难的事情。为此,卢德铭立即召集团指导员辛焕文和参谋长韩浚召开紧急会议,最后决定以执行张发奎的命令为掩饰,先乘船到九江,然后再迅速脱离张发奎转向南昌。

警卫团为响应南昌起义决定出发,却由于兵未集齐,团长部领导人未变,各营营长有所调整:第1营营长余洒度,第2营营长钟文璋,第3营营长陈浩。

8月1日深夜,警卫团突然从武昌集合出发,次日凌晨开船离港。经过一天的行程,8月3日,部队到达黄石港。在得知叶挺、贺龙的部队已经在南昌"叛变"的消息后,卢德铭马上命令部队停止前进,并在船上秘密主持召开了团里党的活动分子会议。他在会上谈到,南昌已经暴动了,上级党让我们参加暴动,因为张发奎没有参加,他在九江已经布了防,如果我们按原计划去九江,张发奎一定会缴我们的械。我们准备弃水路走陆路,从南岸黄颡口登陆,以急行军追赶南昌起义部队主力。大家对此一致表示赞同。于是,各连宣布有新的行动,船只继续东进。警卫团就此脱离了张发奎的控制。

行船一天后,警卫团在湖北阳新县的黄颡口登岸,准备经武宁、靖安向南昌疾进。后来在武宁县,卢德铭得到消息,叶挺、贺龙的部队已经远去赣南和粤东。为了保存警卫团的实力,卢德铭决定改变计划,向位于江西又邻近湖南、湖北的修水县前进,在这个比较偏僻的山区县休整待命,以请示中共临时中央,再决定去向。

警卫团为什么会选择去修水?据韩浚回忆:"到达靖安后住了两天,借此把部队加以整顿,将第3营补充齐了。这样,我们就成为一个完整的团,粮食也在靖安县要了一部分。这时我们又获得情报,朱培德要来攻打我们。……我们认为靖安不是久留之地,因此,设想了两个方案:一是到吉安,设法往东去,寻找起义大军;二是找一个三不管的地区暂时驻下来。研究的结果,认为第一个方案困难较多,当即决定采取第二方案。"

其次是农军。

在向西走的路上,警卫团遇到了一支500人左右的杂色队伍,多数人还扛着鸟枪拿着梭镖,只有少数人拿着步枪。经询问,原来是余贲民率领的平江农军。他们同警卫团一样,也是奉中共临时中央的指示前去参加南昌起义,因没有赶得上,才折返到这里。两支队伍商量后,决定同赴修水。

警卫团进驻修水县城后,为了稳定平江农军,两支队伍进行了混合编队,其实是把平江农军编入了警卫团。过去散漫的农军有了正规军队的管理,

第四章

秋收起义和广州起义

战斗力明显增强。进驻修水没几天,卢德铭等团级领导干部就要去武汉向中共临时中央报告工作,部队暂由第1营营长余洒度指挥。也正是因为这个原因,在秋收起义爆发前夕,那个在黄埔军校时以口才、文才著称却华而不实的余洒度被推到了师长的位置上。

这时,修水县桃树港又来了另一支农民武装,这支100多人的队伍是从鄂南通城、崇阳开来的,领导人是罗荣桓。

罗荣桓,1902年11月26日出生于湖南省衡山县(今衡东县)。1919年年底,受新思潮的影响,他在长沙参加了反对军阀张敬尧和抵制日货的运动。1923年7月,罗荣桓考入山东私立青岛大学工科预科。1927年4月,他到武汉中山大学理学院就读,并参加了中国共产主义青年团,任团支委组织干事,不久即转为中国共产党党员。7月,罗荣桓被中共湖北省委派往鄂南通城县从事农民运动。8月20日,他组织通城秋收暴动,任通城、崇阳农民自卫军党代表,成为这支农军的领导。

警卫团进驻修水县城后派人同罗荣桓取得联系,把他们接到修水县城,并编为特务连,由谭希林任连长,罗荣桓任党代表。后来赫赫有名的罗荣桓元帅,正是从这时起走上了军事活动的舞台。

此时,在中共浏阳县委书记潘心源领导下建立起来的浏阳农军正避居在修水县南面的铜鼓县。他们原先也想去参加南昌起义,曾与余贲民的平江农军同行,但因未赶上队伍而进驻铜鼓。在余贲民的介绍下,驻修水的警卫团与驻铜鼓的浏阳农军建立了联系。随后,警卫团的余洒度、平江农军的余贲民和浏阳农军的军事指挥苏先俊三人在修水县的山口镇举行了一次会议。会议决定将三支部队合编为一个师,余洒度任师长,余贲民任副师长。警卫团为第1团,团长钟文璋;浏阳农军为第2团,团长苏先俊。

最后是安源武装。

安源工人原来是没有自己的军队的。据原工农革命军第2团第8连连长刘先胜回忆:"我是安源煤矿工人,秋收起义以安源工人为主,组织了工农革命军第2团。这个团是怎样建立起来的?那还是要从北洋军阀讲起。北洋军阀吴佩孚统治时,安源煤矿的资本家与军阀勾结,成立了矿警队。矿警队先有第1大队、第2大队,后扩大第3大队、第4大队。但这个矿警队是用以镇压工人的。1926年，北伐军来了，党组织即派了党员和工人积极分子去该队当兵，由此，该队逐步为我党所控制。

这支队伍不纯，内部暗藏反革命分子。党组织对其进行清理，就成为一支坚强的队伍。……我们一队一队地清理，把几个反革命头子都打死了。于是正式成立了工农革命军，以第1大队为基础组织第1营，以第2大队为基础组织第2营，以第3大队为基础组织第3营，还收集了一些新兵，组成一个团。"

最终的安源武装力量包括了安源煤矿工人和矿警队，还有周围各县的农军。其中安源工人纠察队约400人，安源矿警队约500人，醴陵农民自卫军约200人，萍乡农民自卫军100余人，安福农民自卫军200余人，衡山农民自卫军100余人，莲花农民自卫军90多人，安源工人约600人。

安源的武装力量之所以能够发展壮大，主要有三个原因：一是具有革命传统，以前就有对抗清军的活动以及多次罢工斗争活动；二是自1921年以来，毛泽东、刘少奇、李立三等共产党人多次在安源领导斗争，提高了工人的觉悟，也培养了大批干部；三是安源工人在党的领导下，发挥了战斗的先锋作用，形成了一座坚强的红色堡垒，被誉为"小莫斯科"，吸引了各地革命者的到来。

就这样，警卫团、革命农军、安源武装三方面集结在一起，成为秋收起义的重要依靠力量。

3. 毛泽东奔赴湘赣边

省委会议结束后，1927年8月31日早晨，毛泽东话别妻子杨开慧，从长沙出发，踏上了去往株洲的火车。在株洲，毛泽东会见了株洲县委宣传委员朱绍连、湘潭县东一区区委书记陈永清等人，向他们传达了八七会议精神和省委关于秋收起义的计划，并指示他们道：株洲是交通枢纽，战略地位很重要，要把镇内的工人和近郊的农民发动起来，夺取团防局的枪支，炸毁易家湾铁路桥，断绝长沙与株洲间的交通。

第四章
秋收起义和广州起义

随后,毛泽东离开株洲来到安源。他之所以会看中安源,是考虑到他在那里有长期工作的基础。五六年前,他曾四次到安源实地考察,并与李立三、刘少奇等人领导发动了著名的安源路矿工人大罢工,为中共党组织聚集和保存了大批的干部和人才,也培养了这里深厚的革命基础。

旧地重游,毛泽东首先来到安源张家湾工人学校。这里紧靠总平巷口,汉冶萍的上万"炭古佬"在工头的监视下,每天由总平巷出入矿井。

总平!总平!大概总是希望矿井平安无事吧!然而,安源路矿当局没有想到,一个重要的军事会议就在他们的眼皮底下秘密召开,一场暴动即将引发。

到达的当晚,毛泽东在安源张家湾的一栋民房里主持召开了部分起义地区党的负责人和军事负责人会议。参加会议的有中共安源市委书记蔡以忱,浏阳县委书记和农军负责人潘心源,赣西农民自卫军总指挥兼安福县农军负责人王兴亚等人。

会议开始,毛泽东首先向大家分析了大革命失败后的形势,重申了同国民党反动派进行武装斗争的观点。接着,他向大家传达了八七会议精神、湖南省委改组的经过和秋收起义的计划,宣布了省委关于建立前敌委员会和行动委员会的决定。他还向大家阐述了自己来湘东、赣西的任务和组织秋收暴动的决定。他说:"许克祥在长沙发动'马日事变',大肆屠杀共产党人和工农革命群众。武汉国民党政府持怂恿态度。事实证明汪记、蒋记国民党一样,完全变成了镇压革命、屠杀人民的军阀党、反革命的党。为了挽救革命,我们共产党要独立地领导人民群众进行革命斗争。这次在湘鄂赣粤四省举行秋收暴动,就是八七会议决定的。"

随后,毛泽东又接着介绍起义行动计划说:"这次秋暴,是我在中央时决定的。指挥暴动的机关分为两个:一个是前敌委员会,以我为书记,各军事负责人为委员。一个是行动委员会,以易礼容为书记,各县负责同志为委员。长沙暴动以人力车工人及近郊农民为主力。并可组织500左右之伤兵。各县都已准备农民暴动,各地电线、铁路都已准备拆毁。我并带有中央介绍信,要从贺、叶军队中调两团人来做暴动的武力,现在他们即绕道闽边前来,他们来了更好。希望潘心源同志将军队的情形作个详细报告,并开会讨论平、浏、醴、安各地的暴动。"

随即,潘心源、王兴亚等人向毛泽东汇报了军队的情况。

潘心源,字国卿,曾用名潘星源、彭西元等,1904年2月生于湖南省浏阳县丰裕乡一个富裕家庭。1920年,他考入长沙岳云中学读书,积极参加青年学生运动。1923年,潘心源加入中国共产党,后回到浏阳开展革命工作,建立了浏阳第一个农村党支部,掀起了农村革命高潮。1926年10月,潘心源建立中共浏阳地方执行委员会,任书记。1927年2月,他根据革命形势的发展,及时组织了浏阳工农义勇队,任党代表。随后,潘心源以国民党县党部和县工会、县农会的

◎ 潘心源

名义,收缴全县团防局的100多支枪,扩大农民武装。长沙发生马日事变时,他掌握了用枪支、梭镖、大刀武装起来的数万农军,并率浏阳农军参加了湖南10万农军围攻长沙的斗争。潘心源千方百计保存浏阳农军武装,为毛泽东发动秋收起义准备了有生力量。

潘心源在会上汇报了浏阳工农义勇队、平江农民自卫军离湘赴粤参加南昌起义以及折回湘赣边休整待命的情况。他还讲到了武汉国民政府警卫团,这支叶挺的部队因未赶上南昌暴动,在江西修水、铜鼓一带与平江、浏阳的农军合在了一起,正集训待命。听到这个消息后,毛泽东感到非常高兴。在他看来,秋收起义的发动必须有一两团正规军才有把握,因而总盼望着郭亮能从叶挺、贺龙的部队中带一两个团过来,或从程潜的部队中运动起义两个团。现在,卢德铭的警卫团就在眼前,有了这一团正规军,秋收起义不是更有把握了吗?

潘心源汇报后,王兴亚接着汇报了宁冈、永新、莲花、安福农民自卫军7月攻打永新城的战斗,介绍了袁文才、王佐领导的两支地方武装在茅坪、茨坪的一些情况。

王兴亚,又作王新亚,湖南人,1926年加入中国共产党,黄埔军校

第四章

秋收起义和广州起义

毕业后，参加广东北伐军，任国民革命军营长。北伐军打到湖南时，他留在安福成立了一支300多人的农民自卫军，后任赣西农民自卫军总指挥。1927年7月间，王兴亚与贺敏学、袁文才等领导安福、莲花、永新、宁冈四个县的农军攻打永新，随后退至安源。

他还在会上向毛泽东介绍了井冈山以及驻在井冈山的袁文才、王佐两个"绿林好汉"的情况。毛泽东对此很感兴趣，尤其在他听到王兴亚关于秋收起义失败后引兵上井冈山的建议后，他脑海中盘旋已久的"上山"思想、"和绿林交朋友"的计划因此而更加具体化了。

听完这些情况的介绍，毛泽东马上与参加张家湾会议的人一起研究起义军的编组。考虑到已经组成现成的一个师，他们决定以这个师为基础，编成工农革命军第1军第1师，师长仍由余洒度担任，第1、3团的编制不变，只是把安源这边的武装加进来作为第2团，团长由王兴亚担任。安源的革命武装基本由安源矿警队、工人纠察队和萍乡、醴陵、衡山、安福、莲花等地的农军组成，有1700人左右。

确定了起义军的编组后，毛泽东又召集大家，代表前委布置了具体的行动方案：

"这次秋收暴动的行动计划：参加秋暴的全部武装力量，大约5000余人，准备兵分三路，会攻长沙。"

"第一路是安源第2团，以安源工人及矿警队为主力，首先由煤矿工人举行暴动，夺取矿警队的武装，枪决矿警队的反动军官；然后再进攻萍乡、醴陵，向长沙逼近，形成包围态势。但无论如何，在进攻时不能放弃萍乡和安源，以防敌人断绝起义军的退路。起义时，株洲区委要在株洲鼓动工农扰敌后方，起义部队要配合醴陵农民暴动，使起义能顺利发展。"

"第二路是修水第1团的一部，以平江农军为主力，在由修水向平江进攻的同时，鼓动平江农民在各地暴动，恢复和成立农民协会，进行土地革命。在夺取平江后，再向长沙进攻。"

"第三路是铜鼓第3团和修水第1团的一部，以浏阳农军及余洒度之警卫团为主力，由铜鼓向浏阳进攻，同时鼓动浏阳农民在四乡暴动。夺取浏阳后，再向长沙挺进。"

"三路起义部队分别占领醴陵、平江、浏阳后,对长沙取包围态势,并以长沙工农暴动为内应,最后相机攻克长沙。"

"攻克长沙"的决定听得大家心潮澎湃,如同一把火点燃了每个人内心深处的革命热情。急于争取胜利的愿望鼓舞着他们,每个人都攒着一股劲儿要为这场暴动大干一场!

在安源进行了军事部署后,毛泽东即命各路立即分头进行准备。醴陵、衡山、萍乡的同志连夜赶回本县、本区、本乡召开会议,布置工作。同时,毛泽东还命交通员先行到修水、铜鼓通知苏先俊部并转告余洒度,要他们作好暴动准备,9月9日举事后会攻长沙。毛泽东本人也决意随暴动军主力行动,火速赶往修、铜一带,会见苏先俊、余洒度等,共商大计。9月5日,毛泽东和安源行动委员会分别致信中共湖南省委,报告安源军事会议结论,省委当日开会批准了安源军事会议的决策。

当毛泽东在安源组织暴动队伍之际,彭公达于9月1日去武汉向中共临时中央汇报了暴动计划,又于9月5日回到长沙召集中共湖南省委常委会议。经过讨论,会议最后确定9月9日暴动开始,首先破坏铁路,9月11日各县暴动,9月15日长沙暴动。

9月6日,毛泽东在安源得知中共湖南省委常委会关于暴动日期的决定后,立即以前敌委员会的名义向在铜鼓的第3团下达了起义计划和部署,通知他们将部队名称统一为工农革命军第1军第1师,并要他们将此决定和计划立刻转达修水的师部和第1团。毛泽东本人决定随起义军主力行动,与潘心源一起赶往修水、铜鼓一带。

4. 霹雳一声震天响

1927年9月9日,驻在江西修水县的第1团,即原武汉国民政府警卫团率先暴动。秋收起义正式发动了!

第1团打出的旗帜是由何长工、杨立三精心设计的"工农革命军第1军第1师"的军旗。鲜艳的红旗中间有一枚金黄色的大五角星,五角星上

第四章
秋收起义和广州起义

面是黑色的镰刀、斧头图案，紧靠旗杆有一条十厘米宽的空白，上面写着工农革命军第1军第1师的番号，十分威武、漂亮。旗子的设计既参照了苏联旗帜的样式，又有自己的特色。

当天，第1团离开修水，向湖南平江进发，准备经由那里攻打长沙。这时，与潘心源一起赶往铜鼓的毛泽东则在行至湖南浏阳张家坊时经历了一次生死考验。

9月9日早上，毛泽东和潘心源两人在走到浏阳张家坊时，遇到了一伙民团巡逻队。在当时的白色恐怖下，这些人是奉命专门搜查逃散的共产党员的。

潘心源寻机逃脱了，毛泽东因躲闪不及被抓，他后来回忆说：

"那时候，国民党的恐怖达到顶点，数以百计的共产党嫌疑分子被枪毙。那些民团奉命把我押到民团总部去处死。我从一个同志那里借了几十块钱，打算贿赂押送的人释放我。普通的士兵都是雇佣兵，枪毙我对他们并没有特别的好处，他们同意释放我，可是负责的队长却不允许。因此我决定设法逃跑。但是，直到离民团总部大约不到二百米的地方，我才找到机会。我一下子挣脱出来，往田野里跑。"

"我跑到一个高地，下面是一个水塘，周围长了很高的草，我在那里躲到日落。士兵们在追踪我，还强迫一些农民帮助他们搜寻。有好几次他们走得很近，有一两次我几乎可以用手接触到他们。尽管有五六次我已放弃任何希望，认为自己一定会再次被抓住，可是不知怎么的我没有被他们发现。最后，天近黄昏了，他们放弃了搜寻。我马上翻山越岭，彻夜赶路。我没有穿鞋，脚底擦伤很厉害。路上我遇到一个友善的农民，他给我住处，后来又带领我到了邻县。我身边有七块钱，用这钱买了一双鞋、一把伞和一些食物。当我最后安全到达农民武装那里的时候，我的口袋里只剩下两个铜板了。"

死里逃生的毛泽东于9月10日上午来到了江西铜鼓县。他向驻在铜鼓的第3团负责人传达了八七会议精神、秋收起义的大致计划和各部队的任务，并要求大家做好准备，第二天一早到大沙洲集合，攻打长沙。

按照原定的计划，毛泽东到了第3团后还要赶到修水的第1团去。可是由于到铜鼓时已比预定的起义日期晚了一天,加上中途被捕遇险,路又不好走,再去修水肯定来不及了。于是,毛泽东决定随第3团行动。

毛泽东指挥工农革命军第1军第1师分三路向平江、浏阳、萍乡推进。当时,他抑制不住激动的心情,写下了一首《西江月·秋收起义》:

军叫工农革命,旗号镰刀斧头。修、铜一带不停留,便向平、浏直进。

地主重重压迫,农民个个同仇。秋收时节暮云沉,霹雳一声暴动。

◎ 毛泽东领导秋收起义

9月11日一早,毛泽东亲自率领第3团向浏阳方向出征。经研究后,毛泽东决定首先进攻白沙镇,以占领从铜鼓通往浏阳的咽喉。

下午4时整,部队到达距白沙镇只有4公里的濠溪。根据白沙镇的地形和敌人的布防情况,毛泽东和团部领导决定分兵三路向白沙镇发起进攻。

傍晚时分,战斗打响。前后不到一个小时,白沙镇的敌军就在第3团的强大攻势下土崩瓦解。部队攻占了团防局,生擒100余名敌人,缴获了一批枪支弹药,取得了白沙镇首捷。

第二天清晨,第3团又乘胜前进,直扑白沙镇西南约20华里处的东门市。这时驻防在东门市的只有国民党军的一个营部和一个连。在第3团的强势进攻下,守敌自知抵挡不住,遂弃镇仓皇向达浒逃跑。第3团随即胜利占领东门市。

进入东门市后,毛泽东立即查看地图,分析敌情。他接到报告说达浒、

第四章
秋收起义和广州起义

官渡一带已调来国民党新8军约一个团的兵力。为此,毛泽东多次向第3团团长苏先俊讲,要加强排哨,注意达浒之敌。苏先俊虽当面允诺,但并未将毛泽东的话放在心上。他依然秉持着北伐时的观念,以为依靠声势就可以吓退敌人。在东门市停留的两个晚上,苏先俊一直未在镇子南北两山的制高点上设立瞭望哨。这样的疏忽大意为第3团的失败埋下了伏笔。

9月14日中午,第3团正准备在东门市折围山书院召开群众大会。可群众大会还未开始,突然枪声大作。从达浒反攻东门市的国民党武装在未被发现的情况下登上羊牯垴制高点,架起重机枪,向着从四乡赶来参加会议的群众和部分指战员疯狂扫射。会场一时秩序大乱,人们开始在镇上乱跑。这时,国民党军从几个方向冲过来,东门市显然已处在被包围之中。

国民党军在羊牯垴制高点上的火力越来越猛烈,有一部分敌军在其掩护下已经冲进东门市镇边。毛泽东认为,对于第3团这支新建的农军来说,久战不宜,应组织部队立即突围撤退。但是,要想顺利突围,首先必须夺回东门市之上的羊牯垴阵地。为此,团部下令1营和3营并力反攻。

第3营营长、共产党员汤彩之身先士卒,多次率全营战士向国民党军阵地发起进攻。不幸,一颗子弹打中他的腹部,汤彩之倒了下去。没过多久,他就被枪声震醒了。为了抵挡住国民党军的火力,他将流出的肠子塞回肚子,用解下的绑腿扎住腰肚,大喊一声"冲啊",再一次带头冲了上去。可是没冲多远,汤彩之就再次倒了下去,终因伤势过重而壮烈牺牲。

这场激战一直持续到下午,第3团还是没有办法夺取羊牯垴。毛泽东与团里领导商量后,决定借助于马鞍山还在第3团手里之势,集中力量从山脚下向东北方向突围。

东门市一仗,第3团损失惨重,原来1500多人的队伍只剩下400多人。除了战斗牺牲外,相当多的人被打散。

当天晚上,第3团余部撤到上坪。这时,一个交通员匆匆赶来,报告了一个惊人的消息——第1团已于三天前遭遇挫败!

自起义之后,第1团从江西修水出发,于9月10日开到渣津一带宿营。第二天清晨,部队继续前进,准备先打下长寿街,再向平江进攻。长寿街是湘赣两省交界的要冲,城很坚固,且由湖南军一个团的兵力把守。师长余洒度命令第1团团长钟文璋带两个营和在这里的第4团负责攻打。

这个原本未被列入秋收起义计划的"第4团",其实是警卫团在修水期间收编的一支军阀土匪武装。该武装原系黔军王天培的一支。王天培被蒋介石借故枪毙后,一个叫邱国轩的下级军官带着他手下200人从安徽逃到江西修水一带为匪,后发展到千余人。该匪欺压百姓,鱼肉乡里,成为一大祸害。卢德铭率警卫团进驻修水后,曾将其击溃。但考虑到这支武装既与蒋介石有私仇,又害怕被唐生智的湖南军消灭,警卫团领导决定利用这一矛盾,将其收编。经过一番工作,邱国轩表示愿意投诚。

秋收起义时,师长余洒度将这支由邱国轩率领的土匪武装编为工农革命军第1师第4团。但是,他过于相信这支根本就不是共产党领导的武装,未对其提高警惕,甚至与其约定了会师攻打平江的日期,还让邱国轩部打前卫。

钟文璋率领两个营到达长寿街附近的金坪,这时,担任前卫的邱国轩部汇报说前方发现敌人。钟文璋遂命令邱国轩部分左、右两翼埋伏,以作后备力量,自己则带两个营从正面向金坪镇发起进攻。但就在钟文璋即将攻下金坪的时候,埋伏的邱国轩部突然叛变,向第1团开枪扫射。毫无防备的第1团仓促应战,激战两个小时后,两个营被打散,损失200多人,辎重被邱部掠夺。第3营第9连连长黄瓒壮烈牺牲,钟文璋下落不明。

在邱国轩部反戈之时,正面的国民党军乘机向第1团发起反攻,部队前后受敌,只得后撤。幸好这是一支受过严格训练的正规军,多数队伍在危急关头还是挺了下来。只是前不久被编入团里的平江农军有不少跑散回家。撤退后清点人数,原先近2000人的一个团,只剩下1000多人了。

师长余洒度很是恼火,还要再攻长寿街,声称不攻下这个"短寿街"不能解心头之恨。这时,已回团担任总指挥的卢德铭坚决反对余洒度的主张,他说:"现在不能打。目前我军士气低落,敌我态势是敌强我弱,这样和敌人硬拼只能导致我们尚存的一点军事实力全部丧尽。"副师长余贲民也主张后撤。

随后,卢德铭等人决定向浏阳张家坊、白沙一带撤退,以便与毛泽东率领的第3团会合,再图发展。

第四章
秋收起义和广州起义

第1、3团相继受挫后,安源的第2团也因轻敌而遭遇失败,丧失了已取得的胜利果实。

9月9日上午,以安源矿工为主体的第2团在安源大操场召开了工农革命军第1军第1师第2团成立大会。团长王兴亚检阅了部队,并向团、营、连授了军旗,接着,宣布准备在第二天正式暴动。入夜后,王兴亚率领第2团从安源出发,趁着黑暗兵分两路向萍乡城包围过去。10日零时,萍乡城外突然枪声大作,第2团的暴动战斗正式打响。

为了迅速攻下萍乡,第2团从安源煤矿挑选了60多个放炮工人,组成安源工人爆破队,准备以偷袭的战术炸开城墙,为大部队开路。不料,当晚爆破队偷偷接近城墙时,被国民党军的守兵发觉,遂被打散。

失去了偷袭的机会,也未炸开城墙,团长王兴亚决定实行强攻。战士们推着那种木桩里面装炸药的"松树炮"往前冲,虽有"轰隆隆"的响声,但这种土炮不仅射程短,而且威力小,所以只把城墙打破点皮。接着,战士们在自己队伍火力的掩护下,抬着梯子向城墙猛冲。一个中弹倒下,另一个马上接替。但国民党军居高临下,在反击的同时将云梯推翻,第2团连续的几次进攻都未能取得成功。

战斗一直持续到9月11日下午,城墙仍未被攻下,守敌的力量比预想的要强得多。12日中午,考虑到长期在此与敌人纠缠会破坏进攻醴陵,进而攻打长沙的整个计划,王兴亚在战地召开团部紧急会议,决定放弃攻打萍乡的计划,直向醴陵的外围老关前进,以夺取醴陵,并与第3团会合直插浏阳。为此,会议决定从原株萍铁路工人纠察队中抽出骨干,调一列火车传运。

为了防止在撤离时敌人出击,将大部队拖住,第2团又对萍乡城发动了一次佯攻,遂乘着炮火硝烟,迅速爬上开来的5节车厢,离开了萍乡。列车开到老关后,第2团立即以迅雷之势向在当地守卫的国民党军一个连发起攻击,仅十多分钟就打得敌军溃不成军、狼狈逃窜,顺利占领了老关城。

距离老关不远就是醴陵,此地三面临河,国民党军的防守较为薄弱。9月13日下午,第2团分左、中、右三路同时发起进攻。战斗进展得很顺利,三路进攻队伍胜利地会合在一起,攻占了醴陵县城。这次战斗共俘敌

100多名，缴枪80支。

9月14日，醴陵县革命委员会成立，立即在街头贴出布告，宣布一切权力归革命委员会，没收地主土地，打开盐仓和粉房，把东西分给了群众。紧接着，革委会又恢复了县总工会、县农民协会、县女子联合会、县学生联合会、县商民协会等组织。醴陵县城到处都洋溢着一种革命的氛围，呈现出一派喜气洋洋的景象。

得知湘东重要的醴陵县城被起义军攻占，湖南全省震动。湖南省政府代主席周斓立即命独立第1师师长张国威带两个团兵力，从长沙、株洲方向反扑过来。面对如此强敌，团长王兴亚当机立断，指挥部队于9月14日连夜撤出醴陵，秘密开往浏阳，准备与第3团会师，直攻长沙。

◎ 秋收起义

9月15日凌晨，第2团向浏阳发起突然攻击。守备薄弱的浏阳城没多久即被攻下，第2团顺利地占领了全城，从监牢里救出革命同志和群众300多人。

几天之内，第2团攻老关、占醴陵、取浏阳，捷报连连。但三次胜利皆为乘敌空虚取胜，第2团本身尚缺乏与强敌作战的经验。团长王兴亚却未看到这些，而且，此时他还不知道第1、3团的进攻已经受挫，第2团已成为一支孤军。在这种情况下，第2团留在浏阳城内是非常危险的。王兴亚并未觉察到危险的存在，接连的胜利已经让他产生了盲目的乐观情绪。

第四章

秋收起义和广州起义

这时,从浏阳张家坊脱险的潘心源来到浏阳。他对王兴亚说,浏阳靠近长沙,目标很大,容易引起敌人的注意,应暂时放弃。但已被胜利所陶醉的王兴亚根本不听劝,他认为国民党军已成惊弓之鸟,长沙不出三天就可以被拿下,因而执意不肯放弃浏阳。

国民党湖南军独立第 1 师师长张国威率部赶到醴陵后,得知起义队伍已攻下浏阳,遂调头向浏阳方向尾追。9 月 16 日上午,赶到浏阳的国民党军向留在浏阳城内的第 2 团发动了突然袭击。这支毫无准备的新部队立即就出现了慌乱。面对强敌的突然来袭,许多人不知所措,一时间满街都是乱跑的战士。

王兴亚赶回团部时,队伍已被打散,无法再组织反击。他便与潘心源一道带着身边的几十个人从南门撤退,不料在离南门不远的一个村子又遭遇了国民党军的袭击,很多人被打散。

秋收起义的三路行动均遭挫败,下一步该何去何从?是继续进攻还是选择退却?如果退却,该退向哪里?后来,前委书记毛泽东在文家市果断决策:放弃进攻长沙,把起义军向南转移到国民党反动派统治力量薄弱的农村山区,寻找落脚点,以保存革命力量,再图发展。

三、广州起义

大革命失败后，国民党新军阀之间展开了激烈的利益争夺，张发奎为了扩张其在广州的势力，发动了粤桂之战，使得广州守备薄弱，为广州起义的爆发提供了绝好的时机。在张太雷等人的组织领导下，中共广东省委积极准备暴动的各项工作。后由于消息泄露，起义提前举行。在军事总指挥叶挺的率领下，教导团、警卫团一部、工人赤卫队等武装力量势如破竹，攻占了广州大半个城市，成立了中国第一个城市苏维埃政权——广州苏维埃政府。

1. 紧锣密鼓组织起义

八七会议后，被调任中共广东省委书记的张太雷，带着中共临时中央的指示，于1927年8月19日秘密来到香港，准备召集广东省委的负责人开会。

张太雷是中国共产党早期知名的活动家，1898年6月17日出生于江苏常州一个没落封建世家，原名曾让，字泰来，投身革命后改名太雷，寓意震醒痴顽，打击强暴之意。1915年，他考入北京大学法科，后因家境困难转入天津北洋大学法政科。在李大钊的影响下，他开始接受和信仰马克思主义，并在五四运动中成为学生领袖。1920年，在张太雷等人的组织下，成立了中国社会主义青年团天津小组。他还创办了研究工人问题、宣传工人运动的刊物《劳报》，创办了中国少年共产国际（后改名为中国社会主义

第四章
秋收起义和广州起义

青年团）。同年秋，张太雷加入了李大钊创立的北京共产党早期组织，并积极开展工人运动和学生运动。1921年1月，他被委派到苏俄工作，任远东书记处中国组的书记，后以中国代表的身份参加了共产国际三大和少年共产国际二大，并在会上做了发言。他还先后担任过维经斯基、马林、达林、鲍罗廷等共产国际代表的翻译和秘书，并以无穷的精力、渊博的知识赢得了各国共产党人对他的尊重，显示了杰出的政治、外交才能，被誉为"真正的国际主义者"。1922年5月5日，张太雷在广州主持召开了中国社会主义青年团第一次代表大会，并当选为团中央执行委员会委员。在负责青年团工作期间，他根据中共的政治路线，将苏联共青团工作的经验和中国青年运动的具体情况相结合，对共青团的纲领、策略和组织工作内容都做了具体安排，为共青团的建设贡献了力量。1925年1月，在中国共产党第四次全国代表大会上，张太雷当选为中央委员。在中共五大上，他同瞿秋白等人一起严肃批评了陈独秀的右倾机会主义错误，并再次当选为中央委员。大革命失败后，张太雷参加了南昌起义，并随起义部队退出南昌，随后参加了八七会议，并当选为中央临时政治局的候补委员。

1927年8月20日，张太雷主持召开中共广东省委会议，传达了八七会议的决定和指示。会议一致接受八七会议的决议案，并详细讨论和制定了广东全省的暴动计划，主要内容是：一是策应南昌暴动军南下，举行武装起义，彻底解除敌人武装，武装工农，建立工农革命军，并使之在共产党的领导之下；二是根本铲除封建统治，建立工农民主政府，没收反革命分子、土豪劣绅和大地主的土地和财产，分配给无地的农民和退伍的革命军人；三是各地武装暴动后要联合国民党"左派"并重新组织国民党党部，由共产党员及工农分子占领导地位。省委还决定成立广州、西江、北江暴动委员会，分派人到各地工作。

会议结束后，8月22日，张太雷写信给中共临时中央，报告广东省委贯彻八七会议指示的情况以及省委制定的暴动计划等，请临时中央审批。9月9日，中共临时中央致信南方局并转函广东省委，指出："中央对于你们的暴动计划均大致同意，惟须立即开始，不要等待贺、叶军队到来，技术上并可参照两湖暴动计划，省委名单亦照你们提出的批准。"正式同意了广东省委拟定的在广州暴动的计划。21日,中共广东省委向全省各地发出《通告第九号——目前暴动策略应注意的十件事》,提出了暴动的策略,要求全省各地迅速举行武装暴动,配合叶挺、贺龙的部队南进广东。

10月初,南昌起义军在潮汕失败。12日,中共临时中央致信南方局和广东省委,要求做好叶挺、贺龙部队失败后的善后工作,并决定"广州暴动的计划应即停止",改为集中力量组织和发动工人运动。15日,南方局及广东省委联席会议在香港召开。张太雷主持会议,在会上作了《"八一"事件之经过、失败原因及其出路》的报告,并指出"各地仍积极准备,一有机会就发动起义"。会议通过了组织问题、宣传问题、工人运动、农民运动等方面的决议,确定了南方局和广东省委的名单。会议还通过了《通告第十四号——最近工作纲领》,并根据中共中央的指示和实际情况,确定了南方局、广东省委《目前暴动工作大纲十条》,要求各地做好发动群众的工作,积极开展工农运动,为暴动做充分的准备。

在准备广州暴动的同时,广东各地爆发了20多次具有一定规模和影响的武装暴动,为广州起义奠定了基础,打造了声势。

11月17日,广东的粤桂军阀之间发生混战。张发奎把重兵集结于广州外围,城中兵力空虚,且守备广州的教导团和新编警卫团一部属于掌握在中共手中的武装力量,这就为中共广东省委发动武装暴动提供了一个绝好的机会。同日,中共临时中央政治局常委会讨论通过了《广东工作计划决议案》,要求广东省委利用粤桂战争形势,发动工农兵起义夺取全省政权,建立工农兵代表会议的政府。

11月22日,张太雷从上海回到香港,立即召集中共广东省委接连开了几次会议,研究是否发动起义的问题。25日,中共广东省委发出《通告第二十五号》,要求全省各县农民应趁粤桂军阀之战,起来暴动,推翻军阀统治,建立工农兵政权。与此同时,中共广东省委还针对士兵发表《为反对两广军阀战争告兵士书》,号召士兵们起来"打倒国民党军阀政府!"、"创立工农兵苏维埃的政权!"

11月26日晚,从香港回到广州的张太雷主持召开了由部分省委常委参加的紧急会议,研究广州暴动的准备情况。会议决定发动广州暴动,成

第四章
秋收起义和广州起义

立暴动总指挥部——革命军事委员会,由张太雷任总指挥。28日,张太雷致信广东省委,通告了立即暴动的决心。同一天,广东省委秘密发表了《中国共产党广东省委员会号召暴动宣言》,指出张发奎发动的军事行动并不是反对反革命的革命暴动,仅仅是一派军阀攻击另一派军阀的斗争,号召工人、农民、士兵们起来打倒军阀,"保卫广州"。

11月29日,中共广东省委将常委会议决定组织广州暴动的计划转报了中共临时中央。第二天,在国民党广东省财政厅附近的一处秘密机关内,张太雷主持召开了教导团内党的骨干会议,要大家做好准备,以举行反对张发奎的武装起义。

◎ 张太雷与广州起义

进入12月,有关暴动的各项准备工作开始紧锣密鼓地进行。张太雷秘密布置了各方面的工作,并在广州工人代表会议上做了起义的动员讲话,将暴动的决定传达到基层党组织的负责人那里。

12月1日,中共广东省委发出《省委紧急通告第二号》,指出"省委决定广州须立即准备暴动,以待时机的到来即可爆发,实行夺取政权",要求"现在广州同志应即全体动员,以从事于准备暴动的工作"。4日晚,教导团内的中共秘密党委在黄花岗举行了全体党员大会。张太雷对共产党员军官进行了政治动员。在两个星期的时间内,教导团内的党组织新吸收了120名党员,并规定每个党员至少掌握四五个群众,这样,上级一声令下就有把握带动全团。

12月5日,在收到广东省委11月28日上报的广州暴动计划后,中共临时中央发出回信,表示赞同暴动计划,并提出了暴动时应注意的有关问题。6日,中共广东省委负责人又在西桥附近的秘密机关召开会议,讨论起义后建立的苏维埃政权的人选等问题。

12月7日,在广州市越华路附近一间电影院里,几十名扮相各异的"观众"陆续走进大厅,他们其实都是来参加暴动会议的工农兵代表,包括工人赤卫队、郊区农民和教导团、警卫团的几十名代表。张太雷在会上正式宣布定于12月12日在广州起义，并慷慨激昂地说道："十月革命，首先由彼得格勒的两团士兵同情工人，后来影响了旧俄在前方作战的部队，终于取得革命成功。今天我们起义，也有两团士兵同情我们。如果打响之后，能够影响军阀们在梧州混战的部队，我们也有可能完成革命任务。"这番话道出了广州起义的总体设想，即按照俄国十月革命的模式，依靠两个团士兵和工人的支持，再影响到国民党军士兵，以夺取广东政权。

就在共产党紧锣密鼓地准备暴动之时，张发奎似乎嗅到了一些风声，开始对军内活动有所警惕。上海的汪精卫得知共产党准备广州暴动的消息后，接连三次致电张发奎等人，命令其实施"清共"。张发奎在接到汪精卫的电报后，于12月10日召开军事会议，形成了马上镇压教导团和广州市内共产党的决议。另外，为加强广州市内守备，张发奎、黄琪翔发出密令，要西江前线的第4军火速调兵回广州。

就在同一天，地下党组织设在小直北街大安米店的武器转运站被张发奎部破坏，准备起义的日期也已暴露。叶剑英等人立刻将消息泄露的情况报告了中共广东省委。鉴于事态的严重性，张太雷遂召开了省委紧急会议，研究敌我情况，决定起义提前至12月11日凌晨发动。

2. 夜半枪声连角起

1927年12月10日的广州，表面上一片平静，却孕育着一场即将来临的风暴。晚上11时，接受中共广东省委指示的叶挺，匆忙地由香港赶来广州，担任广州起义军事总指挥。

叶挺到广州后，立即主持召开了暴动总指挥部的参谋团会议，具体布置了暴动的作战行动，明确了工人赤卫队7个联队和1个敢死队的攻打目标。12月11日凌晨，在解决了参谋长朱勉芳，关起了十几名反动军官和几十名军校学生后，第4军教导团紧急集合，召开了暴动誓师大会。

张太雷、叶挺、恽代英、叶剑英等人出席了教导团的誓师大会。张太

第四章
秋收起义和广州起义

雷首先向全团革命官兵做了动员,指出"要打倒国民党,要完全解除敌人在广州的武装,建立苏维埃政府",号召作为暴动主力的教导团,"要勇敢地战斗,完成党交给你们的任务"。恽代英等也做了简短的动员,鼓舞了全团的士气。革命官兵代表郑重宣布:教导团全体官兵一致受中国共产党的领导,坚决参加武装暴动,为推翻国民党反动统治和建立广州工农民主政府而战斗。最后由叶挺宣布了战斗部署。

12月11日凌晨3时30分,寂静的广州城内突然响起了划破夜空的枪声,震惊中外的广州起义爆发了!教导团分三路出发,警卫团也在同一时刻采取了行动,分两路出击,分散在各处集中待命的工人赤卫队也在听闻暴动信号后纷纷出击,黄埔特务营的官兵也举起了暴动的旗帜。

教导团炮兵连第3排负责攻打新编第1师司令部,也就是薛岳的司令部。从时间顺序上看,这一进攻行动打响了广州起义的第一枪。薛岳司令部位于东校场西北三层大楼里,距离教导团驻地跑步只需10分钟。面对这个师司令部里四五百个新兵,教导团的30多个勇士"以一当十",勇猛地冲进酣睡中的司令部,未损失一人就成功拿下了一个师部,俘虏了四五百个士兵。第3排还从司令部的仓库里缴获了3门迫击炮、4挺重机枪和上千支步枪及大量子弹。

与此同时,教导团第2营第4连没费力气就解决了粤桂之战时被解除武装的学兵营。分两路袭击国民党广东省党部(护党委员会)和警察分署的教导团炮兵连第2排,在未开一枪的情况下就了结了战事。

担负急袭沙河、燕塘的国民党军炮兵团这一任务的是教导团

◎ 广州起义

第2营第5连和炮兵连第1排,由团长李云鹏率队。教导团官兵接近炮兵团的营地时,听闻营地里传来紧急集合的哨音,遂以迅雷不及掩耳之势冲了进去。由于行动迅速,教导团只牺牲了一个连长和一个学员,就结束了

战斗。在清点战利品时，李云鹏发现有山炮 30 余门、野炮 4 门、重迫击炮数门，全是日本造，遂命炮兵连第 1 排押着炮车赶往市区支援。

教导团第 2 营第 6 连和工人赤卫队第 2 连部分队员负责攻打广九车站。由于驻守车站的保安队仗着武器精良进行顽抗，教导团第 6 连在兵力、火力上均不占优势，因此久攻不下，不得不派人向团部要求炮火支援。这时，教导团炮兵连第 1 排正押着缴获来的炮车往城里赶，便从中拨出一门前去支援。在接连三炮命中车站的情况下，驻守车站的敌军纷纷逃往石龙方向。教导团第 6 连乘势发起冲锋，占领了车站。

攻打观音山的是警卫团一部和教导团第 3 营。警卫团中参加起义的官兵，在团长梁秉枢的带领下，迅速地冲到观音山，解除了第 1 营的武装。这时，教导团第 3 营的队伍也开到了观音山，会同警卫团的起义官兵，于 11 日早上占领了这个全城的制高点。

教导团工兵连在几乎未遇什么抵抗的情况下就占领了国民党的党政机关。国民党省党部、省政府、市政府、财政厅等机关都未经战斗就被起义队伍占领。教导团工兵连的同志们还在省财政厅里缴获了新买来的 100 多支德国造的驳壳枪，被运回指挥部后，分发给了排以上的干部。

作为广东国民党当局重要据点的公安局，是广州起义的头号攻击目标。根据起义指挥部的预定计划，除了以教导团第 1 营担任主攻外，工人赤卫队的第 1 联队和敢死队也配合向这里进攻。

凌晨 4 时，教导团第 1 营的部队向公安局进发。在他们到达公安局门前时，工人赤卫队第 1 联队的 600 余人已将这个大院包围起来。他们只有几条枪，绝大多数的人都拿着刀、棍、铁尺一类简陋的武器，不过每个人脖子上的红领带显示出他们火热的战斗激情。

公安局内的反动警察发现起义军来攻后，来不及很好地组织火力，只是盲目地在黑暗中打枪。由于工人赤卫队组织的敢死队事先已侦察好公安局的街道地形，预定了袭击方案，几十名勇士绕道相邻的房屋，翻过围墙进入大院，将手榴弹从窗口投了进去，公安局大楼两侧敌人的惨叫声此起彼伏。在工人赤卫队同志的带领下，教导团的机枪手登上公安局对面的汉记鞋店三楼，在那里的窗口架好重机枪，并在赤卫队长冯赞指点下封锁公

第四章
秋收起义和广州起义

安局二三楼的各窗口,将敌人正面的火力给压了下去。随后,起义军队伍呐喊着冲进院内,同爬墙进入的工人赤卫队会合,一起杀进公安局大楼。混乱之中,公安局内的警察们有的举手投降,有的到处乱窜,少数趁乱得以逃脱。在组织封锁不是很严密的情况下,之前严厉镇压共产党的公安局局长朱晖日得以跳墙逃走。

起义队伍冲进公安局大楼,直奔拘押革命者的监狱。大批革命同志被放了出来,其中还有百余名"四一五"反革命政变时被捕的黄埔学生。不到半个小时,在付出很少伤亡的情况下,战斗就取得了胜利,红旗插上了公安局大楼。

天还没有亮,叶挺就赶到了这座大楼。教导团第1营营长叶镛要战士打扫出二楼的办公室,并向大家宣布:"从现在起,这里就是红军总司令部,叶挺同志就是我们红军的总司令!"

"红军"这一词汇第一次出现在中国军队的称号中。这对于当时那些"以俄为师"的革命者来说,本身就是一种极大的鼓舞!

经过一夜的战斗,广州市内除了国民党军第4军军部、军械库和第12师后方办事处等几个难啃的据点外,国民党军的大部都被歼灭。大半个城市的公安分局和警察署也已被系着红领带的工人赤卫队攻占。

◎ 广州苏维埃政府所在地

天亮后,原公安局大楼的铁门上,原有的青天白日的徽记被砸掉,上面挂起了一条红色横幅,上书"中华广州苏维埃政府"。继11月建立的海陆丰苏维埃政府后,这是中国第二个以"苏维埃"命名的革命政权,又是第一个城市苏维埃政权。

原公安局大楼里的办公室被重新安排,二三十张办公桌被拼起来组成一张大会议台,事先准备好的马克思、列宁的画像也被庄重地悬挂在会议室里。

上午6时，广州苏维埃政府召开第一次会议，到会的有30人左右。张太雷全身军装地坐在当中主持会议。叶挺、周文雍、杨殷、恽代英、陈郁等人以及暴动前秘密选出的工农兵代表出席了会议。张太雷在会上分析了国内外的形势，肯定了广州暴动胜利的伟大意义，并逐条宣读了起义的政纲，获得与会者的一致通过。随后，叶挺报告军事情况，杨殷报告肃反情况，周文雍报告工人赤卫队的组织和战斗情况。代表们对这些报告分别进行了讨论，并做出了决议，由大会通过。会议通过了3项主要决议：第一，宣布广州苏维埃政府成立，发表告世界人民书；第二，发动群众拥护苏维埃政权，定于11日中午在第一公园前召开群众大会；第三，迅速打通联系海陆丰的道路，与海陆丰苏维埃政权取得联系。

会议决定,广州苏维埃政府设主席和内务、肃反、军事、劳动、土地、教育、外交、经济、司法等委员会。恽代英按照事先拟好的名单，宣布了广州苏维埃政府的组成人选。主席由中共临时中央政治局委员、省港大罢工领导人苏兆征担任。因苏兆征当时在湖北工作，未能到职，遂由张太雷代理主席，并兼任人民海陆军委员；恽代英任政府秘书长；叶挺任工农红军总司令；黄平任人民内务委员，兼任人民外交委员；杨殷任人民肃清反革命委员；周文雍任人民劳动委员；彭湃任人民土地委员，因他当时尚在海丰、陆丰担任海陆丰苏维埃主席，遂由赵自选代理；陈郁担任人民司法委员；何来担任人民经济委员；徐光英担任工农红军总参谋长。

会议还发布了《中国共产党广东省委告工人农民书》、《广州苏维埃宣言》、《广州苏维埃政府告民众宣言》等一系列文件和宣言，并先后颁布了一些命令。通过这些宣言和命令，广州苏维埃政府公布了自己的内外政策，提出一切政权属于工人、农民和士兵，打倒帝国主义、打倒军阀、镇压地主豪绅，保证劳动农民之集会、结社、言论、出版和罢工的绝对自由，确定了建立工农革命军和实施土地革命的政策。从此之后，广州苏维埃便从无产阶级起义的最高机关变成革命政权的最高机关。这是全中国乃至全亚洲用被剥削者的政权代替剥削者的政权的第一次伟大尝试。

广州苏维埃政府成立后，继续发动群众，积极开展各项工作。其中的一项主要任务是根据海陆丰的经验，建立正式的革命军队，把工人赤卫队、

第四章
秋收起义和广州起义

国民党军队中起义兵士、释放出来的政治犯以及志愿投军的工人和农民组成工农革命军。在工农革命军中,工人和农民占了一半以上,能够使用枪械的普通工人占了连长、排长和营长的大多数,志愿兵制度代替了反动的雇佣军队方法,用集体供给的方法满足军队的一切需要。这些任务对于广州苏维埃政府的巩固是非常重要的,也是中国共产党创建人民军队的重要开端之一。

3. 悲歌响起

广州城内的战斗仍在继续着,新生的广州苏维埃政权面临着严峻的考验。

按照预定的作战计划,负责进攻长堤第4军军部的是警卫团第3营的一个连。由于时间未协调好,城内枪声响起时,警卫团刚刚从营地出发。设在长堤肇庆会馆内的第4军军部守军在听到枪声后,立即紧急集合,在楼上和阳台上架上了重机枪,马路上也设置了路障。警卫团的官兵刚赶到第4军军部,即遭遇了国民党守军猛烈的火力,双方一时形成对峙。随后,教导团第3营的部队也来到长提攻打第4军军部,但由于国民党军占据高位,且火力又强,起义部队仍久攻不下。

由于攻打第4军军部受挫,广州起义面临的形势很不利。1927年12月11日晚间6时以后,张太雷召集周文雍、黄平、叶挺以及共产国际代表纽曼等人在原公安局的办公室开会,提出了第二天的行动方案,决定还是继续攻打长堤的第4军军部、中央银行等几个据点,同时决定第二天召开群众大会,宣传苏维埃的纲领。会上,共产国际代表纽曼坚决要求采取进攻行动,叶挺神情严肃,一言不发。会后,他心情沉重,左思右想,愈发感到纽曼的进攻主张并不正确。于是,他找到张太雷,说明事关重大,应该再开会研究一下。最后张太雷勉强答应了叶挺的要求。

此时的起义总指挥部里非常忙乱,过了很久,才把刚散开的起义领导人们又召集到一起。这时已经是午夜12时了。到了12月12日,领导起义的主要成员们总算又聚在一起开会了。

这实际上是决定广州起义命运的一次会议。会议由张太雷主持，他首先讲了一下形势。从张太雷介绍形势的话语中可以看出，他显得有些矛盾。一方面，他笼统地承认敌人的力量很强大，在广州市内再打下去有困难；另一方面，他又想继续坚持战斗下去，并认为还有力量可以动员，还有胜利的希望。

接着，由叶挺发言。他讲话干净利落，没有那些宣传鼓动式的口号，只是以一个军事指挥员的语气冷静地分析了形势："从军事上看，张发奎手下的部队在广州附近有5个师，现在他们与李济深、黄绍竑的部队只是对峙，并没有交火，随时可以调过来。珠江南岸李福林的第5军虽说是一支土匪军，可是看到形势对他们有利，也会打过江来的。昨天起义进展顺利，是因为张发奎他们没有防备，现在他们已经在调兵，而且近在咫尺，一旦组织起来向我反扑，形势是很不利的。薛岳的1个师已经在市区周围，其他的部队在12日、13日两天也都会陆续到达。我们能靠得住的部队只有教导团和警卫团的1个营，怎么能顶得住？"

叶挺说完后，大家都默不作声，只有张太雷低声将叶挺的发言翻译成俄语给纽曼听。这时，叶剑英和聂荣臻发言赞同叶挺的意见，认为应撤离广州，避开敌人的锋芒，转到乡下，保存实力。

纽曼听后神情激动，坚持在革命关头不能退却。纽曼的发言给会议的决定定了调，叶挺不再讲话，其他人也都不便再直接提出撤退的意见。经过反复争论，会议最后决定以教导团为基础，迅速扩建军队，把工人赤卫队和教导团编成3个师；打通与海陆丰的联络道路，组织农民队伍前来增援，打击敌人援兵；对尚未攻下的残余据点，采取军事打击与政治攻势相结合的办法，迅速予以解决；等等。

这次会上，叶挺关于撤退的正确主张未被采纳，共产国际代表不切实际地主张"进攻，进攻，再进攻"，使得起义军民很快就失去了主动向农村转移的时机，这就注定了广州起义走向失败的结局。

12日天亮后，起义军再次对第4军军部发起进攻。在叶剑英副总指挥的带领下，教导团炮兵连加强了火力，在伤亡极其惨重的情况下，终于攻

第四章
秋收起义和广州起义

下了第4军军部的大楼和相隔不远的中央银行。长堤的战斗虽然告一段落，但险情并未得到缓解。在起义军集中精力于此的时候，其他地方的局势严重恶化。珠江对面的李福林部正伺机而动，机器工会的反动武装开始分小股渡江，邻近沙基租界的西堤地段也爆发了激烈战斗。

临近中午时分，回援广州的国民党军队已经从四面接近。新编第2师第3团莫雄部从城北向观音山展开进攻；通过粤汉铁路到达城北西村车站的第5军第16师兵分两路，一个团由陆满率领进攻观音山，另一个团逼向城西的黄沙车站；石龙方向李汉魂的第25师和黄埔附近的教导第2师也开始进逼城东南；珠江南岸的李福林部在向北岸射击的同时，还伺机渡江作战。

起义军遭遇到来自其他方向的国民党军队的猛烈进攻，虽顽强抗击，但终因寡不敌众，在兵力不济的情况下，部分阵地被国民党军队占领。在珠江南岸李福林部的掩护下，机器工会的反动武装也偷偷渡江，潜入广州市区活动，给起义军造成了不小的麻烦。随后不久，广州起义的最高领导人张太雷就遭到了这些人的毒手。

12日下午2时，庆祝广州苏维埃政府成立的群众大会在广州市中心的西瓜园召开。周文雍宣布开会后，张太雷逐条向与会者宣布苏维埃政权的政纲和口号，得到大家的热烈拥护。会议结束后，张太雷乘车返回军事总指挥部。汽车行驶至惠爱西路时，街道前面突然蹿出一群身着便装却手持长、短枪的人。这些人看见汽车上的红旗，马上举枪射击。后经证实，这些人正是广州机器工会的反动分子。在毫无防备的情况下，张太雷身中三弹，倒在车内，时年29岁。

广州起义的最高领导人、三人领导成员中的核心人物张太雷，就这样殉难于广州街头，成为中国共产党历史上第一个牺牲于战斗第一线的中央委员和政治局委员。他的英勇壮烈受到中国和国际上革命者的称颂。张太雷的牺牲对于广州起义来说是一个重大的损失。从起义开始筹划之时，张太雷就一直是主要的负责人，全盘调度和指挥着参加起义的军队、工人赤卫队、农军以及广州市内的干部。他的死，使整个广州起义顿失中心，随后广州市内的革命力量就陷入群龙无首的混乱状态。

就在张太雷牺牲的1927年12月12日下午，国民党军队的援兵纷纷回到广州，各处的情况吃紧起来，起义军民已经处于国民党军的四面包围之中。

12日傍晚，叶挺和聂荣臻登上原国民党广东省财政厅的天台，观察各处的战斗情况。只见起义军在各个阵地全面吃紧，形势的恶化一目了然。两人研究后认为，再坚持下去只是无谓的牺牲，应该在国民党军尚未对其形成完全包围的情况下，迅速将部队撤出广州，转向农村。由于形势混乱，通信系统完全瘫痪，撤退的消息并未能通知到每支起义队伍那里。

12日夜间，在得到撤退的命令后，教导团的大部分和警卫团、工人赤卫队的一部分，开始向广州的东北方向突围，撤到沙河一带后，又连夜向花县前进。未得到撤退命令的起义队伍，包括大部分赤卫队队员，一直顽强地抗击着大批回援的国民党军队，在起义的第三天遭受重大牺牲。

1927年12月13日的到来，掀开了广州起义史上最为悲壮的一页。

观音山阵地上，未得到撤退命令的赤卫队第2联队在队长沈青的带领下，与国民党军展开了肉搏，大都把鲜血洒在了观音山。天亮后，观音山失守。国民党军从这里直扑广州苏维埃政府所在地，也就是原来的公安局。在楼内避难的群众当即惨遭杀害。

当天早晨，由铁路工人赤卫队守卫的城西黄沙车站被国民党军第5军的一个团占领。铁路工人赤卫队大队长李连和大多数队员在战斗中牺牲，余下30多人在肉搏战中被俘。

黄沙车站被占领后，城西的第5军大批进入市区，从后面包围了在长堤一带作战的赤卫队和教导团的一个女兵班。因未接到撤退通知，女兵班在班长游曦的带领下，坚守在珠江边天字码头附近的街垒里。女兵们顽强抵抗的精神鼓舞着赤卫队的队员们，他们在近乎绝境的情况下仍坚持战斗了好几个小时。最后，除了被派回总指挥部联系的一个女兵，其他人全部壮烈牺牲。

城东红花岗的上百名赤卫队队员与兵力数倍于自身的国民党军展开了一场恶战。在支持不住的情况下，赤卫队向东皋一带边打边撤。午后时分，这支队伍被打散，大部分队员牺牲，只有少数人逃了出来。

这时，广州城内的枪声并未停息，战斗开始转变为屠杀。中共中央机

第四章
秋收起义和广州起义

关刊物《布尔塞维克》曾登载过一篇题为《悼广州死难的五千七百工农兵士》的文章，里面写道："广州伟大的暴动，几万工农兵士群众参加的暴动，曾经创造中国第一次的苏维埃政府——工农兵代表会的政府。反革命的国民党军阀李福林等，得着帝国主义的帮助，侥幸战胜广州的苏维埃政府；这些军阀，李福林、张发奎、黄琪翔、朱晖日等，为保持帝国主义豪绅资产阶级的剥削起见，竟大施屠杀，在12月14日至19日五六天之中，杀死了5700多人。"国民党军的如此恶行怎能不让人悲愤至极！

13日晚，从广州撤出的教导团和警卫团一部从沙河向花县转移，随后，黄埔军校特务营的余部和部分工人赤卫队也赶上了队伍。在行军途中，这支队伍击溃了反共民团的袭击，占领了花县县城。16日，队伍中的党组织在花县县立第一小学召开了会议，

◎ 广州起义失败后的中共烈士遗体

讨论了整编队伍和今后行动的问题。在给部队起名时，会议决定继续沿用广州起义已经打出的红军的旗帜，想到北江有朱德领导的一支南昌起义的队伍，应算是第1师；海陆丰有董朗领导的南昌起义部队余部，已打出红2师旗号；海南岛上还有一支暴动武装，应是红3师，最后决定将从广州撤出的1200余人和花县农民武装的一些骨干共1400余人整编为中国工农革命军第4师，即红4师，下辖第10团、第11团、第12团三个团。第10团主要是由新参军的工人和农民组成。中共广东省委曾决定让叶剑英和恽代英去当合编后的师长和党代表，但由于国民党军的严密封锁，交通被阻断，叶剑英没有去成。17日，红4师举行了领导干部选举大会。经过投票，黄埔军校第四期毕业的原教导团第1营营长叶镛当选为师长，同是黄埔军校第四期毕业的袁裕（国平）和王侃予分别当选为党代表和政治部主任。

红4师成立后，原来准备去北江找朱德、陈毅的部队，因一时没有联络上，而且估计追击的国民党军即将赶到，于是决定改变原来的计划，将队伍开往海陆丰，与红2师和彭湃的农军会合。12月中旬，红4师离开花

县县城向海陆丰进发，经从化、良口、龙门、杭子坦，绕道蓝口，渡过东江，攻占紫金县城，中途打退了反动民团和国民党军的袭击，终于在龙窝与海丰的农民赤卫军会合。1928年元旦，红4师浩浩荡荡地开进了海丰县城，随后就与董朗率领的红2师会师。会师以后，红4师和红2师并肩作战，同东江地区的人民群众一起，为创建东江革命根据地进行了艰苦卓绝的斗争。

从广州撤出的起义队伍中的另一部分，总共200余人，在突破了国民党军的包围之后，在韶关附近同朱德、陈毅率领的南昌起义部队会合，开始了在粤湘赣边艰苦转战的历程，不久之后就上了井冈山。

有一部分参加广州起义的共产党员、工人、学生没有随着起义队伍撤往花县，而是撤到了广西，在中共广西自治区委的组织和领导下，开展群众运动和游击战争。随后，在邓小平领导的百色起义中，这部分人组成了起义的一支重要力量。

此外，还有一些分散撤退的起义人员，有的到达了中央革命根据地，也有的到达了琼崖、鄂豫皖等革命根据地，一面参与革命根据地的各方面建设，一面继续参加武装斗争。

起义军民奋战三天三夜的广州起义激越而又悲壮地落幕了。它沉重地打击了国民党反动派的统治，是在城市建立革命政权的一次大胆尝试。虽然遭遇了失败，但起义军民勇敢战斗、坚持到底的牺牲精神，给了中国人民以精神上的巨大鼓舞。广州苏维埃政权虽然只维持了三天，但它已经表现出工农群众的巨大力量。它所颁布的政纲体现了广大工农群众的迫切要求，得到了他们的一致拥护，是成长中的中国共产党对中国革命道路的又一次艰难探索。董必武曾于1957年12月8日写诗纪念广州起义30周年，诗曰：

广州起义继南昌，旗帜鲜明见主张。

只有人民救中国，更无道路是康庄。

将成即毁原尝试，虽败犹荣应赞扬。

岗上红花开满地，卅年前事永难忘。

广州起义也给我们留下了许多经验教训。叶剑英曾对此总结道："其中主要的一条是：无产阶级必须同农民建立巩固的联盟，才能赢得革命的胜利。……我们当时的头脑，还被城市根据地的思想所束缚，对农民的力量还缺乏正确的认识。……如果我们当时不留恋城市，在起义之后主动地迅速向农村转移，与当时正蓬勃发展着的海陆丰农民运动相结合，建立农村根据地，开展以土地革命为中心内容的游击战争，那么，起义将会取得更大的胜利。"广州起义的失败再一次证明首先夺取中心城市来发展革命是不可能的。

4. 刑场上的婚礼

广州起义中涌现了许多可歌可泣的英雄人物，正是这些人的鲜血抒写了这段历史的悲壮和传奇，留给了我们无法忘怀的记忆。殉难的烈士中除了最高指挥者张太雷外，还有喀西士等五名苏联人，以及成百上千的工农群众。其中，周文雍和陈铁军在起义失败后英勇牺牲的壮举，给这段悲壮的历史增添了一抹特别的革命浪漫色彩。

周文雍出生于广东开平一个穷困的家庭，由于家境贫寒，他在亲友的资助下，于1922年考入广州省立甲种工业学校机械科。上学期间，他读了一些革命书籍、中共中央机关刊物《向导》和一部分马列主义著作，接触到了革命理论，于1923年加入了中国社会主义青年团，随后又成为团支部书记和学校的学生会主席。周文雍在学生运动中表现突出，赢得了许多进步青年的钦佩，成为广州重要的学生领袖。成为学生领袖后，他利用休息和课外时间积极参加工人运动，遭到校方开除。中共广东区委知道后，对周文雍的行动予以鼓励，并将他转为中共党员，同时安排他到新学生社工作，还让他担任区委的工委委员。从此，有着学运和工运两方面工作经验的周文雍成为一个完全脱产的职业革命家。1926年夏天，他担任共青团广州地委书记，成为广州青年工作的总负责人。广州"四一五"反革命政变后，组织遭到严重破坏，由广东区委改称的广东省委考虑到周文雍的安全，决定将在香港坐机关的女同志陈铁军调回广州，以假妻子的身份协助他工作。

与周文雍来自城外农村不同，陈铁军是佛山市内归侨富商的大小姐，此时23岁。名义上已嫁过人的陈铁军比周文雍还大一岁，他们虽彼此认识，却没有什么交往。陈铁军出身大富之家，但却是一个自动抛弃优裕家庭的旧世界的叛逆者。受到新思想的影响，她在广州读完初中后，就考上广东大学文科的预科，并在校内积极参加学生运动。1926年，陈铁军加入中国共产党，随后就担任了中共两广区委的妇委委员，在邓颖超领导下开展妇女工作。由于形势发生变化，陈铁军被派到香港坐机关，后回到广州与周文雍假冒夫妇。在假冒家庭的秘密机关内，因革命需要而被安排在一起的周文雍和陈铁军，一直保持着纯洁的同志关系。然而在共同工作中，两人被各自身上所具有的独特气质吸引，感情日益增进，在内心中都把对方视为自己的爱人，只是没有说破。

　　广州起义时，周文雍是中国共产党三人领导小组的成员之一，也是工人赤卫队的总指挥，为组织和领导起义日夜奔波操劳。1927年12月12日下午，广州起义面临的形势非常危急，周文雍参加完西瓜园召开的群众大会后，就回到设在原国民党广东省政府的赤卫队总部。傍晚，总部突然遭到一股国民党军的袭击，周文雍急忙离开那里去调援兵。等他带着调来的少数赤卫队员赶回总部时，国民党军已被打退。紧接着，周文雍又前往战况紧急的阵地巡视，发现西关正面临着大批国民党军的进攻，就留下来组织队伍进行反击。他率领赤卫队一直战斗到天黑，这时，突然发现同友邻单位已经失去了联系。

　　夜深后，周文雍赶到设在原公安局的广州苏维埃政府，此时却收到黄平的通知说已经撤退，并要他通知赤卫队撤退，他本人则要快些转入地下隐蔽。这时的通信网络已经被破坏殆尽，身为赤卫队总指挥的周文雍不愿丢下队伍自己隐蔽。在无法找到其他单位的情况下，他只好率领西关的这支赤卫队向城东郊突围。经过12月13日一天的突围战斗，周文雍率领队伍冲出了城外，但他身边已没剩下多少人了。

　　出于应向省委做出交代的考虑，周文雍到达东江边后，决定化装前往香港，以找到省委的秘密机关。到香港后，周文雍受命担负了接待安置工作。那时的港英当局对来港的中国人管理并不是很严格，但因答应了广州国民

第四章

秋收起义和广州起义

党当局的要求,允许他们派人来港会同当地警察缉拿"暴动要犯",以引渡回内地。在这种情况下,由周文雍这样一个长期在广州抛头露面且还是广州起义的三人领导小组成员之一的人,来负责迎接和安置来港同志的工作,是一件很危险的事情,很容易被叛徒辨认而遭到逮捕。然而,周文雍却没有顾虑这些,每天奔走,恰好又遇到了从广州撤到香港的陈铁军。

周文雍和陈铁军是在12月12日一早分的手。当时,在长堤一带驻防的警卫团第3营营长施恕之急需一位懂广州话的人来给他做翻译,一方面要与工人赤卫队协商,另一方面还要对新补入该营的多数省港罢工工人下命令。于是,他跑到苏维埃政府找周文雍,周文雍看着在自己身旁帮忙整理文件和处理各种事务的陈铁军,想到能马上派出的人就只有她了。陈铁军二话没说,跟着施恕之来到长堤阵地。由于周文雍在工人中有很高的威信,而陈铁军又经常以"周太太"的身份对外参加活动,因此,陈铁军来到长堤阵地后,受到许多工人和省港罢工工人出身的警卫团战士的热烈欢迎。随后,这位"女翻译"陪同施恕之在东堤和大沙头阵地上往来奔走,负责用粤语传达命令。傍晚时候,东堤一带的防线被突破,防守的警卫团战士一部分牺牲,一部分失散。此时没有了翻译任务的陈铁军跑回苏维埃政府去找周文雍,但没有找到。在一片混乱之中,陈铁军只好回到起义前的秘密住所,见到刚从救护队中回来的妹妹陈铁儿。随后,姐妹俩接到"马上撤退"的秘密通知。待外面的乱捕乱杀稍稍缓和一点后,两人才化装离开广州前往香港,在那里正好遇到了负责接待安置工作的周文雍。

广州起义失败后,从上海赶往香港的李立三接管了广东省委的工作。对于起义失败的原因,李立三未归咎于客观形势,只是一味地追究原中共广东省委领导人的责任,动辄予以惩办。作为起义重要负责人的周文雍也受到了严厉的处分。1928年1月1日至5日广东省委通过的《对于广州暴动决议案》中,对周文雍的处分决定是:"周文雍同志系最高指导机关负责同志之一,指导机关所犯的错误,应连带负责,同时系赤卫队总指挥,关于赤卫队一切错误更负重大责任,所以周文雍同志应予开除常委委员、广州市委委员,调做下层工作,并决定开除省委委员,请中央批准。"

随后,李立三认为应立即派周文雍回广州重新工作,以洗刷原来的错误。

对此，当时负责中共广东省委军委工作的聂荣臻很是不以为然，马上与李立三争辩道："现在敌人杀红了眼，到处搜查我们的同志。广州的党组织损失严重，需要派人去整理恢复和了解情况，不过要去，也要派那些不出头露面、不引人注目的同志去。周文雍在广州可以说是红得发紫的人物，派他去显然是不合适的，等于是往虎口送肉。"然而，李立三并未听从这一意见。

对于省委的安排，周文雍本人当即表示完全接受，也未计较自己所受的处分。因为，在他看来，此时不应该考虑个人的危险和恩怨委屈，当前最重要的是尽快恢复广州的工作，以完成起义时未竟的事业。陈铁军在得知这一安排后，立即与周文雍约定好联络方法，随后便与妹妹陈铁儿先行从香港返回广州。

1928年1月上旬，陈铁军姐妹乘船回到广州。她们打扮成富裕的归侨模样，顺利地通过了检查，在市内拱日路租下了一栋洋房的一层住下。过了几天，一个打扮成"金山阔少"的男人也到达了这栋房子，同"金山少奶"会齐，这人正是从香港回来的周文雍。

周文雍、陈铁军怀抱着一腔革命热忱，按照中共广东省委的指示，积极组织群众积蓄力量，准备再次暴动。为了动员群众，周文雍决定在春节期间发动一次政治攻势，称为"春季骚动"。所谓"骚动"，就是乘着过旧历年时人群拥挤，在繁华的街道两旁散发和张贴传单，说明革命没有完结，要广州人民团结在共产党周围继续战斗，以推翻国民党新军阀的统治。

在筹备这次行动期间，陈铁军返回了佛山一次，从她哥嫂那里要了200元钱。不料，在她回到广州的第三天，也就是1月27日，由于叛徒告密，周文雍、陈铁军两人在拱日路的住所遭到警察的搜查，两人双双落入虎口。

由于周文雍在广州起义时亲自率队攻打过公安局，曾经爬墙而逃的公安局局长朱晖日提出要亲自出面审讯，以获取广州市内共产党的组织机密。刚开始，朱晖日还装出一脸笑容，对周文雍狡黠地声称："按你指挥暴动的罪论处，枪毙十次都够了。不过只要你把知道的共产党组织关系都交出来，不但可以免去一死，政府还可以量才录用。"

面对利诱，周文雍毫不动摇。朱晖日见此情景，马上凶相毕露，下令施刑。在经受了"放飞机"、"坐老虎凳"、"插指心"等一系列酷刑折磨后，周文

第四章
秋收起义和广州起义

雍几度昏厥，但仍坚不吐实。随后，他又被架到桌子前写"自首书"，然而纸上的落笔之言全是谴责国民党反动派并表示坚定革命信念的话。朱晖日在气恼之下只好让人把周文雍架回牢房。

回到牢房后，周文雍知道自己的生命不长了，就用手指上被钉竹签后流出的鲜血，在牢房的墙壁上写下了一首诗：

头可断，肢可折，

革命精神不可灭。

壮士头颅为党落，

好汉身躯为群裂。

这首诗表达了周文雍坚贞不屈的革命精神，成为一首传之于后世、被录入《革命烈士诗抄》的不朽诗篇。

被关押在女牢的陈铁军同她"丈夫"一样，在受审时面对威逼利诱毫不动摇，表现出了十分坚定的革命信念。鉴于两人坚强不屈的态度，国民党当局决定公开审判和处决周文雍、陈铁军这一对革命者。

在法庭上，法官装模作样地宣读了周文雍"组织暴动，焚烧广州"的"罪状"。在宣读完死刑判决书后，法官问周文雍还有什么最后的要求，他想了一下，然后毅然地回答道："我别的什么都不需要，只要求和陈铁军同志一起照张相。"这是周文雍一直以来的心愿。在他和陈铁军扮成假夫妻后，两人逐渐萌生了爱情，曾想着照一张"夫妻合影"来对外掩护，但因工作忙一直未能去照。如今到了为革命献身的时候，也应该将埋藏在心底的爱情公布于世。在得知周文雍的要求后，陈铁军非常高兴，因为这也是她久存于心的想法。

在那张留存于世的合影上，这对"共产夫妻"昂然并肩站立。周文雍表情严肃，大义凛然，只是由于遭受酷刑，手势有些不正常。站在他旁边的陈铁军则披着当时妇女流行的那种长四五尺的宽围巾，安详地把头侧向自己的"丈夫"。许多看到这张照片的同志都为之深深感动。周恩来在新中国成立后的一次讲话中，曾带着怀念之情谈起此事，说这张照片表明了"他们最纯真最高尚的爱情"。

1928年2月6日下午，广州起义结束的一个半月后，广州市区东面的红花岗上演了周文雍、陈铁军"最纯真最高尚的爱情"最动人的一幕。

在被押往刑场的路上,这对革命夫妻神态自若,毫无惧色,高呼"打倒国民党"、"中国共产党万岁"的口号。此时,周围涌来大批围观的老百姓,陈铁军大声向人们呼喊道:"我和周文雍同志假扮夫妻,共同工作了几个月,合作得很好,也建立了深厚的感情。但是由于专心于工作,我们没有时间谈个人的感情。现在,我们要结婚了。就让国民党刽子手的枪声,作为我们结婚的礼炮吧!"

这时的周文雍年仅23岁,陈铁军24岁。这一刑场上的婚礼,抒写了广州起义的壮烈,也就此成为中国革命史上悲壮动人却又充满浪漫情怀的篇章。

◎ 周文雍、陈铁军在狱中的合影

第五章
井冈山道路通天下

一、退向井冈山

秋收起义的迅速挫败使得会攻长沙的计划无法执行。起义队伍在文家市集结后召开会议，毛泽东扎根农村的想法得到大家的认同，于是决定军队南下。南下的艰苦使得起义军面临生死考验，毛泽东在三湾开始了对军队的改编，这次改编为建设新型的人民军队奠定了良好的基础，是新型人民军队建设的开端，在中国人民解放军建设史上具有重大的意义。古城会议的召开使得安家在井冈山的决定得到认可，中国共产党的革命策略真正开始改变了。

1. 文家市决策南下

秋收起义刚刚打响，紧接着就归于沉寂。三支队伍先后遭到挫败，会攻长沙的计划已无法执行。为了顺应形势的发展以保存实力，1927年9月17日，正在撤退途中的毛泽东以前敌委员会书记的名义，命令各路起义队伍火速赶到文家市集结。与此同时，毛泽东还派人送信到长沙，建议湖南省委立即停止无胜利把握的省城暴动。

9月19日，毛泽东率领第3团到达文家市。第1团接到前委命令后，也由胆坑、石桥、排埠到文家市与第3团会合。安源的第2团因在浏阳被打散，只有第2营营长吴杰带了50余人，第6连连长熊坤带了六七个人，到了文家市。原先5000人的队伍，现在会合后只剩下了1500余人。1团兵力最多，建制基本完整，这时还有1000人；2团主力已经不存在，只剩

第五章
井冈山道路通天下

下120人；3团建制虽在，却只剩400人。此时，仅剩的这些队伍会合在一起，大家的情绪是激动的，但值此危难之际，激动中又夹杂着凄楚。

文家市乃江西万载、宜春、萍乡交界的一个山区小镇，属于偏乡僻壤，距离浏阳城45公里。这里地处边陲，不太引人注目，兵败之际选择此地做集结地是极为合适的。起义部队到达文家市的当天晚上，在文家市里仁学校的一间大教室里，毛泽东主持召开了前敌委员会会议，师、团主要负责人都参加了。

◎ 秋收起义文家市会师旧址

会议开始后，大家首先对当前的革命形势和任务进行了认真讨论，总结了湘赣边界秋收起义后近10天来的路线、军事等工作，从成绩、失误两个方面总结了暴动后的斗争情况。大家认为，一方面，秋收起义有力地打击了国民党新军阀和土豪劣绅的嚣张气焰，发动起广大农民进行斗争，在湘赣边界的广大农村播下了革命的火种，造成了土地革命的声势；另一方面，工农革命军刚刚创建，缺乏战斗经验，一些指战员打了胜仗就骄傲自满，丧失了革命的警惕性，打了败仗就惊慌失措，指挥不力，给了敌人以可乘之机，这些教训是应该记取的。

接着，会议围绕"全军进军的方向"这一中心议题进行了热烈的讨论。

师长余洒度坚决主张继续攻打长沙，他说："暴动以来，部队伤亡很大，但我们还有力量。攻打长沙是中央和省委的命令，我们必须实现这个命令。现在，我们会师了，队伍集中到了一起，下一步即可打下浏阳，直攻长沙！"第3团团长苏先俊附和余洒度的意见，主张"合兵取浏阳、攻长沙"。

总指挥卢德铭则发表了反对意见，他冷静分析道："合兵的力量是大了，但在经历了几次重挫后，我军已成为一支伤残疲惫之师。况且，我们的意图已被敌人知晓。如若继续进攻，我们面对的将会是装备强大，且兵力数倍于我的国民党军，结果必然失败。"副师长余贲民表示同意卢德铭的意见，主张不能再盲打了，要对剩下的士兵负责。

在听了上述两种意见后，毛泽东说："我赞成卢总指挥的意见，他从军事角度讲得很清楚了。之前省委下达攻打长沙的命令，是因为当时长沙城内敌人力量薄弱。但现在，客观情况已经变了，长沙已经集结了大批国民党军，我们的计划也应该跟着变，不能拿鸡蛋往石头上碰啊！我们现在最需要做的就是养精蓄锐，保存实力，以图东山再起。"

毛泽东说得没错。9月14日，第3团在浏阳东门市受挫后，毛泽东就致信中共湖南省委，建议停止长沙暴动。此时，在长沙的中共湖南省委亲眼看到大批国民党军集结省城，加强戒备，又得知湘东的起义部队受挫，实际上在未收到毛泽东的信件之前，已于9月15日发出通知，停止原定9月16日晨在长沙暴动的计划。不过，由于交通受阻，毛泽东他们并未接到这一通知。

毛泽东继续说道："今后的出路在哪里？这需要我们自己去找寻。敌人在农村的控制力量薄弱，这有利于我们去找个落脚点，深深扎下根来，发展壮大我们的队伍。"

这时，毛泽东转身指着地图上的一个地方，胸有成竹地说："我们要在这里扎下根来。这个像眉毛一样的地方是罗霄山脉的中段，最适宜我们落脚。"他希望南下湘南去开辟一个新的局面。

会议一直开到深夜，除余洒度坚持他的主张外，大多数委员都同意毛泽东提出的向萍乡撤退再向湘南转移的决议案。最后，毛泽东宣布："现在前敌委员会已经作出决议：为保存实力，部队明天一早即向萍乡转移，并向湘南方向前进。"工农革命军的下一步目标明确了。

9月20日清晨，工农革命军1500多人集合在里仁学校的操场上，由毛泽东向全师指战员宣布改变行动方向的决定，以振作士气。

这天天气晴朗，初升的太阳照亮了整个文家市，也照耀着齐整的革命军队伍里那一张张年轻的脸庞。许多参加过农民运动的人都听说过毛泽东这个闻名全国的"农运大王"，但还没见过他是什么样子。一听说今天毛委员要来讲话，个个都很兴奋，几千双充满期待的眼睛盯着里仁学校的侧门。

这时，总指挥卢德铭领着几个人从这个门里走了出来。他指着自己旁

第五章
井冈山道路通天下

边一个身穿蓝布长衫，目光炯炯有神的高个子向大家介绍道："这位就是中央特派员毛泽东同志，现在请他给我们讲话！"毛泽东笑着挥了挥手，要大家坐了下来。

毛泽东先讲了一些国内形势，继而说道："要和反动派做斗争，就一定要有枪杆子。过去我们的失败就是吃了没有抓住枪杆子的亏。因此，一定要有革命的武装！这次秋收暴动就是以革命的武装反对反革命的武装。虽然打了几个败仗，但这算不了什么！我们的斗争才刚刚开始，万事开头难，要革命嘛，就不要怕困难！我们有千千万万的工人和农民群众的支持，只要我们团结一致，继续勇敢战斗，胜利一定是属于我们的。当前我们的力量还小，好比是一块儿小石头，蒋介石好比是个大水缸。总有一天，我们这块儿小石头要打破蒋介石那口大水缸。大城市不是我们要去的地方，我们要到敌人统治比较薄弱的农村去，发动农民群众，实行土地革命。"

这些话通俗易懂、深入浅出，深深地打动了广大官兵的心，大大鼓舞了他们因遭受挫折而低落的士气。毛泽东接着说道："秋收起义本来计划打长沙，大家都想攻下长沙，给国民党新军阀一个沉重的打击。可是凭我们现在的力量，长沙是打不下来的。既然这样，那我们就不要去了。我们要到广东、湖南、江西三省交界的地方去，那些边界地方敌人管不着或是无人管，我们来管。我们到那里去，建立根据地，站稳脚跟，养精蓄锐，发展我们的武装力量，和敌人干！你们都还年轻，嘴上还没有长毛哩！我比你们年纪要大，都想要看到中国革命的胜利，何况你们这些年轻人呢？我希望中国革命胜利后，大家都健在，都能看到胜利！"

毛泽东的这番话犹如黑暗中射出的一道亮光，驱走了大家头顶上的阴霾，使那些对"革命该走向何处"感到困惑的人一下子豁然开朗了。多年后，已是解放军高级将领的陈士榘回忆说："毛委员一席话，使我们每个人都充满了革命的信心和勇气，我自己感到浑身都是劲，再苦再累也不怕了。"

9月21日上午，工农革命军休整了两天后，便沿湘赣边界南下，开始了向罗霄山脉中段的伟大进军。他们还不知道，就在前委会做出南下决定的同一天，9月19日，在共产国际顾问马也尔的坚持下，中共临时中央又做出决议,要湖南省委再攻长沙。然而,当此决议被送到湖南时,起义军早已开拔南下,无法执行了。

离开文家市后,考虑到湘军战斗力强、赣军战斗力较弱,毛泽东要求部队沿湘赣边界的江西一侧前进。9月24日,部队到达江西萍乡县的上栗村。师部参谋罗荣桓等人经过多方打听,得知萍乡县城驻有国民党军的重兵,不能通过。于是,前委决定转向东方,从芦溪一带折向往南。

第二天一早,起义军从芦溪向莲花方向前进。第1团的陈浩带领前卫营先行出发,毛泽东随之行动,师部主力随后依次前进,苏先俊继续率领第3团断后。当毛泽东等人率领部队行至山石岩时,突然从后面传来一阵阵的枪声。原来是他们遇到了江西军阀朱培德部的两个团和地主武装保安团的中途截击。

由于未注意侦察和两侧警戒,苏先俊率领的第3团在遇到突袭时就乱了阵脚。混乱之中,随第1团行动的总指挥卢德铭赶了过来。他率领一个营的兵力顽强地抵挡住了敌人的进攻。当后续部队全部转移后,卢德铭才率部从高地撤了下来。就在这时,敌人的一阵乱枪射来,卢德铭被子弹打中,扑通一声倒了下去,没有留下一句遗言,时年只有23岁。

这一仗下来,工农革命军损失了200余人,原本就没剩下多少人的第3团差不多被打光了。总指挥卢德铭的牺牲,对工农革命军更是一个重大损失。听闻这一噩耗,许多官兵都为之哭泣,毛泽东更是悲痛不已。出师以来,卢德铭的年轻干练、指挥若定给他留下了非常深刻的印象。关键时刻,卢德铭又站在他这边,支持他不打长沙的提议。这次痛失股肱,毛泽东怎不伤心难过?毛泽东找到第3团团长苏先俊,愤怒地斥责他侦察不力、指挥错误,难以抑制心中伤痛地朝他喊道:"还我卢德铭!还我总指挥!"

9月25日芦溪一仗,第3团被打掉,总指挥牺牲,部队的士气受到极大的影响,面临着溃散的危险。随后,毛泽东率领剩下来的部队向莲花方向前进。当天下午,部队来到莲花县甘家村。这时,毛泽东从当地党组织负责人那里了解到,前几天莲花县农民自卫军攻城失败,被关押了90多人,而此时驻守莲花县城的国民党军只有一个连和保安队,战斗力不强。为了

第五章

井冈山道路通天下

营救被捕同志，振奋我军士气，毛泽东召开前委会决定攻打莲花县城。

9月26日清晨，部队在当地工农群众的支持和配合下，一举攻克了莲花县城，解救出了被捕的同志。接着，部队又打开粮仓和当铺，把粮食和财物分给广大贫苦群众。这是起义军从文家市南下以来攻下的第一个县城，大大振奋了部队连连受挫的情绪。

这时却发生了一件让毛泽东颇为恼火的事情。自从总指挥卢德铭牺牲后，师长余洒度越来越不尊重他这个前委领导，总是独断专行，不听招呼。部队打下莲花县城当晚，余洒度等人因疏于警惕，使得被抓获的县保安队队长逃走了。毛泽东断定他一定是去离莲花城不远的永新搬救兵了，当即断定莲花城不能驻了，部队当夜撤出。

余洒度却不以为然，对找来的毛泽东说道："跑个俘虏至于这么大惊小怪吗？再说部队还需要休息，要撤也要等明天再撤。"

原本就窝了一肚子火的毛泽东质问他说："永新离这儿没多远，敌人说来就来了。我们这1000多人的生命交到你手上，万一遇到强敌来袭，你准备怎么办？"

余洒度也没好气地回他道："这有什么？不就再打一仗吗？老子用脑壳担保，你若死了，我抵你的命！"

听了他如此轻蔑的话，毛泽东火了，大声说道："你有几个脑壳可以担保？1000多人的生命，你担得起吗？！"

见势不妙的苏先俊赶紧打圆场道："泽东言之有理，我们还是撤吧！"

正如毛泽东所料，第二天一早，从永新出发的国民党军已向莲花城开过来，但这时起义部队早已撤出莲花城，敌军扑了个空。

毛泽东虽然在莲花城与余洒度闹得很不愉快，但在这里也有一个大的收获，那就是遇到了江西省委派来送信的宋任穷。毛泽东从宋任穷带来的信件中得知，在罗霄山脉中段的宁冈还有一支共产党领导的武装，有几十条枪。早在9月初安源张家湾会议上，毛泽东就听王兴亚介绍过井冈山上王佐、袁文才两支队伍的情况，现在又得到了证实，这更使他确信了在罗霄山脉中段落脚的想法。

离开莲花县城后，部队继续向南行进。

2. 三湾改编——一支新型人民军队的诞生

起义军从文家市南下以后，一路上艰苦战斗，指挥员牺牲，伤员增加，长时间连续行军，艰难跋涉，有些人因吃不了这种苦而在半路开了小差，由于自然环境恶劣，队伍中疟疾流行，病员增多，少数人因缺医少药而死在了路上。部队中也有一些人，特别是旧军官出身的人，抱着当官拿薪水的雇佣观念而来，在战斗失利和环境艰苦时就出现悲观动摇的现象。有些军官还存在随意打骂、侮辱士兵的军阀主义恶劣作风，严重影响了官兵的团结。部队的组织结构没有随着人员枪支结构的变化而改变，出现了官多兵少、枪多人少的情况，不利于下一步的作战行动。部队中的党组织也不健全，作用很难得到发挥。各种因素的存在造成部队中出现了大量的逃亡现象，此时只剩下七八百人，再这样走下去，非溃散不可。部队面临着生死考验，再不整顿显然是不行了。

1927年9月29日，部队翻过山口，来到了江西省永新县境内的三湾村。村里的人听说来了一大批官兵，顿时都慌了神，收拾了一些值钱的东西，躲到山里去了。后来一直没见动静，有几个胆大一点的村民就跑到前山去观察情况。只见一支举着红旗的队伍往村里走去，士兵们都背着枪。进了村后，这些兵一没放枪，二没放火，三没抢东西，还很和气地对待那些留在村里的老人和儿童。见此情景，躲在前山观察的人打消了心中的顾虑，立即去山里把其他村民喊了回来。

三湾村在大革命时期也建有共产党的组织，党支部书记李立一听说是毛委员的队伍来了，也赶紧从别的村赶了回来。这里的老百姓受过革命宣传的影响，有一定的觉悟，得知是共产党的部队来了，便拉着战士们的手，让他们到家里去休息。战士们坚持不进屋，老乡们便赶紧跑回各自家中拆了门板，送来稻草，让战士们休息。战士们便各自在屋墙找个地方，放下门板，铺上稻草当床铺。随后大家放下背包，就开始给群众扫院、挑水，忙活起来。这些都是毛泽东刚刚为部队规定的，旧军队从来不干这些事。

第五章

井冈山道路通天下

毛泽东见乡亲们都回到了村里，便指示士兵们把沿途打土豪缴获的粮食、布匹等分给贫苦群众。这让原先还顾虑重重的村民一下子打开了心结，都觉得这是来了自家的部队，应该好好招待。军民之间的关系慢慢融洽起来，为部队留下进行整编创造了有利的条件。

部队进驻三湾的当天晚上，毛泽东便在泰和祥杂货铺主持召开了前委扩大会议，决定对工农革命军进行改编。余洒度、余贲民、苏先俊等部队的主要负责人以及士兵委员熊寿祺等参加了会议。

毛泽东决定对部队进行改编的想法是在从文家市南下的路途中逐渐形成的。一路上，面对恶劣的自然环境，再加上战斗失利的因素，部队中产生了许许多多的问题，诸如人员的编制混乱、官兵的素质低下、队伍的士气低落，等等。这一切，毛泽东看在眼里，记在心里，深感必须进行一番大刀阔斧的改编才能挽回当前的颓废之势，才能塑造出一支坚强有力的革命军队，才能去开创艰苦卓绝的革命事业。整个行军途中，他一直在思考着该如何解决这个问题。在考虑对部队进行改编的一些具体措施时，毛泽东逐渐形成了他自己的一套建军思想。

会议一开始，毛泽东首先就部队中存在的问题做了发言。他颇为忧心地说："自文家市南下以来，部队中的情况想必大家都是知道的。现在很多人因为几次战斗失利就对革命失去了信心，抱着一种悲观失望的情绪，搞得整个队伍军心不稳，士气低落。有的人受不了打仗的苦不辞而别了，有的还公开煽动：'你走不走？''你准备往哪儿去？'另外，队伍中的旧习气还普遍存在着，不少军官身上还残留着军阀主义的恶劣作风，严重影响了部队的各方面建设。到了该整顿的时候了，再不整顿，我们就面临着溃散的危险。请大家对此发表一下自己的意见吧！"

大家都很认同毛泽东所说的部队中存在的这些问题，但因未对此进行过认真的思考，一时之间也想不出什么好的意见，于是都默不作声地看着毛泽东。

毛泽东接着提议道："既然大家都不发表意见，那我就来说一下我的想法吧！我觉得首先必须进行缩编，撤销师的建制，原来的一个师缩编成一个团。实行自愿的原则，愿走则走，愿留则留，愿走的发路费。"

听了毛泽东的意见，师长余洒度不赞同地说道："这样公开地缩编恐怕不行吧，弄得不好，人会走光的。而且如果缩编成团，多出来那么多军官怎么办？"苏先俊附和地点了点头。

毛泽东胸有成竹地答道："我相信大多数人是不会走的，是会坚持革命的。那些立场不坚定的人走了也不足惜，留下来的将是部队中的精悍力量。至于多余的军官，可以成立一个军官队嘛！免得官多不管事儿！"

与会的多数人都表态赞成毛泽东关于缩编的意见，余洒度见状只好无奈地表示了同意。

在讨论缩编后的团长人选时，毛泽东提议由陈浩来当，得到大家的一致赞同。余洒度对此很是不满，但他也不好公开反对。陈浩是黄埔军校第一期毕业生，因年龄大，资格老，被大家亲切地尊称为"陈大哥"。他为人厚道，处事老成，不像余洒度、苏先俊那样锋芒毕露，也是一个打仗能手，因此深得毛泽东的赏识。

会议最后通过了对部队进行缩编的决定，并确定陈浩为缩编后的团长人选。

9月30日清晨，工农革命军全体官兵聚集在三湾村前的枫树坪，秋天火红的枫叶映照着他们年轻气盛的脸庞。这时，余洒度走到队伍前，代表前委宣布了改编部队的决定。接着，新任团长陈浩宣布请毛泽东讲话。

身穿旧棉袄的毛泽东精神抖擞地走到前面，首先强调了部队改编的意义，接着便坚定地说道："同志们辛苦了！我要讲的是，我们只是失利，并没有失败。敌人只是在我们后面放冷枪，这有什么了不起？敌人有两只脚，我们也有两只脚。贺龙两把菜刀起家，现在当了军长，带了一军人马。我们现在不只两把菜刀，我们有几百人，还怕干不起来吗？你们都是秋收起义出来的，1个人可以当敌人10个，10个人可以当敌人100个，我们现在有这样几百人的队伍，还怕什么？没有挫折和失败，就不会有成功。"

毛泽东极富感染力的话引起了大家的共鸣，人群中不时传来赞同的声音。毛泽东接着又大声宣布："参加革命，完全是自愿的。现在，愿留者留。不愿留的人，根据路途远近，发3至5元钱的路费，开证明信允许离队。

第五章

井冈山道路通天下

希望即使回去以后，还要继续革命。将来如果谁愿意回来，我们还是欢迎的！下面，愿意留下来的请站到左边来，我们欢迎；愿意走的请站到右边去，我们不勉强。"

随后，绝大多数工农出身的共产党员、共青团员和革命战士带头走到了左边。张子清、何长工等部队骨干也纷纷站到了左边。一个上午，只有几十个人领了路费离开。

陈树华回忆了此事的经过："……回想起来，领导层内意见纷纭。只是到了第二天早晨，部队在三湾的一个坪上集合，坪首似有一块大石头，或是砖台子。首先由毛主席站在上面，简单地把以前部队领导重重地批评几句，说：'以前的领导，把部队指挥得一塌糊涂！真是乱七八糟。现在好了。我们决定把部队整编为一个团，由最能干的、最有经验的陈浩同志当团长，他一定能指挥我们不断取得胜利！'于是让陈浩上去讲话，陈浩一句别的话也没有说，只是把部队做了军队区分，即某部为前卫，某部为本队，某部为后卫，向砻市出发。"

经过这次整编，部队只剩下了700人，虽然人员减少了，但士气、信念和战斗力都大大增强了，整个部队的面貌焕然一新。

大会解散后，各单位将人员带回，接着改编开始。首先从组织上对部队进行了整编，原来的1个师缩编为1个团，即工农革命军第1师第1团，下辖1、3两个营，每营3个连，加上原特务连，共2个营7个连。另外设立军官队和卫生队。缩编多出来的干部编入军官队，伤病员与战斗员分开，由卫生队管理，以提高部队的战斗力。

其次，毛泽东着手在部队建立健全党的各级组织。根据以往革命斗争用鲜血换来的经验，毛泽东得出一个结论：共产党领导的人民军队，必须保证党对军队的领导。这支军队必须是在中国共产党绝对领导下的"一个执行革命的政治任务的武装集团"，必须保证"党指挥枪，而绝不容许枪指挥党"。由于党组织薄弱，部队在政治上很不巩固，经不起严峻的考验，尤其在受挫时，军心非常容易涣散。毛泽东总结了大革命失败的教训，决定在军队里建党，把支部建在连上。把以前的一个团一个党支部改成班、排设党小组，党支部建立在连队上，营、团建立党委；连以上单位设立党代表，由同级党组织的书记担任。部队的一切重大问题，都要经党组织集体讨论决定。同时还改造了秋收起义时湖南省委任命的以毛泽东为书记的党的前敌委员会，书记仍由毛泽东继续担任，委员大概有宛希先、何挺颖、陈浩、张子清等人。党的前敌委员会不仅领导军队，也领导地方，是当时党政军的最高权力机构。

◎ 油画《三湾改编》

把党支部建在连上是毛泽东这次采取的新措施。它克服了过去把党支部建在团部而难以掌握连队的困难，确立了党对军队的绝对领导，也保证了人民军队的无产阶级性。毛泽东对宛希先、罗荣桓、何长工这些党代表们说："一个人活着要有心脏，心脏强壮，摔打一下皮肉无关紧要。党支部就是连队的心脏。我们这支部队今后垮不垮，就要看连队的党支部建设得好坏了。把连队的党支部建设好，让连队的心脏坚强地跳动起来，才会使党的血液，流贯我们这支部队的全身。"毛泽东的比喻生动形象地说明了党支部在连队中的重要作用。这条措施在以后的革命实践中发挥了不容忽视的效力，毛泽东曾总结说："红军之所以艰难奋战而不溃散，'支部建在连上'是一个重要原因。"

改编的第三步，是在部队内部实行民主制度，实行政治上官兵平等，

第五章

井冈山道路通天下

待遇上官兵一致，规定官长不准打骂士兵，士兵有开会、说话的自由。连、营、团各级建立士兵委员会。士兵委员会有很大的权力，参加对部队的行政管理和经济管理，官长要受它的监督。部队有什么事，士兵委员会就召集大家讨论，每个人都可以充分发表自己的意见。对于做错事的军官，士兵委员会可以批评甚至做出处分。此外，彻底废除旧军队的一套带兵方法，肃清军阀残余思想，官兵之间原有的森严的等级关系被互相爱护、互相帮助、互相学习、互相鼓励的新型关系取代。

部队里不仅实行政治上的民主，而且还实行经济上的民主。连队有正副采买，负责经济管理，每月公布清查账目，分配伙食。这样做就克服了干部的特殊化。在以前，官长和士兵的生活悬殊，三湾改编后，官兵的生活待遇变得平等。这些措施使得部队里面真正实行了民主，做到了政治民主、经济民主，从根本上改变了过去旧军队那种官兵对立的关系，正确地解决了人民军队中的官兵关系问题，对于官兵团结一致、亲密无间、共同作战起到了很大的促进作用。

这就是历史上有名的三湾改编。它规定和实行的一些原则和措施，为建设新型的人民军队奠定了良好的基础，是新型人民军队建设的开端，在中国人民解放军建设史上具有重大的意义。罗荣桓曾写道："三湾改编，实际上是我军的新生，正是从这时起，确立了党对军队的领导。当时，如果不是毛泽东同志英明地解决了这个根本性的问题，那么，这支部队便不会有政治灵魂，不会有明确的行动纲领，旧式军队的习气，农民的自由散漫作风，都不可能得到改造，其结果即使不被强大的敌人消灭，也只能变成流寇。当然，三湾改编也只是开始奠定了新型的革命军队的基础，政治上、思想上的彻底改造，是一个长期斗争的过程。"

10月3日，经过改编后的部队再次集合在枫树下，整装待发。毛泽东向部队说明要开始新的进军，并宣布了3条行军纪律：一是说话要和气；二是买卖要公平；三是不拿群众一个红薯。这就是中国共产党人最早提出的三大纪律，也是后来的"三大纪律八项注意"的雏形。最后，部队在三湾百姓的热烈送别声中离开了三湾村，向宁冈县古城进发。

◎ 永新三湾改编革命纪念地

至今,在三湾村一带还流传着一首热情歌颂毛泽东率领秋收起义部队在三湾开展革命活动的歌谣:

三湾降了北斗星,满山遍野通通明,
一九二七那一年,三湾来了毛司令。
三湾来了毛司令,带来工农子弟兵,
红旗飘飘进三湾,九陇山沟闹革命。

三湾来了毛司令,三湾改编世闻名,
支部建在连队上,纪律制度更严明,
从此军队党领导,赴汤蹈火救穷人。

三湾降了北斗星,北斗星是毛司令,
毛司令,爱人民,他的恩情说不尽。
天上北斗星亮晶,三湾改编灯光明,
毛委员是掌灯人,照亮中国万里程。

毛委员在三湾村,改编军队树标兵,
支部建在连队上,从此由党指挥枪,
建立士兵委员会,民主制度真公平。

第五章
井冈山道路通天下

3. 古城会议决定安家井冈

1927年10月3日晚，毛泽东率改编后的部队经熊谷坳、石口到达宁冈县的古城。毛泽东率部进驻宁冈古城后，将工农革命军团部设在联奎书院的文昌宫，毛泽东就住在书院的后厢房里。书院的青砖瓦舍和雕梁画栋衬托了它历经沧桑后的余韵，院落中的参差古树和通幽小径又给整个书院营造了一种宁静祥和的氛围。在这个幽静的院落里，毛泽东正在思考着革命的下一步该走向何处。

部队离开三湾后，一些领导干部又开始对南下的做法议论纷纷，认为这样做背离了中共临时中央要求攻打长沙的指示，长时间在这种穷乡僻壤转来转去是不会有什么结果的。特别是余洒度和苏先俊两人，由于部队缩编而被"罢官"后一直对毛泽东感到很不满，勉强同意了他转向农村的计划，却被他带着在这种山沟沟里瞎转悠，更是窝了一肚子的火，思想根本就没转变过来，随时都可能与毛泽东分道扬镳。

为此，毛泽东决定再次召开前委扩大会议，既为进一步统一官兵思想，也为确定下一步的革命方向，解决有关革命道路的大是大非问题。

会议在联奎书院的文昌宫举行。参加会议的有前委委员、军队中连以上的干部、党的活动分子以及宁冈县委书记龙超清和袁文才的代表陈慕平等人。

与会人员将文昌宫的厅堂坐得满满的。人员到齐后，负责主持会议的毛泽东即把话题转入正题："同志们，一个多月前，中央政治局在汉口召开了紧急会议，确定在湘赣边界发动秋收暴动，我受中央指派来领导我们这支部队。暴动至今已经有半个多月了，我们打了几个败仗，可以说是出师不利呀！何以会出现这种情况？我看呢，主要原因在于军事部署上存在失误。部队过于分散，没有很好地集中使用兵力，没有实行有力的统一指挥，以致分别地遭到敌人的袭击，打了败仗。我们的队伍被打散了，将近5000人马到现在只剩下不到1000，还牺牲了总指挥卢德铭。这次的教训是很深刻的，我们需要认真汲取。"

◎ 古城会议旧址

在分析了秋收起义失败的原因和应吸取的教训后,毛泽东接着说道:"不过,我们虽然在军事上受了点儿挫折,但是在战略上,我们并没有失败。只要我们在,对国民党军阀就是一个重大威胁,对全国的革命群众就是一种鼓舞。现在我们又活过来了。在文家市,我们前委不得不放弃攻打长沙的计划,决定沿湘赣边界向湘南山区退却。到了芦溪,我们又遭到了反动派的伏击,不少同志牺牲了,也有的挂彩了,还有不少逃掉了。留下来的同志在三湾进行了整编,重建了我们这支革命队伍。现在虽然我们人少了一些,但是却比以前精干得多。整编后,我们人少了,但放下担子却更精练了。俗话说得好,兵不在多,而贵精。少了那些三心二意的人,我们的队伍就更加巩固,我们就会把反对国民党新军阀的武装斗争更坚决地进行下去!"

接着,毛泽东谈到了组织领导的问题。他语重心长地指出:"同志们,军事上的胜败、进退、强弱、多寡,都是相对的、暂时的。败仗、退却、弱小、损失都不可怕,也没有什么了不起,可怕的是我们部队失去坚强的领导核心。这次秋收暴动,是我们党领导的一次武装起义,前敌委员会就是军队的统帅部嘛!但是,从这次暴动开始,我们的指挥上就出现了各行其是的问题,对前委制定的作战计划,各个部队任意变更,也不向前委汇报,结果造成兵力分散,一路出事,其他部队也不能及时救援,从而使我们各路人马都先后败北。以后对前委的领导和决定,绝不允许阳奉阴违,随意更改,一切行动必须听从前委指挥。"毛泽东的语气相当严厉,大家都明白这番话的

第五章
井冈山道路通天下

矛头所指就是余洒度和苏先俊等人。正是由于他们在指挥上的失误，秋收暴动后的几仗才会打得如此窝囊，使得工农革命军损失了大部分兵力。

这时，只见余洒度的脸上红一阵白一阵，他不得不为自己辩解道："我同意前委要很好地总结一下秋收暴动的经验教训。作为工农革命军第1师的师长，对这次暴动的失利，我的确负有不可推卸的责任。但是，我想说的是，中央和共产国际为我们这次暴动规定的路线很明确，那就是进攻，进攻，再进攻！秋收暴动是要进攻长沙的，是要夺取全省的大、中城市的。不进攻敌人的大、中城市，我们何以动摇新军阀的统治？不占领大、中城市，我们何以建立革命的中心？可是，我们又做了些什么呢？打了一两个败仗后，便放弃了攻打长沙的计划。我在文家市曾主张取浏阳直攻长沙，但前委没有同意，还决定向南退却。南下途中，本可以打下萍乡，但一听说那里有1营敌人，便不敢打了，又绕到芦溪，反被敌人打了个伏击。莲花是打下来了，可是连在城里停下来开个会都害怕，马上命令撤退。大城市不敢攻，中城市不敢打，小城市也不敢待，退到哪里去呢？去当'山大王'吗？去与土匪为伍吗？军队不敢进攻，军人不敢打仗，还叫么子军队么子兵嘛！"

看大家都一言不发地望着自己，余洒度很是得意，于是接着说道："同志们，农村不是我们的方向。我们目前的中心任务是要进攻中心城市，放弃城市不打就是逃避革命斗争，也是害怕和敌人做坚决斗争的表现，因而是右倾的。大家应该明白，我们的革命是无产阶级的革命，主要的革命力量是工人，我们依靠的也应该是工人！请问我们到农村后，去依靠谁呢？"

苏先俊随之附和道："是啊！很多同志都先后走了，不想干了，为什么呢？虽然有的人意志不坚定，但绝大多数是同我们这样一直退下去、躲下去有关系。这样退下去，希望何在啊？刚打了几个败仗，我们就放弃攻打长沙，接着又放弃攻打中、小城市。见了敌人不打，反倒不是躲就是跑，天天叫敌人追着我们打冷枪，几乎到了溃不成军的地步！这又谈何取胜呢？没有胜仗，又怎么鼓舞士气？"

这两个人一下子说了个痛快。不愧都是黄埔军校毕业的学生，两人富有煽动性的发言如出一辙，身上都带着湖南人特有的"辣味儿"。

然而，毛泽东身上的"辣味儿"比他们更胜一筹。只见他深吸了几口烟，徐徐说道："你们认为我们面前只有进攻这一条路，不打大城市，也要打小城市。而且，动不动就拿中央和共产国际的指示来说话，我们不进攻就犯了'国际天条'啰？对此，我们前委讲过很多次，也争论了很多次。是我们不敢进攻吗？是我们不想占领大中小城市吗？不是不敢，而是我们现在实在没有这个能力嘛！我们现在处在革命低潮时期，目前的形势是敌强我弱，敌人长期一贯地占据着中心城市。我们要想生存，保住革命的武装，就要到敌人力量最薄弱的农村去，首先站住脚跟，养精蓄锐，以待将来有足够的力量去夺取城市。只要我们的旗帜飘扬一天，就会给全国工农带来希望，就能联合全国千千万万受压迫的工农大众，这样我们就变强了。"

毛泽东的这番话说得大家心潮澎湃，会场上的气氛很快就被扭转了过来。于是，有人站起来批评余洒度，说他指挥不当，还推卸责任。接着，大家开始你一言我一语地指责起余洒度、苏先俊等人的错误来。之前还稍有得意的余洒度气恼地站了起来："这是什么子前委扩大会？这是围攻！老子不参加这个会了！"说完便拂袖而去。苏先俊紧跟着也走了出去。

不久，这两人就先后离队，当了逃兵。

随后，毛泽东请当地的负责人、宁冈县委书记龙超清以及袁文才的代表陈慕平介绍了井冈山及其地方武装的情况。

井冈山地处湘赣边界罗霄山脉中段，介于湖南酃县和江西宁冈、遂川、永新四县之交，总面积约4000平方公里。这几个县在大革命时期就建立了党组织和农民自卫军，有着很好的群众基础；山上的茨坪和大、小五井等地都有水田和村庄，物产丰富，给养充足；这里离中心城市较远，交通不便，国民党反动派的统治力量薄弱；井冈山地势险要，森林茂密，进可攻，退可守。因此，这里长期是土匪出没的地方。现有袁文才、王佐两支绿林武装驻在此地，各有150多人、60余支枪。袁文才部驻在井冈山北麓的宁冈茅坪，王佐部驻在井冈山上的茨坪和大、小五井等处，他们互相配合，互相照应。

袁文才，曾用名袁选三，1898年生于宁冈马源村，客籍人。早年为反抗土豪劣绅的压迫，他曾参加当地的马刀队，任参谋长。1926年9月，受湖南农民运动影响，袁文才在中共宁冈县支部的领导下，举行宁冈暴动，

第五章

井冈山道路通天下

建立农民自卫军,任总指挥。同年11月,他在宁冈县委书记龙超清的介绍下加入中国共产党。王佐,原名王云辉,绰号"南斗牯",1898年生于江西遂川。1923年参加绿林武装。1925年,王佐所部被地方政府收为新遂边陲保卫团,后又重新恢复了原来的队伍。1927年,在遂川县农民协会帮助下,王佐将所部改称农民自卫军,支持遂川农民运动。就在前几个月,他们曾会同永新、安福、莲花的暴动队伍,一度攻克永新县城,组成赣西农民自卫军,由王兴亚任总指挥,贺敏学、袁文才、王佐任副总指挥。后因国民党军强势反攻,袁文才、王佐两部退回井冈山。

龙超清还介绍说,永新县委书记贺敏学是袁文才在永新禾川中学的同学,他率一些农民自卫军退到了井冈山北麓的茅坪,中共永新县委也到了井冈山上。

听了这些情况介绍,毛泽东很是兴奋,心中的想法不禁脱口而出:"同志们,山重水复疑无路,柳暗花明又一村。自从我们打了败仗,便东奔西躲的,几乎没有过上一天安宁日子。因为我们还未找到一个安全的落脚点。现在我们来到了宁冈县界,这里物产丰富,地势险要,是个屯兵的好地方。我们就以此为根据地吧,好好休整一下队伍,放下担子,轻装上路。我们不能整天像流寇一样,无安身之处啊!"

对于毛泽东的主张,大家都深表赞同。会议经过讨论,通过了毛泽东的提议,决定在以宁冈为中心的罗霄山脉中段积极开展游击活动,广泛发动群众进行土地革命,创造罗霄山脉中段红色政权。

接下来就讨论到如何对待袁文才、王佐这两支武装的问题。考虑到部队要想在井冈山落脚,就必须得到袁文才、王佐的同意。但这又不是一件容易的事情。再者,龙超清和陈慕平介绍说,袁文才、王佐二人戒心很重。袁文才虽然是个共产党员,但他和当地中共党组织基本上是合作关系,并不听从指示。他的手下更是只听袁文才个人的命令,还基本属于绿林武装。山上的王佐部则更落后,队伍中的封建习气浓厚,靠喝血酒、拜把子维持关系,基本上没有革命的影响。陈慕平还转达了袁文才的意思:可以接济革命军一些给养,但若要安家落户,还请"另找高山"。

有人主张武力解决袁王二部,毛泽东坚决反对,认为若那样做,我们将难以在此地立足。会议讨论后决定，对袁文才、王佐部队，应采取团结、改造的方针。

　　古城会议开了两天，最后通过了在井冈山"安家"的决定。但这个家能否如愿以偿地安下来，还得看袁文才、王佐这两个"山大王"是否合作呢！

二、建立农村革命根据地

在大仓村,毛泽东与袁文才初次会见,即赠送他100支枪,工农革命军"安家"井冈山下的请求获得袁文才首肯。安置好伤病员后,毛泽东率部以井冈山为据点,在其周围盘旋游击,被王佐诚邀至茨坪,终到井冈山上。随后,毛泽东抓党建、改绿林、打游击、建政权,井冈山革命根据地初具规模。与南昌起义余部取得联系后,毛泽东决定兵分两路,接应朱德、陈毅部上山,两支革命武装终于胜利会师井冈山。

1. 毛泽东送袁文才100支枪

古城会议后,毛泽东决定去会一会袁文才这个有名的"山大王"。他让龙超清、陈慕平赶快去袁文才那里通报一声,说自己对他敬慕已久,准备登门拜访,当面敲定"安家"事宜。就在此时,井冈山北麓的宁冈茅坪那边,袁文才本人和他的队伍也正在琢磨这支不知从哪儿冒出来的队伍,还为此恐慌了好一阵。

其实,毛泽东很早就通过王兴亚、宋任穷等人知道了袁文才及其农民自卫军的情况,所以,在部队到达三湾的第二天,毛泽东就写了一封信,派人给袁文才送去。这时在茅坪那里,突然有人报告山下来了军队,袁文才颇为紧张,担心凭自己这几十条枪根本就对付不了一支正规军队。没过多久,他就收到了毛泽东的来信。读罢信后,袁文才觉得毛泽东言语恳切,语气谦和,但他不知道毛泽东为什么会知道自己,又为什么要率部进山。

于是，他带着戒心派自己的司书陈慕平赶去毛泽东那里了解情况。

陈慕平参加了为期两天的古城会议，回来后兴奋地对袁文才说："毛泽东是我在武昌农民运动讲习所时候的老师，是中央委员，在党内很有名气。前不久的湘赣边秋收起义就是他领导的。"他主张袁文才应该立刻去见毛泽东。

多数人都反对陈慕平的这个意见，认为不能和有上千条枪的军队搞在一起，要不然肯定会被"吃"掉。袁文才也担心这个问题，一直犹豫不决。这时，他的入党介绍人龙超清来了。龙超清是在古城会议上受了毛泽东的指示，来和袁文才相约见面事宜的。他劝说此刻仍心存担忧的袁文才道："你放心，毛泽东是前委书记，他带的是共产党的队伍，没有把你们当土匪看，而是当朋友看。这是好事情，你应该去见他一面。"

袁文才想了想，决定答应与毛泽东见面。但他手下的人却不赞成，有的说最好请他们上来，看是否真心想同我们交朋友；有的建议摆个"鸿门宴"，实在不行就把毛泽东这个头头给逮了。听自己的手下这么一说，袁文才心里还是不踏实，他决定避开龙超清，再同手下商议一下，议来议去，他们决定在大仓村与毛泽东见面。那里既是茅坪通往古城的中点，又是茅坪的"关系村"，袁文才的坐探、心腹也多，万一在会见时出了什么事，也好及时应对。随后，袁文才将商议的结果告知龙超清，并修书一封，派人同龙超清一起带往古城。

第二天一早，整个茅坪基本上处于一种戒备状态，到处都是一片紧张的气氛。袁文才坐镇指挥部等待回信，他的手下则在各自的哨位上加强警戒。每个人都在担心会不会遭到对方的拒绝，甚至出现被武力解决的危急情况。正在大家焦急不安的时候，去古城送信的队员满头大汗地奔了回来，上气不接下气地向袁文才报告说："毛司令亲口答应的，他今天就来大仓村。"大家心里的石头终于落了地。

袁文才立即招来他的手下商量大仓村会见事宜。大家一致认为，这次会见绝对不能掉以轻心。有人提议应在会面的时候，埋伏一些人在左右，以防不测。袁文才觉得此计不错，遂决定选一些会武功的人事先埋伏在会场四周，如有异常情况，就先下手为强，将他们的头目全部逮住，然后迅

第五章
井冈山道路通天下

速撤回山里。好一个"鸿门宴"的阵势！不过，作为一个"山大王"的袁文才，要和一个有着上千条枪的正规军的头领打交道，采取如此措施以做防范也不足为怪。

工农革命军这边，许多干部对于此次会见也是紧张不已。特务连连长曾士峨提出要派全连跟随，毛泽东笑着拒绝道："你们这一百条汉子要是去了，还不把人家给吓到呀？我说过了，明天只有我和宛希先两个人去，我一个瘸子加他一个矮子，他们就不怕喽！再说了，我们是去交友的，又不是跟人家对阵。不会出么子事的，放心吧！"

毛泽东在行军路上把脚给磨破了，由于没有及时上药，有些地方都溃烂了，走路只好一瘸一拐的，所以他笑称自己是"瘸子"。宛希先年方22岁，矮矮胖胖的，三湾改编时由连政治指导员升为营党代表，成为毛泽东的得力助手。因此，这次会见袁文才，毛泽东特意选他一块儿前往。同去的还有两名牵马的士兵，马背上驮着沉甸甸的麻袋，也不知是什么东西。

1927年10月6日下午，毛泽东一行四人出现在大仓村村口。袁文才见只来了这么几个人，而且为首的那位身材高大却显得单薄，衣服破旧，没带武器不说，走路还一瘸一拐的。他紧张防范的心一下子放松下来，立即满面笑容地迎了上去。

毛泽东也一眼就认出了这位能舞文弄墨的绿林头领，他没想到袁文才竟是一个白净长脸、透着一股绿林义气的青年，安静的神情中还带着几分文质彬彬的书生气。

两人见面后互相握手致意。在介绍了各自的随同人员后，毛泽东一行在袁文才的带领下来到了林家房院，进了堂屋。

待大家都坐定之后，毛泽东拱手说道："久闻袁总指挥和王头领的大名，毛某在秋收暴动之初就曾听我的一位团长多次提到你们，今天能到此拜见真是幸会。"

袁文才听罢甚是惊奇，毛泽东的部队里怎么会有人识得他和王佐，不由得好奇问道："我们荒野之人，不晓得贵军哪位团长认识在下？"

毛泽东笑着答道："王兴亚。"袁文才一听就明白了，原来是自己以前的总指挥。他可是大革命时率一营北伐军留在他们这一带赫赫有名的人物。

前不久在攻打永新时，永新、安福、莲花、宁冈四县的暴动队伍组成赣西农民自卫军，王兴亚担任总指挥，袁文才任副总指挥。后来由于强敌来攻，袁文才、贺敏学等人只好率部从刚攻下的永新城里撤出，上了井冈山。王兴亚则回到安福，又转安源，从此再无消息。

接着，毛泽东又介绍了王兴亚的一些情况。袁文才听了又惊又喜，他没想到自己原来的总指挥竟然跟随毛泽东参加了秋收暴动，还担任了工农革命军第1师第2团的团长。这么一讲，双方的关系顿时拉近了许多，谈话的气氛也更改善了一些。

毛泽东又接着说道："秋收暴动失利，我们南下路过贵地。我们领导的工农革命军同你们组织的农民自卫军都是咱老百姓自家的武装，是一根藤上的亲兄弟。这次前来拜见，我们没得么子贵物相赠，只带了一些薄礼，还请袁总指挥笑纳。"说完，他向外面招了招手。

坐在毛泽东身旁的宛希先赶紧起身出门，将外面的两名士兵引了进来，他们每人都扛着一包沉甸甸的麻袋。宛希先和两名士兵蹲下把麻袋打开，里面赫然露出乌黑黑的两捆步枪。在一旁站着的袁文才的手下看得眼睛都直了，袁文才自己也惊讶得不知该说什么好。

毛泽东把这一切看在眼里，笑着说道："初次见面没能多带，先送50支来，待这次回去后，再让人把准备好的另外50支给袁总指挥送来。"

听到毛泽东这么一说，本就兴奋不已的袁文才更是激动得不知怎么才好。多年来，他率领弟兄们打土豪、斗恶霸，好不容易才保存下60支步枪。毛泽东这一下子就给自己送来了100支枪，怎能不让人激动呢？袁文才甚是感激地说："毛司令这'见面礼'真是太贵重了！我们自卫军驻留这山野之间，势单力薄，实在是受之难报呀！"

毛泽东理解袁文才的顾虑，遂摆摆手道："袁总指挥说这话就见外喽！工农革命军、农民自卫军都是中国最穷苦的工人、农民的军队。国民革命军早已沦为军阀混战的工具了，我们立军为的是工农，工农起来革命，没有枪杆子怎么能行？我们送这些武器来，既为表达工农革命军的一份心意，也真诚地希望自己的朋友能够发展壮大自己的力量。"

借着刚才的那股兴奋劲儿，袁文才拍着胸脯说道："那我们自家人就不

第五章

井冈山道路通天下

跟自家人客气喽！茅坪虽然地儿不大，人不多，山也不富，但我们这儿可都是讲义气之人。毛司令有嘛咯需要，请尽管开口，自卫军当竭诚相助，甘为朋友两肋插刀。"

毛泽东见袁文才心中顾虑已消，便坦诚地直言相告："今日工农革命军来到贵地，一不占地，二不要人，除慕名交友外，只有一事相烦。我军自暴动以来，接连几次作战失利，有一批伤病员急需地方安置。这一路上实在难以找到合适之处，因此，就想到袁总指挥和王头领了，还望袁总指挥能够代为接纳一下，毛某自当感激不尽！"

袁文才听毛泽东这么一说，晓得对方只是求他安置一批伤病员，并无抢他地盘甚至鸠占鹊巢之意，便一口应承下来："好说，好说。毛司令只管放心，虽然茅坪这块儿地方不大，但安置几十名伤病员还是绰绰有余的。你们尽管前去打土豪、斗恶霸、杀敌军，再有伤病员就全包在我们身上啰！"

毛泽东很是高兴袁文才这么爽快就答应了自己的请求，接着又兴致勃勃地介绍起了外面的天下大势，还将中共召开八七会议的具体情况向袁文才做了说明，谈到中央决定在全国搞武装斗争，用枪杆子夺取政权。袁文才深表赞同地说道："同反动派较量就应该刀对刀，枪对枪，没有60条枪就不会有我们农民自卫军！"

一旁的宛希先插话说："毛委员就是中央特别委派来领导秋收暴动，搞武装斗争的。"袁文才一听"毛委员"，感到很奇怪，煞是不解地望着毛泽东。宛希先急忙解释说："毛委员就是毛司令。八七会议上，毛泽东同志被选为中共临时中央政治局的候补委员了。"一听说毛泽东是中央委员，而且还如此看得起自己，袁文才对毛泽东更是肃然起敬。

双方谈得很投机，最后商定：袁文才答应在茅坪接收工农革命军的伤病员，并同意在那里设立一个工农革命军的后方留守处。另外，为了表示对毛泽东赠送自己100支枪的谢意，袁文才差人速回茅坪拿600块银圆，赠予毛泽东。他还向毛泽东保证，一定上山去做王佐的工作，让他也放下戒心，为工农革命军做事。

对于这次会面的结果，毛泽东还是比较满意的。但他知道，问题不是在一次见面中就能够得到全部解决的。从大仓村出来的时候，毛泽东看到不少扛枪、拿刀的人从路两边的林子里走出来。他明白这是袁文才撤掉的埋伏，虽然初次会见没有变成"鸿门宴"，但还是应该多留心才是。袁文才、王佐二人虽然重义气，但又多猜疑，要想彻底打消他们的顾虑，还要花一定的时间和精力，要慢慢来，不能操之过急。因此，回到古城后，毛泽东立即召集军队领导人开会。经研究决定：先把留守部门和伤病员安置在茅坪，请袁文才代管；工农革命军主力则以井冈山为据点，在其周围盘旋打游击，向湘南的酃县方向挺进，筹些款子，熟悉周围环境，并探听南昌起义军进入广东后的情况，再见机行动。

10月7日，毛泽东率工农革命军来到井冈山下的茅坪。经历一个月的艰苦转战，工农革命军终于在这么一个秋高气爽的日子里，在井冈山"安家"了！虽然只是安置了伤病员，设立了后方留守处，但终归有了一个落脚的地方，每个人的内心都充满了喜悦！

◎ 王佐（左）和袁文才（右）

2. 盘旋游击，终到茨坪

工农革命军在茅坪只驻了4天。1927年10月10日，除留下伤病员和辎重外，毛泽东率全团人马来到了相隔不远的砻市。当晚，毛泽东与其他领导人一起研究下一步的行动，决定攻打酃县。

第二天一早，部队从砻市出发，向酃县开进。这时的工农革命军，去掉了伤病员和担架队，又经过砻市的短暂休整，部队面貌一新。在开进酃县一个叫沔渡的村庄时，毛泽东收到袁文才的一封急信。信中说："顷悉茶陵团总罗定已获工农革命军攻酃县之举，欲率部驰援，急报，望慎酌。"毛泽东马上召集干部会议研究，决定立即改变部署，全团转向水口。

第五章

井冈山道路通天下

10月13日，毛泽东率部抵达酃县水口镇。在这里，他们从报纸上证实了南昌起义部队失败的消息。毛泽东的心情很沉重，原想到湘南开创局面的设想，如今已无指望，只能横下一条心，在罗霄山脉中段开创革命根据地。

为了稳定部队，毛泽东要党代表们抓紧进行党组织建设，他本人则进行了几天社会调查，以了解罗霄山脉中段的敌情和地理、民情。

10月18日，毛泽东得到侦察报告说罗定的"挨户团"与酃县的"挨户团"已经合兵，向水口包抄过来。"挨户团"指的是大革命失败后，活跃在地方的一种反革命的武装组织，"挨户"形容几乎每户都要参加。毛泽东与团里的军事干部研究后认为，罗定倾巢出动后，他的老窝茶陵定然空虚，应乘虚而入，攻打茶陵。毛泽东提出这次出击的任务有三个，即打土豪、筹款子、击败敌人的进攻。因此，打茶陵不能动用全部兵力，而是派一部分人前去。只有去一部分，留一部分，才能调动敌人、摆脱敌人。

这是毛泽东第一次亲自指挥打游击战。根据他的提议，前委会决定：由团长陈浩、第1营营长黄子吉和党代表宛希先率第1营的两个连从水口出发，经安仁前去茶陵，但只攻不占，等罗定回兵就立即撤出，然后作为右路在茶陵、安仁一带打游击，筹到足够的款子后，再回井冈山会合；由毛泽东率领团部、第1营的第1连、第3营、特务连留在水口附近打土豪，开展群众工作，待敌人退兵后，作为左路沿井冈山南麓向遂川方向打游击，扩大政治影响的同时进行筹款，解决给养问题。

水口分兵后的第二天，毛泽东就收到陈浩、宛希先派人送来的报告："昨夜乘虚攻入茶陵，砸了监狱，烧了衙门。发现敌军回返，已撤离县城，正前往茶陵、安仁一带开展游击活动。"

毛泽东闻讯后非常高兴，自己第一次指挥游击战就获得成功，因此大受鼓舞。10月22日一早，他亲率工农革命军左路从水口出发，沿井冈山南麓向遂川方向开进。

一天后，毛泽东率部进入江西遂川县大汾镇。由于全然不了解该区的情况，也未向远处进行侦察，部队在10月23日拂晓遭到盘踞此地的"靖卫团"的突袭。"靖卫团"由一支土匪改编而成，为首的叫肖家璧。工农革命军左路在毫无准备的情况下被打散，第3营的三个连和第1营的一个连毫无消息,下落不明。

大汾遇袭,左路军五个连现在丢了四个,仅剩的特务连也被冲得七零八落。大家仿佛挨了当头一棒,未免都有点垂头丧气。这时,毛泽东精神抖擞地对大家说:"现在来站队!我站头一名。请曾连长喊口令!"罗荣桓立即入列,自动向毛泽东看齐。曾士峨用洪如钟的声音下达了"立正"的命令。

大家被毛泽东、罗荣桓、曾士峨坚强而镇定的精神所感染,主动以排为单位,站好了队。就在这时,第1营第1连和张宗逊带着的另一排赶到了,迅速加入了队伍。

在毛泽东的率领下,整个队伍沿着崎岖的山间小路,向荆竹山方向走去。那里,是通向井冈山的路,这次是真的要上山了。

10月23日傍晚,毛泽东率部来到了井冈山西北面的荆竹山村。他从村民那里得知,过了前面不远的双马石哨口就是王佐的地盘了。

王佐于1898年出生于遂川县一个贫苦农民家庭。他于1923年参加绿林武装,1927年将所部改称农民自卫军,支持遂川农民运动,后与袁文才在宁冈坚持斗争。1927年10月,他支持和帮助毛泽东率工农革命军进驻井冈山。1928年1月所部接受改编。2月,编入工农革命军第1军第1师第2团,任副团长,兼第2营营长。4月加入中国共产党。1930年在永新被错杀,中华人民共和国成立后被追认为革命烈士。

王佐这些天一直盼着毛泽东来。几天前,他从袁文才的来信中得知,毛泽东已经同袁文才见了面,还送了100支枪给他,这让王佐羡慕不已。他明白,能被袁文才当作重要人物看待的毛泽东肯定是一个极不平常的人。因此,王佐一直在四处打探毛泽东和革命军的消息。

在得知毛泽东和革命军来到荆竹山的消息后,王佐特地派"探水队"(侦探队)队长朱持柳前来迎接。既为代表王佐来迎接毛泽东上山,又可以借机摸清这支队伍的底细。

见到朱持柳后,毛泽东得知他是井冈山上王佐派来的代表,十分高兴,主动提出要和他同睡一张床过夜。这天晚上,毛泽东向朱持柳打听了井冈山的村落名称、相隔距离、风土人情、生活习惯,还了解了地方上反动武

第五章

井冈山道路通天下

装的数量、名称及活动情况。同时，他也毫无保留地把自己及工农革命军的情况一一向朱持柳做了介绍。两人谈得很投机，这让朱持柳有点受宠若惊。这下，他彻底放下了内心的戒备，并于第二天一早即派人火速赶往大井，向王佐报信，让他准备迎接。

10月24日早晨，旭日初升，曙光普照。工农革命军在荆竹山村旁边的一块草坪上集合起来，准备向井冈山开进。毛泽东站在路边的石坎上向战士们做了临行前的讲话，他说："同志们，我们今天就要上井冈山了。在那里有王佐总指挥领导的农民自卫军，他们克服了许多困难，依然在山里坚持革命斗争，这是我们大家都感到高兴的事。"

毛泽东微笑着望了一眼站在一旁的朱持柳，又说道："我们这次上井冈山，一定要和王佐搞好关系，要和那里的农民自卫军和农民群众搞好团结。如果像有的同志那样，到这块地里掰一个苞米，又在那块地上挖两个红薯，那恐怕山上的王佐就不那么喜欢我们啰！"毛泽东的话逗得大家笑了起来。

接着，毛泽东郑重地嘱咐道："为了使那里的部队和老表能相信我们，现在我宣布三条纪律：第一，行动听指挥；第二，不拿农民一个红薯；第三，打土豪要归公。"说完，毛泽东问道："这些都做得到吗？"

"做得到！"战士们整齐而有力地回答道。

人民解放军后来的三大纪律，其基本内容在此时已经出现。它体现着军民关系、官兵关系的重大原则，这对于营造良好的军民关系，让军队得到老百姓的拥护，是必不可少的。

部队在经过双马石哨口后，终于进入了井冈山。当天下午，部队前进至大井村，这是王佐平时住的地方。上午得到朱持柳托人捎来的口信后，王佐立即集合他的全部人马，准备在村外迎接毛泽东和他所率的工农革命军。

朱持柳将王佐指给毛泽东，毛泽东立即下马，迎上前去。几乎同时，王佐也下了马，快速走了过去，两只手紧紧地握在了一起。比起袁文才，王佐算是一个更地道的"山大王"，毛泽东与绿林交朋友的愿望终于完全实现了。

当王佐陪毛泽东一行走进大井村时，站在路两旁的农民自卫军用左手举起了枪、大刀或梭镖。这位"山大王"用这种别具一格的"礼仪"和"规矩"来表达他对毛泽东和革命军的盛情。自卫军战士也都十分欣喜地欢迎着这位久闻大名的毛委员和他率领的这支工农革命军。

进村后，王佐把毛泽东一行带到他在大井新屋场的房子前，请毛泽东把部队安排进去驻扎。随后，他又大摆宴席，为毛泽东等人接风洗尘。毛泽东见王佐如此热情和仗义，连连表示感谢，并说："王总指挥，我已了解到你在这里坚持斗争十分不易，毛某很是佩服！眼下你是人多枪少，我这里拨70支枪给你，希望你尽快地把队伍重新扩大起来。只要我们有人，手中有枪，什么样的反动派我们也不怕了。"

说完，毛泽东就以前委书记的名义命令辎重队队长，要他立即从部队中拨70支枪赠予王佐。王佐被毛泽东的慷慨和义气感动了，激动不已地说道："毛委员，我王佐风风雨雨这么多年，从没遇过像你这样慷慨的人。世上只有去抢人家枪的人，哪有拱手把枪送给别人的呢？我是拼了老命才保存下来这仅有的60支枪！之前听袁文才说你送枪给他，我还有点儿将信将疑，今天你又把枪送给我，如此器重我这么一个粗鲁的山里人，这真是前世的造化啊！我王佐也是重情重义之人，如今你率部初到这里，人生地不熟，给养困难，我这儿虽时常遭到山下'靖卫团'的搜刮，但也还存了些粮食。若不嫌弃，我暂且先接济你们500担谷子和几百块银圆，以聊表我对毛委员的一点心意，还请笑纳！"

毛泽东一听，十分感激地说："王总指挥，你真是雪中送炭啊！我代表工农革命军全体将士向你表示感谢！"王佐随即承诺道："请毛委员放心！我王佐说到做到！未筹到款子之前，你们尽管在我这里吃住！"

最后，在这种热情的氛围中，双方达成了合作的约定。

这天下午，工农革命军各连队安排好住宿后，便按照团党代表何挺颖的布置，分散到各家各户去打扫庭院、挑水劈柴，大井村顿时热闹起来。村里的老百姓先是对这种自古未闻未见的事情感到十分新奇，接着就交口称赞道："神兵，神兵，这简直是神兵。自从盘古开天辟地，我们大井从没见过这么好的兵啰！"这正是军民鱼水情、军民一家亲的真实写照。

第五章

井冈山道路通天下

10月25日一早,王佐就来到大井新屋场毛泽东的住处,直言相告:"毛委员,大井这里地面太小,部队不宜在此驻扎屯留。我看,就把部队开到我的茨坪去吧!"茨坪是井冈山最大的村庄,是井冈山的中心,也是王佐的心腹重地。这次王佐能够主动相邀,说明他对毛泽东和工农革命军是完全以诚相待的。

望着眼前这位重情重义的绿林汉子,毛泽东眼里饱含感激之意。他对这次能够交到王佐这支绿林武装感到十分庆幸,上山前的疑虑和忧心顿时烟消云散。

10月27日,毛泽东率工农革命军进驻茨坪。前一段在茅坪安了家,那时还只是在井冈山下,如今却是把部队驻到了山上。

茨坪四周险峰峻岭,层峦叠嶂,古木参天,地势险要,只有中间一块儿大盆地居住着几十户农家。这里历来是商贾往来栖身、歇脚之处,也是散兵游勇和草莽绿林出没之处。

毛泽东率部来到茨坪后,受到王佐的农民自卫军和茨坪村民的热情欢迎。毛泽东被安顿在村西山脚下的李利昌店铺住宿,战士们大都宿营在村中三个李姓祠堂里。

到茨坪两天后,毛泽东听到了一个好消息,陈浩、黄子吉、宛希先率领的第1营两个连从湖南的茶陵方向凯旋,到了茅坪。自水口分兵后,作为工农革命军右路的第1营两个连经安仁,直取茶陵,后率部撤退到鄢县、安仁、茶陵三县交界

◎ 毛泽东在茨坪的旧居

的偏僻山区进行活动。他们一路打土豪,宣传群众,筹措了一些银圆,还有一些布匹、衣饰等,可谓凯旋。这次出动取得的成果,真是让工农革命军尝到了游击战的甜头。毛泽东向王佐说起此事,王佐立即表示欢迎他们上山。

第二天,袁文才就领着陈浩、黄子吉、宛希先一行来到了茨坪。毛泽

东一见到他们,就激动地握住他们的手,欢喜异常。接着,毛泽东一边听他们汇报水口分兵之后部队的情况,一边提出要对这次的游击经验进行很好的总结,以形成一套独特的游击战术。

这时,除第3营在大汾遇袭时被截断,由张子清和伍中豪率领独自向赣南方向开进外,工农革命军第1团的其他队伍都上了井冈山,齐聚茨坪,井冈山革命根据地由此进入了创建时期。

3. 井冈山革命根据地初具规模

在王佐的茨坪驻了几天后,毛泽东想到第3营的去向不明,山下的工作也很重要,就留下第1营的第1连继续在大井、小井驻防,他率其他部队下山,先返茅坪留守处。

茅坪留守处设在象山庵,这是茅坪、马源坑附近的一个小山冲,距茅坪约2.5公里。毛泽东在象山庵驻下后,即开始着手恢复和发展地方党组织。他让警卫员告诉龙超清、袁文才:分头通知宁冈、永新、莲花地方党组织负责人及党的活动分子,第二天到茅坪象山庵开会。

毛泽东以中共临时中央政治局候补委员、前敌委员会书记的身份主持召开了象山庵会议,主要讨论了湘赣边界党组织的恢复和发展问题,湘赣边界党的工作以此为起点开始全面展开。第二年,当井冈山根据地发展到鼎盛时,周围六县党的组织已发展到相当规模,成为根据地建设的核心。

在抓紧地方党组织恢复和发展的同时,毛泽东也抓紧了对袁文才、王佐这两支绿林武装的教育、改造工作。前段时间,袁文才曾让毛泽东派些人来帮他训练人马。毛泽东当即就派了游雪程、徐彦刚、陈伯钧三人前往步云山帮助袁文才练兵,既教正规的制式教练课和战术课,也加强思想政治教育。

经过步云山练兵,袁文才部队的政治觉悟和军事技术都有了很大提高。虽然由于环境和条件的局限,这支部队还存在许多绿林习气,凝聚力不是很强,纪律也不是很严格,但经过训练,它已经变成了一支能够打些

第五章

井冈山道路通天下

仗的部队。

这时，毛泽东从报纸上得知，为了对付桂系军阀的进攻，唐生智将其主力都调到湖北参战，后方一时空虚。他想到，茶陵已经没有了国民党的正规军，只剩下一些民团，此时正是攻打茶陵的绝好时机，既可以解决冬装和给养，又可以扩大部队影响。毛泽东立即召集陈浩、黄子吉、宛希先等人前来开会，最后决定再打茶陵。

1927年11月16日清晨，工农革命军4个连及团部、特务连共500余人在大陇集结，由陈浩等人率领向西进发。第二天，部队击溃罗兆鹏"挨户团"的骚扰，连夜潜入与茶陵县城一水之隔的中瑶。

11月18日凌晨，工农革命军乘敌不备迅速发起进攻，没经什么战斗就拿下了茶陵。毛泽东闻讯后非常高兴，并写信指示宛希先等人做好各项工作。在开展了如火如荼的群众工作后，宛希先召集中共茶陵县委、总工会、县农会负责人和军队各连党代表开会，宣读了毛泽东的来信，讨论成立县工农兵政府的问题。经过协商，各方推选了自己的代表组建工农兵政府：工人代表谭震林、农民代表李炳荣、士兵代表陈士榘，并一致推举谭震林担任工农兵政府主席。

11月底，茶陵成立了湘赣边界第一个红色政权——茶陵县工农兵政府。随后还建立了茶陵县游击队，作为保卫红色政权的地方武装力量。茶陵红色政权的建立，使这里后来成为井冈山革命根据地非常巩固的一部分。

在部队远征茶陵时，留在茅坪的毛泽东感到有一个大问题需要解决，就是干部不足。于是，他叫来军官队队长吕赤，一同商谈筹办军官教导队事宜。毛泽东决定由吕赤来当队长，任务是有计划地培训军队的下级军官和地方赤卫队的指挥官，地点在砻市的龙江书院。

12月间，军官教导队在宁冈砻市的龙江书院创办起来，学员主要是部队中抽调的有培养前途的士兵，还有部分地方武装的负责人。课程以军事教育为主，兼学政治、文化。军事方面有队列、单兵、刺杀、地形地貌、军事指挥等内容；政治方面有阶级斗争、土地革命、政权建设等内容；文化方面不但解释政治口号，还开展识字活动。此外，教导队还很注重实践，经常组织学员到附近农村开展群众工作，进行实地军训。

军官教导队的开办，为工农革命军和地方武装培养了大批人才，也成为人民军队高等教育最早的开端。

12月下旬，因唐生智下野，他与桂系间的交战暂时停止。湖南军阀开始抽出部分兵力进剿茶陵的红色政权。湖南军主力第8军军长吴尚派出独立团，又纠合了湘东剿共司令陈光中，共2000多人向茶陵方向进逼。

面对强敌来攻，本就势单力薄的工农革命军并未采用刚习得的游击战术，而是跟敌人硬碰硬地对打起来。终因寡不敌众，趁着夜幕降临撤出了战斗。部队撤离茶陵县城，稍事休息后又奉命出发。可是一些人发现团领导改变了前进方向，不是向东回井冈山，而是向南开进。此时的团长陈浩、副团长徐恕、参谋长韩昌剑和第1营营长黄子吉已经串通一气，准备投靠国民党军第13军军长方鼎英，他是原黄埔军校的教育长。为了阻止队伍返回井冈山，陈浩还事先下令拆了县城东门外通往宁冈的浮桥。

宛希先等人察觉情况不妙，遂暗地里进行彻查。在得知陈浩的阴谋后，宛希先等人坚决反对陈浩再带队南进，双方剑拔弩张，全团停留在湖口村。就在这个危急关头，毛泽东突然来到了湖口。原来，毛泽东在听说国民党军向茶陵进发的消息后，预感到会发生什么事情，就立即带了几个战士赶赴茶陵。

当晚，毛泽东召开了紧急军事会议。在了解到陈浩等人阴谋叛变的事情后，毛泽东果断下令将其逮捕，并做出决定：部队向后转，折回井冈山，向着宁冈县的砻市进发。

三天后，部队到达砻市，毛泽东主持召开了前敌委员会会议，讨论如何处理陈浩等人，并决定团里新领导的任命。会议决定将陈浩等人交革命法庭法办，任命原第3营营长张子清为团长，何挺颖为党代表，朱云卿为参谋长。工农革命军临时特别法庭经审判，最后以反革命叛变罪判处陈浩等4人死刑，并于当天执行枪决。一场阴谋就此被粉碎。

在砻市休整期间，毛泽东一方面深入连队，安定部队情绪；另一方面又在思考部队的下一步行动。他认为江西多是客军，与当地反动武装有矛盾，战斗力弱一些，于是下令部队向江西遂川进发。此时驻留遂川的正是两个月前在大汾突袭革命军的肖家璧部。战士们听说要打遂川，情绪特别高涨，

第五章
井冈山道路通天下

都想着这一次非要找这个老对手算账不可。

1928年1月3日，毛泽东亲自率队进兵遂川。第二天黄昏，部队抵达大坑，这里是肖家璧"靖卫团"的老窝。在摸清敌情后，毛泽东下令突袭。毫无防备的"靖卫团"被打了个措手不及，没多久便被击溃。拿下大坑后，革命军乘胜连夜追击，直奔遂川。遂川城只有少量民团驻守，听闻肖家璧的老巢已被端掉，连夜弃城而逃。1月5日早晨，工农革命军一枪未发便占领了遂川城。

占领县城三天后，毛泽东在遂川城天主堂主持召开了全县党员会议，重建了中共遂川县委，以陈正人为书记。陈正人是遂川人，在吉安读书时加入中国共产党，在秋收暴动时与万安县的同志一起发动了万安暴动。他在向毛泽东介绍情况时，谈到了附近万安县还有暴动的农军在坚持斗争。毛泽东很高兴，写信给万安县委，要他们派人来参加联席会议。

不久，中共遂川、万安县委的联席会议在遂川县城的五华书院召开。会上，毛泽东听取了两县负责人关于各县情况的汇报，提出要发动群众，打土豪、分田地，建立自己的政权。他还总结了游击战的12字经验——"敌进我退，敌驻我扰，敌退我追"。这是毛泽东第一次提出"十二字诀"。几个月后，毛泽东又加上了"敌疲我打"四个字，变成了著名的"十六字诀"。

1月24日，农历正月初二，遂川县工农兵政府举行成立大会。王次淳被推选为县工农兵政府主席。大会宣布了县工农兵政府的《临时政纲》和组织机构，以及县农民协会、县总工会、县赤卫大队等组织的负责人名单。大会在广大群众的欢呼声中圆满结束。

春节过后，工农革命军根据指示再次分兵四乡，深入发动群众，建立区、乡红色政权。在出发前的动员大会上，毛泽东向战士们高声说道："同志们，我们一定要注意加强革命纪律。我现在宣布六项注意：一是上门板；二是捆铺草；三是说话和气；四是买卖公平；五是借东西要还；六是损坏东西要赔。希望同志们严格遵守。"

继三个月前上井冈山时宣布"三大纪律"之后，这次又加上了"六项注意"。其中的"上门板"和"捆铺草"指的是，当时部队宿营往往把老百姓家里的门板卸下来，铺上稻草当床用，因此，要求出发时一定要把门板、稻草收拾好。"三大纪律、六项注意"的提出和贯彻执行,对于改善军民关系,对部队赢得群众支持起了非常重要的作用。

毛泽东率领工农革命军在遂川分兵发动群众,造成了轰轰烈烈的革命声势,震动了湘赣边界,也震惊了江西军阀朱培德。朱培德遂派第27师师长杨如轩进剿。杨如轩以第81团和第79团一个营,由吉安进至泰和,准备进攻万安、遂川;接着又以第79团一个营进驻宁冈新城,对井冈山发动第一次进剿。

◎ 井冈山革命根据地

赣军进犯宁冈,井冈山根据地面临严重威胁。毛泽东于2月4日率兵从遂川赶回井冈山。他一方面将袁文才、王佐的部队合编为工农革命军第2团;另一方面指示中共宁冈县委组织群众武装,袭击、骚扰赣军,为革命军进攻新城创造时机。

2月17日上午,前委在茅坪攀龙书院召开军事会议,决定使用优势兵力,出敌不意,速战速决,彻底围歼新城敌军。会议部署了"围三阙一"的战斗计划:第1团第1营担任主攻,进攻新城东门;第1团第3营攻打南门和北门;袁文才带第2团第1营和教导队在西门外设伏,迫使敌军从西门逃出,以便在城外聚而歼之;王佐带第2团第2营守卫井冈山,并监视遂川方向敌军。

当晚半夜时分,工农革命军分两路从茅坪奔向新城,悄无声息地在新城四周设下埋伏。2月18日黎明时分,埋伏在南门外的工农革命军打响了进攻新城的第一枪。紧接着,北门、东门外的革命军也发起了进攻。很快,革命军的突袭就取得了成效,东门、南门、北门相继被攻破。赣军在混乱中都向西门涌去,正好进入袁文才带的第2团第1营和教导队的伏击圈,遭到革命军的猛烈攻击。下午3时,新城战斗胜利结束,全歼新城守敌一个正规营和一个靖卫队共500多人,击毙敌营长王国桢和靖卫队长李树益,捣毁县政府,缴枪数百支和大量弹药。这一仗打破了国民党军队对井冈山

第五章

井冈山道路通天下

革命根据地的第一次进剿，大大鼓舞了革命军的士气。

战斗结束后，针对队伍中出现的打骂俘虏的现象，毛泽东宣布了工农革命军的俘虏政策：不打骂俘虏，受伤者给予治疗，不搜俘虏的腰包，愿留的编入队伍，要走的发给路费。后来成为人民解放军"三大纪律、八项注意"之一的"不虐待俘虏"的条文就是从这时起奠定了基础。

新城大捷后的第三天，即2月21日，砻市召开了宁冈全县群众大会。大会处决了被抓的国民党县长张开阳，宣布成立以文根宗为主席的宁冈县工农兵政府、以龙超清为书记的中共宁冈县委和以石敬庭为队长的宁冈县赤卫队。

新城大捷后，工农革命军已在茶陵、遂川和宁冈三城建立了县工农兵政府。原来以宁冈为中心的革命势力，扩展到了茶陵、遂川、酃县、永新等几县边界，打开了工农武装割据的新局面，井冈山革命根据地初具规模。

第六章
星星之火可以燎原

一、星星之火

八七会议后，鉴于湖北、广东、海南、江西等省深受大革命的洗礼，群众基础较好，党决定首先在这些省份举行起义。其中，影响较大的是湖北的黄麻起义、广东的海陆丰起义以及海南的琼崖起义。在南方起义形势大好的情况下，革命的火种逐渐传向了北方，爆发了清涧起义、玉田起义和确山起义。起义的星星之火燃遍大江南北，燎原之势渐显。

1. 南方群众基础较好的省份起义

黄麻起义

1927年9月，湖北省以蒲圻（今赤壁市）、咸宁为中心的鄂南，以沔阳（今仙桃市）为中心的鄂中，以枣阳为中心的鄂北，以及公安、黄安（今红安）、麻城等地区相继爆发了武装起义。其中，黄麻起义独树一帜，在湖北影响最大。

为配合秋收暴动，1927年9月，黄安、麻城两县的人们以庙宇、祠堂为集结点，打造器械，开始了九月暴动，揭开了黄麻起义的序幕。11月3日和11月11日，中共黄麻特委分别在文昌宫召开两次会议，讨论武装起义的相关问题。最后成立了由潘忠汝、吴光浩、曹学楷、戴克敏、吴焕先、刘文蔚等人组成的黄麻起义行动总指挥部，潘忠汝为总指挥，吴光浩为副总指挥。11月13日，黄麻起义正式开始了。

起义总指挥部根据掌握的各方面情况，制定了具体而严密的计划。吴

第六章
星星之火可以燎原

焕先带领12名机智勇敢的青壮年组成尖刀班,化装成卖柴火的、卖针头线脑的,等等,随着赶集的人群进入黄安城中,承担摸清敌情、里应外合的任务。黄安的农民自卫军和三堂革命"红学"成为攻城的主力,麻城的农民自卫军兵分两路:一路配合黄安武装攻打黄安城,由吴光浩率领;另一路奔赴黄(安)、光(山)、麻(城)交界的北界河警戒,防止河南光山县反动红枪会前来进攻,由刘文蔚、王树声率领。

11月13日下午开始,参加攻城的农民自卫军和农民义勇队2万多人,按部署向七里坪集结。起义总指挥部决定,吴光浩带领70多名突击队员作为攻城先锋,潘忠汝率领黄安全部农民自卫军、麻城农民自卫军一部分和七里、紫云两区农民义勇

◎ 黄麻起义

队的1000余名精锐,组成攻城主力。晚上10时,声势浩大的起义队伍从七里坪向黄安城进发,总共约有3万人,把黄安城围得水泄不通。

14日凌晨,攻城开始。最终起义军攻进县政府,缴了县公安局警备队的30多支枪,俘虏了40多人,县长贺守忠也被活捉了。农民自卫军攻进黄安城后,打开监狱,释放了被捕的农民协会干部和革命群众。革命的红旗在黄安城头上高高飘扬。黄麻起义胜利了。

国民党反动派对黄麻起义的胜利感到震惊,先后派军队进行疯狂的"清剿",在强大敌人的进攻下,黄麻地区的党组织和革命武装遭到严重破坏,很多领导人遇害。12月下旬,当地党组织和鄂东军部分领导人吴光浩、戴克敏、曹学楷等在黄安北乡木城寨举行会议,决定留吴焕先等在当地坚持开展游击斗争,吴光浩等带领大部分人转移到黄陂北部木兰山开展游击斗争。后来,他们开辟了柴山堡革命根据地,逐步走上了农村包围城市的道路。到1930年春天,鄂豫边革命根据地与豫东南、皖西革命根据地连成了一片,土地革命时期第二大革命根据地——鄂豫皖革命根据地形成了。

海陆丰起义

海陆丰地区的农民运动在彭湃的领导下得到蓬勃发展，为武装起义的爆发奠定了基础。1927年4月至10月，海陆丰地区的农民武装先后发动了三次较大规模的起义：第一次是运用武装力量对抗反动派的"清党"；第二次是为了配合南昌起义军向海陆丰地区的转移；第三次是为了响应秋收暴动。

1927年9月，党的八七会议指示和南昌起义军南下广东的消息传到海陆丰。为了贯彻八七会议指示和迎接南昌起义军的到来，中共东江特委决定举行第二次武装起义。这场于9月7日爆发的起义最终以起义军相继占领陆丰、海丰两座县城的胜利告终。中共东江特委领导两县先后建立了临时革命政府，各区、乡农会也宣布接管区、乡政权。9月25日，国民党军一个团在地方保安队和民团的配合下，气势汹汹地向海陆丰反扑而来。为保存实力，农民起义武装主动放弃两县城，转移到中峒和吉石溪等根据地。

经历潮汕失败的南昌起义军，零散到达了海陆丰。10月7日，颜昌颐、董朗率南昌起义军第24师1300多人到达陆丰县的内湖，与陆丰县派出迎接的人员取得了联系。根据上级指示，中共东江特委将南昌起义军第24师整编为工农革命军第2师，董朗为师长，颜昌颐为党代表。

这时，中共广东省委向东江特委下达了执行秋收起义的指示，特委决定以海陆丰为中心掀起东江地区的秋收起义。10月22日，在高潭照面山召开海陆丰两县干部会议，制定了暴动的具体计划：工农革命军第2师和装备较好的农民武装，攻打县城之敌和各区的保安队；各区的农民武装捕杀当地的土豪劣绅；作战步骤是先取乡村，后攻县城。

10月30日，海陆丰农民第三次武装起义爆发了。

海丰方面，工农革命军第2师第4团第1营与公平农民自卫军乘敌退却之机一举袭占了庵村，梅陇农民占领了梅陇；东南五区农民自卫军联合大队占据汕尾，随后进攻捷胜，但未成功。11月1日，海丰之敌退向惠州，起义军当即进占海丰城。之后，中共东江特委派梅陇农民自卫军1万余人前往捷胜协助联合大队进攻捷胜城，但仍攻不下。18日，在海陆丰工农兵代表大会举行期间，东江特委派工农革命军第2师第4团一个营前往捷胜

第六章
星星之火可以燎原

增援。19日8时,该营从北门、公平,梅陇的农民自卫军从西门,联合大队从南门发起总攻。经两小时激战,歼灭守敌,占领捷胜城。到此,海丰全境解放。

陆丰方面,起义军首先攻占了新田、大安、金厢、湖东等区、乡,完成了对陆丰城的包围。11月4日,工农革命军第2师一部及大安、新田、河口农民自卫军在大安完成集结后,分三路向陆丰城守敌发起进攻:东路由董朗率第2师一部,经后坡沿博美路向马街尾进攻;西路由第2师另一部与潭阳、东山的农民自卫军向霞街仔进攻;北路由谭国辉、张绍良率西北农民自卫军向新厝仔进攻。午夜后,因西路提前打响,城内守敌在公馆尾集中后,经鲤鱼潭逃往碣石城。起义军赶到鲤鱼潭时,敌人已逃出包围圈。次日黎明,起义军进入陆丰城。

至此,海陆丰的革命群众又收复了海陆丰两座县城,起义农民成立临时政府。11月13日和18日,陆丰、海丰先后召开工农兵代表大会。海陆丰工农兵代表大会是在第三次武装起义胜利后由香港派回的彭湃领导的,

◎ 海丰人民庆祝工农民主政权成立大会会场

大会宣告中国第一个红色政权——海陆丰工农兵苏维埃建立。海陆丰苏维埃政权建立后,领导人民进行土地革命,扩大工农革命军,在乡村和城镇成立赤卫队。后来,广州起义失败后被整编为工农革命军第4师的队伍也来到了海陆丰。海陆丰的革命力量进一步壮大,红色割据地区也不断巩固和扩大。

然而,在后来反动派强大的攻击下,起义队伍和革命群众损失惨重,中峒、吉石溪等根据地相继失陷,工农革命军不得不化整为零,转入附近山区继续斗争。

海陆丰起义虽然最终失败了,但它在中国革命史上具有重要意义。1928年1月3日,中国共产党中央临时政治局通过的决议指出:"海陆丰政

权之丰富材料,他的胜利,他的经验,应当充分运用到一切农民暴动中去。"

琼崖起义

海南岛长期被反动势力占据,为了在此传播革命火种,中共积极组建琼崖革命组织和武装,开展工农运动,推动海南岛的革命形势迅速发展。

1927年9月中下旬,八七会议决议传达到海南岛,要求岛内革命要贯彻土地革命和武装反抗国民党反动派相结合的总方针。中共琼崖特委在乐会县第四区召开军事会议,决定9月底举行为期一周的全琼总起义。为此,中共琼崖特委进行了充分的准备,将琼崖讨逆军改编为琼崖工农革命军,分成东、中(也叫北)、西三路,并设各自的指挥部。杨善集主持琼崖工农革命军委员会工作兼任党代表,同时还任东路革命军的总指挥;严凤仪任中路军总指挥;冯平任琼崖工农革命军总指挥兼西路军总指挥;符节任工农革命军政治部主任。接着还制定了总起义的具体行动部署。

1927年9月23日,海南岛总起义按既定计划开始,首先攻打椰子寨。王文明率领琼山、定安革命军的两个连,在黎明前从万泉河北岸的丹村渡过万泉河,向椰子寨挺进,最终胜利占领了椰子寨。然而,10公里外嘉积镇上的守敌很快得知椰子寨失守,立即纠集反动军队进行反扑,大部分革命军战士牺牲了,革命陷入不利境地。

在攻打椰子寨时,文昌、琼东、临高、儋县等地的农民武装和农民群众也先后起义。但随着椰子寨战斗的失利,海南岛总起义受挫而失败了。

◎ 杨善集

中共中央军委书记周恩来得知海南岛总起义失败的消息后,立即和中共广东省委派出的徐成章一起来到海南岛,参加中共琼崖特委的领导工作,并研究决定新的工农革命军领导人选。经研究,决定徐成章主持琼崖工农革命军委员会的工作,同时兼任东路军总指挥。新的领导到来之后,在全

第六章
星星之火可以燎原

面总结经验教训的基础上，中共琼崖特委发出指示，要全琼各地进一步扩大队伍，收集各种武器，认真训练，为以后的斗争积蓄力量，做好准备。革命再一次声势浩大地开展起来。

革命军分为东、中、西三路进发，取得节节胜利，占领多个县城，建立苏维埃政权。然而，革命军的胜利激起了敌人的疯狂反扑，工农革命军各路都受到了不同程度的损失，陆续退出了各自占领的县城。攻占县城进而夺取全琼的努力最后以失败告终。

虽然夺取全琼的计划未能实现，但党的组织和武装力量在农村得到了巩固和发展。琼崖革命也从主要夺取城镇的斗争转向了主要建设农村革命根据地的斗争，从单纯的军事武装暴动走向了与土地革命相结合的斗争方式。同时，建立革命政权的意识也进一步增强起来。1928年4月15日，琼崖苏维埃政府成立，王文明当选为苏维埃政府主席。

随着革命根据地的建立和发展，工农革命军的力量不断增强。乡村中的土豪劣绅不断被打倒，财产被分掉，剩下的人也都成了惊弓之鸟。但这些人在暗地里进行串联，组织民团，勾结国民党反动军队向工农革命军反扑。再加上革命军内部出现了叛徒，革命军不断遭受损失。1928年6月，陵水县失守，加上敌人不断扩大的"扫荡"，革命根据地的范围越来越小，工农革命军无法立足，被迫移向六连岭山中。

敌人并没有因为工农革命军转移而放弃"扫荡"，反而变本加厉，四处出击，妄图一举消灭海南的共产党和革命武装。由于敌人过于强大，六连岭的苏维埃机关所在地先被封锁，后被占领。

1928年冬，琼崖苏维埃政府主席王文明率领机关工作人员、警卫队130多人转移到母瑞山，开辟新的革命根据地，继续坚持斗争。

2. 革命的火种传向北方

除鄂、粤、赣、琼等省份爆发起义外，其他地方党组织也根据八七会议的精神发动了武装起义。革命的火种传向北方。

陕北清涧起义

1927年8月,陕北国民革命军总司令井岳秀向其下属第11旅旅长石谦(外号石拐子)发了命令,要他清除所属部队里的共产党,为此还特地写了一封情真意切的信给他。然而,石谦知道自己手下的李象九、谢子长等一批人都是共产党员,尽管他们会在自己的队伍中发展共产党的党团组织,进行马列主义宣传,但对自己一直是那么的兢兢业业、任劳任怨。为部队招兵买马、整肃军纪、提高训练质量,他们为石谦部的发展壮大做了很大贡献。现在要石谦杀掉李象九、谢子长,石谦不忍,因此迟迟不给井岳秀回信,这引起了井司令的怀疑,他趁着石谦来给自己做寿之机,将石谦暗中杀害。

石旅长遇刺身亡的消息传到清涧驻军中,部队上下一片悲愤,纷纷要求为石谦报仇。共产党员李象九、谢子长等揭露杀害石谦的主谋就是井岳秀。果然,石谦尸骨未寒,井岳秀就下达命令,任命一向反共的营长康子祥代理旅长。同时,老井还出了一招,授意师长高双成下令,将李象九营开赴延安改编,谢子长连从安定开赴宜川换防。这已足够证明大家的猜想和判断了。此时进行部队改编和换防,意在分而歼灭这两支"赤化"了的部队。

石谦部中的唐澍、李象九、谢子长等共产党人根据中共陕西省委的紧急指示,迅速召开几次会议,认为绝不能坐以待毙,决定故意拖延石谦的发丧日期,以争取起义的准备时间;利用"为石谦旅长报仇"的口号和借去宜川"换

◎ 清涧起义指挥部旧址

防"名义举行起义。因此专门成立了起义的领导机关——陕北军事委员会,唐澍任书记,李象九、谢子长等为委员,并制定了起义的具体计划。1927年10月12日,清涧起义爆发。

当晚,李象九集合部队,宣布起义。每个士兵膀子上都系了根红布条,

第六章

星星之火可以燎原

以示区别。他们派出警戒部队，割断电话线，不准城内人员外出，四处贴海报进行起义宣传。同时查封了大商号的银柜，筹集现大洋20余万，解决了经费问题。13日黎明，起义指挥部和4个连以及200驮辎重，开出清涧城南下。当天下午到达延川县城，会合共产党员王有才领导的一个起义连队。夜晚，乘胜向延长前进，中途截获高双成私贩的鸦片数万两和驮骡40余匹。部队到延长后，里应外合，出敌不意，一举歼灭了敌军2个连和1个营部，谢子长亲自处决了反动营长祁梅卿。此时驻宜川的敌代理旅长康子祥闻讯后，先发制人，向该县城准备起义的3个连发起围攻。这3个连激战一昼夜，待10月15日唐澍、李象九率部赶到宜川城下，康子祥仓皇逃跑，3支起义队伍在宜川城胜利会师。附近好多农民赶来要求参军，起义队伍发展到1700余人，长枪、短枪1000余支，武装力量相当可观。

起义部队占领宜川后，井岳秀非常震惊，急令驻延安的高双成部围攻宜川。

然而在这紧急关头，起义军内部发生了分歧。唐澍主张起义队伍应该公开举起中国共产党的旗帜，继续北上，夺取敌人兵力空虚的延安；同时强调要把政治上不可靠的连长、排长清洗掉，让可靠的共产党员接替。李象九则坚持仍用旧番号，认为必要时还可接受军阀改编；提出据守宜川，不同意北上，更不同意清除与自己关系较好的一些旧军官。双方争执不下，最终各自行动，力量分散的起义部队不敌国民党军队的袭击，最终弹尽粮绝，被迫宣布解散。清涧起义失败了。

清涧起义是中国共产党在西北地区领导的最早反抗国民党反动派的武装行动，给西北地区的反动势力以沉重打击。虽然最后以失败告终，但起义的影响却是深远的，为西北地区革命力量的进一步发展准备了前奏。

京东玉田起义

玉田的农民运动在大革命时期便已经展开，到1927年8月中共顺直省委成立的时候，玉田各乡镇普遍建立了农民协会。由于玉田农民运动的基础相对较好，中共顺直省委根据八七会议的精神，决定以玉田为中心组织冀东农民武装暴动。

为掌握北方局辖区内的农民运动状况，北方局书记王荷波于1927年9

月底来到了玉田县。当时玉田全县已有党员近200人,支部20多个,还有一定的农民武装力量。但这些人员中新党员多,缺乏斗争经验,下一步目标模糊,对农民运动的领导也不力。王荷波在大致了解了有利和不利的因素后,迅速召集中心县委举行扩大会议。会议决定,近期在玉田发动农民起义,拿下县城。为此,成立了起义的专门领导机构——中共京东特别委员会。

在京东特委的领导下,玉田起义的各项准备工作紧张地进行着。很快,玉田县的农会会员发展到10万多人,农民自卫队共有步枪、短枪300余支,形成了一支较为强大的革命斗争力量。

王荷波看到迅速成长起来的玉田农民武装后,特别高兴,但认为玉田农民自卫军实战经验不足,正式起义前应该让队伍在实践中锻炼一下。根据王荷波的意见,中共玉田中心县委决定在10月10日的"双十节"举行农民自卫军示威游行。农民的大规模集会,使反动派嗅到了革命的味道,开始调动大批反动军警逮捕农会干部和农运积极分子。中共玉田中心县委认识到此时若不举行起义,将会坐以待毙。于是书记张明远和副书记解学海当机立断,从遵化赶到玉田,召开干部紧急会议,决定即刻举行起义。

一夜过后,在玉田城东行宫和城西三里屯两地,集结了2万多农民自卫军,持枪队员300多人,其他队员也都手持各种武器,气势宏大。

1927年10月18日上午,在张明远、解学海的指挥下,起义队伍分东、西两路攻打玉田县城。很快,农民起义军攻下了玉田县城。起义指挥部考虑到力量单薄的农民起义军长期固守这座孤城是很不现实的。因此,中共玉田中心县委决定起义军队伍主动退出县城,撤向郭屯。正如当初王荷波担心的那样,玉田农民起义军组建时间不长,行军纪律观念淡薄,战斗经验缺乏。当起义队伍撤到郭屯时,已散去了三分之一。

逃出玉田县城的反动官吏、土豪劣绅和军阀,听说农民起义军撤出了县城,高兴得手舞足蹈,又卷着铺盖陆续回来了。

反动势力重新占领了玉田县城。

面对反动势力的嚣张气焰,中共顺直省委根据八七会议精神,认为起义不能就这样半途而废,必须继续进行下去,为建立工农民主政权而做准备。

第六章
星星之火可以燎原

于是，1927年10月22日，中共顺直省委决定成立京东革命委员会，以加强农民革命军的领导工作，提出新的六条革命纲领，准备重新攻占玉田县城。

1927年10月28日，京东农民革命军第二次攻打玉田县城的起义开始了。

但是，京东农民革命军诞生不久、经验缺乏，使其在行军和实战中暴露出了致命的弱点。首先，农民革命军在行军中缺乏防范意识。连日行军到达鲁家峪时，农民革命军因疲劳而放松了警惕，这给了民团可乘之机。第二，由于经验的缺乏，农民革命军在战斗中没有应变能力。在到达鲁家峪的当夜，1000多人的民团包围了农民革命军。这时农民革命军没有组织起统一有效的抵抗，队员各自打了一阵就分散突围了。这导致京东农民革命军队伍不堪一击，牺牲、负伤、被俘的人数甚多。于方舟、杨春霖、解学海、刘自立这些优秀的革命运动领导人和骨干都被俘虏了，并于1928年2月同时遭到杀害。玉田农民的第二次起义在悲壮中失败了。

玉田农民起义失败后，反动政府与土豪劣绅相互勾结、气焰嚣张，疯狂捕杀、利诱共产党员和农运干部、骨干，进行反攻倒算，加重各种税捐。野蛮的屠杀，可耻的诱降，使玉田党组织遭到了极大的破坏，农民协会相继瓦解。

玉田地区的农民革命运动陷入了低潮。

玉田起义是中国共产党在河北地区较早领导开展的较大规模对抗反动派的武装斗争。后来在敌人的反扑下，玉田地区正确开展了争取与群众日常生活密切相关的斗争，从而推动这里的革命继续向前发展。

河南确山起义

河南确山县农民深受土豪劣绅和反动军阀的压迫，为了反抗剥削，1927年4月，确山农民军在杨靖宇等人的带领下攻进了确山县城，后因反动势力的反扑而主动撤出。9月，中共河南省委根据八七会议精神，决定在豫南地区以确山县为中心发动起义。

杨靖宇，1905年2月生于河南确山县李湾村一个农民家庭，聪明勇敢，学什么都很快，而且有板有眼，年仅14岁就投身于火热的革命斗争中。1926年加入中国共产主义青年团。同年冬，奉党团组织的指示，回确山县领导农民运动，建立县级人民政权。

1927年4月，确山县农民协会的几万人聚集在县城外东关大操场，喊出"交出四大劣绅！""取消一切苛捐杂税！""打倒土豪劣绅！""打倒封建军阀！"的口号。农会领导人杨靖宇、张家铎等人把县长王少渠捉到操场，要求他给群众一个满意的答复。然而王少渠老奸巨猾，表面答应农会的要求，实际上在脱身后通风报信，放跑了四大劣绅，还关闭城门，严密布防，限制出入。他的这一举动引起了群众的怒火。4月4日，天一黑，杨靖宇、张家铎等指挥农军开始攻城。到4月8日，城内的反动势力乘黑夜弃城向西逃去。农军趁机拦截，消灭了200多名敌军，随即占领了县城，镇压了一批土豪劣绅，活捉王少渠，抄了四大劣绅的家产，释放了被关押的贫苦农民。

9日黎明，一面犁头大红旗插上了确山城。起义成功了。这次起义是中国共产党领导下河南最早的一次起义。

就在起义群众欢庆胜利、迎接北伐军到来之际，"四一二"、"七一五"反革命政变相继发生，7月初，确山反动势力卷土重来，疯狂向革命力量进行反扑。农民革命军在杨靖宇、李鸣歧、张耀昶等人的领导下，为保存实力，于7月4日主动撤出确山县城，安全转移到刘店、洪沟庙一带的农村，继续对敌斗争。

中共河南省委根据八七会议精神，决定"在河南发动工农斗争以至暴动，进行土地革命工作"。1927年9月，中共豫南

◎ 杨靖宇

特委成立，王克新任书记。中共河南省委和中共豫南特委向确山派出了指导干部。在此情况下，中共确山县委开始整顿农民革命军，筹备枪支弹药，发动群众，准备举行秋收起义。10月下旬，中共确山县委在刘店以北的吴庄召开了秋收起义预备会，对起义做出了具体、周密的安排。

在预备会上，大家一致同意，起义首先在群众基础较好的刘店举行，主要目标是打击和摧毁地主武装李广化所属部队。

10月26日，天刚蒙蒙亮，杨靖宇、李鸣歧带领农民起义军战士，开

第六章
星星之火可以燎原

始攻打刘店寨子。在杨靖宇的威慑和劝说下，寨子的守敌被缴了枪，确山农民军的第二次起义在刘店成功了。

反动派不会自甘退出历史舞台，即使在刘店这样的小村镇上也是这样。1927年11月，起义军在强大的国民党军队的围攻追击下，逐渐陷入分散、失利的境地。尤其是王楼一战，中共豫南特委书记王克新中弹牺牲，总指挥杨靖宇腿部受伤，队长张家铎右臂受伤，队伍只剩下40多人，农民革命军伤亡惨重。李鸣歧、张立山、蔡训明带领剩下的人员转移到确山西北的小乐山进行整编。杨靖宇、张家铎被秘密送往驻马店医院治疗。不久，农民革命军南下信阳四望山，与另一支农民革命军队伍会合。经中共河南省委批准，两支队伍合并组建为豫南工农革命军，成立临时政权性质的豫南革命委员会，共同开辟四望山革命根据地。

确山刘店起义是国民党反动派发动反革命政变以后，中国共产党在河南较早领导开展的一次规模较大的武装对抗反动派的行动。这次起义有力地打击了反动势力的统治，推动了河南其他地区武装革命活动的开展，在中原大地上树起了武装反抗国民党反动统治的大旗。虽然在敌人的强势反扑下，农民革命军遭受重挫，被迫转移至农村地区开展游击斗争，但革命武装却因此找到了一条新的道路，即开辟农村革命根据地，为革命的最终胜利奠定了基础。

二、湘南暴动和平江起义

湘南暴动和平江起义，是继南昌起义、秋收起义、广州起义后甚为重要的两次起义。朱德、陈毅领导湘南暴动推翻了反动政权，相继在湘南地区的耒阳、资兴、永兴、桂东、汝城等县建立苏维埃政府，并组织了各地的地方武装，先后成立工农革命军第1、3、4、7师和两个独立团。而平江起义，则是由彭德怀、滕代远、黄公略等人组织和发动的，它的成功不仅创建了中国工农红军第5军，而且对于建立和发展湘鄂赣边区革命根据地，对于保卫和巩固井冈山革命根据地，都有着重大的意义。

1. 湘南暴动

湘南起义，又称年关暴动，从1928年1月朱德和陈毅智取宜章开始，到同年4月朱德和陈毅带领湘南起义军上井冈山结束，为时3个多月。在湘南起义的影响下，革命烈火迅速蔓延到湘粤边界的广大地区。

1927年8月1日爆发的南昌起义，打响了武装反抗国民党反动派的第一枪，中国共产党从此开始了独立领导武装革命的新时期。起义后，国民党反动军阀的猛烈反扑，由朱德、陈毅率领的起义军坚持反击，但因敌人火力强大，起义部队损失惨重，部队不得不及时转移。

南昌起义部队在南下的过程中遭遇挫折，力量被大大分散。9月底到10月初，叶挺、贺龙率领的主力在汤坑遭遇数倍于己的敌军，因寡不敌众，起义部队全面溃败。与此同时，敌军又纠集3万之众向三河坝扑去，朱德

第六章
星星之火可以燎原

率部与敌激战三天三夜，虽然歼敌3000多人，但自己部队的伤亡也十分惨重，加之无后援补给，起义军不得不主动撤出战斗，并与其他突围的部队会合于茂芝。在这种处境极端险恶的情况下，部队内部思想混乱，失意情绪非常严重。朱德见此境况，10月7日，决定于茂芝一学校召开有20多位指挥人员参加的军事会议，研究解决问题的方法。会上展开了激烈的争论，有人心灰意冷，提出要解散部队。朱德则认为："起义军虽然失败了，但是八一起义这面旗帜不能丢，武装斗争的道路一定要走下去。我是共产党员，有责任把八一起义的革命种子保存下来，决心带领好这支部队，甩开敌人重兵，摆脱险恶的处境。我们一定要团结起来，把革命干到底！"这次大会扭转了士兵们悲观失落的思想情绪，坚定了继续革命的信心和勇气。

后来朱德在和美国进步作家史沫特莱的谈话中，把他当年在茂芝会议上的正确决策概括为两句话八个字"穿山西进，直奔湘南"。茂芝会议后，这支南昌起义剩下来的孤军，由朱德、陈毅率领，隐蔽北上，经福建后转战进入江西，开始穿山西进。起义军西进的行动很快就被敌人发觉。国民党第18师紧紧地尾追着，沿途的土匪、反动民团不断袭击。在多种困难交织下，士兵人数严重减少，严重的悲观主义情绪再一次笼罩着部队。为了克服眼前困难，10月下旬，部队在安远县天心圩进行整顿。

天心圩整顿后，军心稳定，战士们斗志昂扬。10月底，部队进入赣粤边境的大庾（今大余）地区时，打击了当地的土豪劣绅，并没收了富人的大米和钱财。部队也因此有了生息整编的机会。为了缩小目标，便于隐蔽，起义余部对外暂时取用了"国民革命军第5纵队"的番号。朱德任司令员，化名王楷，陈毅任指导员，王尔琢任参谋长。经过整编以后，部队人员充实、精干了许多。另外，编制后也更便于指挥。

11月初，部队迅速转战到有较好群众基础的湘、赣边境的江西崇义县上堡山区，暂时稳住了脚。在这里，部队又进行了新的整训。这次整训是为了巩固过去思想整顿和组织整顿的成果，解决一些更为重要的问题，以便开展新的斗争。此时，隆冬已至，大家穿的仍是南昌起义时发的单衣短裤，粮食、薪饷更无着落，尤其是枪支弹药和被褥无法得到补充，医药根本没有。在这种情况下，朱德从实际出发，主张与范石生建立合作关系。

范石生是驻守湘南汝城的国民党军第 16 军军长，朱德与范石生是云南陆军讲武学堂时的同学，二人一同参加过辛亥革命。因为范石生不属于蒋介石的嫡系，蒋曾多次逼他就范；西南的桂系军阀和北面的湖南军阀也都排挤他，企图夺走他仅有的一小块地盘。范石生寄人篱下，孤立无援，但又想急于扩大自己的实力，希望找到可靠的盟友，借以捞取和蒋介石讨价还价的资本。因此，在南昌起义前，范石生同中共一直保持着秘密的联系。当起义军进至上堡后，范石生派在其部队工作的共产党员主动与朱德联系，希望双方能够合作。于是，朱德、陈毅就利用与范的关系，与其建立统一战线，以得到其物质上的补给和帮助。

11 月下旬，朱德亲自前往湘南汝城谈判，在坚持部队完全自主的前提下，与范石生签订了协议。谈判最后确定：朱德部队暂用"国民革命军第 16 军第 47 师 140 团"的番号作伪装，朱德仍化名王楷，任第 16 军总参议、第 47 师副师长兼 140 团团长。按照协议，起义军开进汝城，不仅得到了休整的机会，还获得一

◎ 湘南起义指挥部旧址

批现款和枪弹、被服和医药等物质补充。同时，张子清、伍中豪率领湘赣边界起义部队第 1 师第 1 团的 3 营和汝城农民武装，也编入第 16 军。为了加强党对这几支部队的统一领导，部队还秘密成立了中国共产党第 16 军军委，陈毅任书记。朱德、陈毅率领的南昌起义余部辗转至湘南，开始将湘南地区的革命之火燃烧起来。

朱德部队在上堡整训时，就已开始把武装斗争和农民运动结合起来，开展打土豪活动，积极恢复农会组织。为了更好地开展土地革命，朱德在与范石生建立合作的同时，又派人到湘南和粤北与地方党组织取得联系，准备在汝城召开湘南和粤北党组织的负责人联席会议，制定由革命军打先锋的农民起义计划。

第六章

星星之火可以燎原

1927年11月26日，联席会议在汝城召开，参加会议的湘南方面，有郴县、耒阳、宜章、资兴、汝城等县党的负责人夏明震、毛科文、杨子达、彭晒、何日升等。会议研究了当前的革命形势和组织暴动的具体计划。会议认为，当前敌人占据城市，从城市向农村进攻，企图消灭农民武装力量，共产党必须以农村为阵地，组织农民开展武装暴动，立即恢复和建立各地的地下党组织及农会等群众组织，开展土地革命斗争，不断扩大暴动队伍和活动区域，并决定于12月中旬举行湘南起义。不久，湘南特委又制定了《湘南暴动计划》，对暴动前的准备及暴动后的任务，也做了周密的部署。

汝城会议后，朱德、陈毅率部南下广东。12月中旬，途经广东仁化时，朱德和广东北江特委取得了联系。特委领导转达了中央的通知，要求起义军立即南下支援广州起义。当部队行至韶关时，广州起义失败的消息传来。于是，朱德、陈毅、王尔琢等开会商议。与会人员分析了当时军阀之间的矛盾和我军的情况，决定乘此机会，部队转移到韶关西北的犁铺头休整、训练。在此期间，中央于12月21日和27日，写了两次指示信给朱德，根据八七会议精神和南昌起义的教训，关于部队行动方针和组织武装起义问题，做了具体的指示，要他根据党中央的新政策，以工农武装暴动为中心，建立苏维埃政权，实行土地革命，迅速与湘赣边界的毛泽东部队取得联系，"共同计划发动群众以这些武力造成割据的暴动局面，建立工农兵代表会议——苏维埃政权"。如果无法联络，则在湘南与当地党组织"计议发动群众在适当机会举行暴动"。

1928年年初，蒋介石得知朱德所领导的起义军隐藏在范石生部，下令立即解决140团，逮捕朱德。由于范石生不忘旧谊，从广州派人专程到犁铺头给朱德送了一封紧急密函，通知他撤离，于是朱德、陈毅率部迅速脱离第16军北上，深夜冒雨离开犁铺头，经仁化西进，直奔湘南。

朱德率部从仁化进发，途经乐昌时，在杨家寨会见了湖南宜章县农会主席杨子达，由他引路进入宜章的莽山洞。朱德在莽山，看到农民的革命热情高涨，认为可以在湘南打出红旗大干一场，于是与湘南特委委员、宜章县委书记胡世俭及县委委员陈东日、毛科文、杨子达等商量，决定首先发动宜章起义。

经杨子达等人介绍，朱德结识了当地有名的富家子弟胡少海。胡少海从小出外求学，受革命思想影响，倾向进步，北伐时，在程潜部任过营长。大革命失败后，他带领一队人马，潜入粤北山区，开展过游击活动。胡少海在家族兄弟中排行第五，人称"五少爷"。朱德决定利用胡少海的特殊身份，拟定了智取宜章的计划，把部队伪装成国民革命军第140团。胡少海佯称是"副团长"，打着"保护宜章"的招牌，率先进城。

1928年1月11日，胡少海率先头部队进宜章城，官吏劣绅们听说胡家"五少爷"带队伍回来了，都出城来迎接。朱德、陈毅随即率领大队人马大摇大摆开进城内。第二天，宜章县长设宴为"五少爷"接风洗尘。席间，朱德突然站起，当场宣布："我们是中国共产党领导的军队！你们这些贪官污吏、土豪劣绅，平时作威作福，摧残革命，屠杀工农，无恶不作，是劳苦大众的罪人！"并将赴宴的二十几名官绅全部扣押。接着，砸开监狱，释放了被捕的共产党员和革命群众；打开地主的仓库，将粮食、财务分发给劳苦大众。参加起义的共6个团1万余人，除朱德、陈毅率领的南昌起义军2000余人外，其余8000余人全是湘南农民武装，其中新组建的宜章农军2000余人。巧取宜章的胜利，揭开了湘南起义的序幕。起义军第一次举起了印有锤子、镰刀和红星的红旗，改称"工农革命军第1师"，朱德任师长，陈毅任党代表，王尔琢任参谋长。

宜章暴动震撼了粤北湘南山区，马日事变的刽子手许克祥率6个团，从坪石扑向宜章。朱德分析了敌我双方的情况，认为敌人兵力数倍于我，武器装备良好，在这种敌强我弱的条件下，要想打好这一仗，绝不可死拼硬打，必须以勇敢加智谋，采取各个击破的战法，才能取胜。主要做好战前的政治动员，广泛发动军民控诉许克祥屠杀工农的滔天罪行，激发军民对敌人的义愤。这样，指战员们纷纷请战，宜章县有2000多农民要求参战，广东骶塘也有几百青壮年农民、赤卫队员要求上前线与许可祥决一死战。为了诱敌深入，朱德、陈毅指挥工农革命军和宜章农民主动撤出宜章县城，隐蔽集结在宜章西南的黄沙堡、巴篱堡一带山地。许克祥把6个团从坪石到栗源到岩泉摆成一条长蛇阵。在岩泉，起义军很快把他先头的一个团打垮，紧跟着追击下去，一路走，一路打，各个击破，把他的6个团逐个歼灭。

第六章

星星之火可以燎原

起义军追到坪石时，敌人已经溃不成军乱作一团。坪石是一条峡谷，敌人只能沿着这条峡谷逃窜。起义军一直追下去，追到乐昌河边，才停下来。许可祥成了"割须弃袍"的曹操，换上便衣，混入乱军人群，跳上一只小木船，顺水逃往韶关。此役共俘敌1000余人，缴获步枪近2000支，得到了不少机关枪、迫击炮，创造了以少胜多的战例。

坪石之战，是南昌起义军自潮汕失败后，朱德总结失败的教训，改变作战方法，注意加强政治工作，发动群众参战，首次获得的重大胜利。它给敌人以歼灭性打击，震惊了湘粤两省的敌人，也振奋了起义军和湘南工农群众的革命斗争情绪，对朱德、陈毅部队能在湘南立足，对推动湘南起义走向全面高潮，都具有决定性的意义。

坪石之战后，起义军回师重占宜章县城，并于2月6日建立了宜章县苏维埃政府，继续开展打土豪斗争，人民群众积极参加工农革命军和农军，革命武装迅速扩大。

工农革命军作战的胜利和宜章县苏维埃政府的建立，振奋了湘南人民的斗志。在中共湘南特委和各地党组织的领导下，工农群众纷纷起义。为了支援农民起义，工农革命军第1师挥戈北上，在黄泥坳打垮国民党军何键部两个营后，又占领湘南重镇郴县，帮助当地党组织建立了县苏维埃政府。随后分兵协助当地农军占领资兴、永兴、耒阳等县城，并相继建立了县苏维埃政府。在此期间，安仁、茶陵、酃县、桂东、汝城、临武、嘉禾、桂阳、常宁、衡阳等县的大部分地区的农民也纷纷起义。3月中旬，湘南特委在永兴县太平楼召开湘南工农兵代表大会，成立了湘南苏维埃政府。

湘南起义初期，正值湘桂军阀混战。桂系军阀李宗仁、白崇禧的西征军，与湖南军阀唐生智的部队，经过几番较量后，唐生智节节败退，先由芜湖、安庆退到武汉，后又撤至长沙。1928年1月，西征军进攻长沙，打到了唐生智的老家。此时，粤、鄂军阀李济深、杨森均先后通电讨唐。唐生智被迫下野，东渡日本。桂系军阀则取代了唐生智在湖南的统治地位。

1928年3月，湘桂军阀混战结束，湘、粤两省敌军集中"会剿"湘南，对工农革命军形成南北夹击之势。北面有国民党第7军的第20师（师长李宜煊），第13军的第2师（师长向成杰），第21军的第1师（师长罗霖），以李朝芳兼任湖南剿匪总司令,前线指挥部设在衡阳;同时,还有第8军的一个师进驻茶陵,威胁安仁。南面有范石生的第46师、第47师、新编第4师及军官教导团,许克祥的独立第3师,胡凤璋的一个保安师,以范石生为总指挥,前线指挥部设在韶关。南北敌人共有9个师和1个教导团。而湘南的革命力量,主要是朱德、陈毅1个师(实际上是1个团)的正规部队。各县虽有农军数万,但枪支很少,多是手持梭镖、大刀,没有经过正规军事训练的农民。大敌压境,敌强我弱,众寡悬殊。

3月17日,李朝芳接到白崇禧的"剿匪"命令后,没过几天就开始进攻。范石生也指令所辖部队于3月25日以前分别集中于塘村、坪石,3月30日发起总攻击。

面对这一严重局面,湖南特委却强调"守土有责","共产党员应该不避艰难",要将湘南所有武装力量全部投入战斗,与敌硬拼。这种盲目冒险的主张,受到了朱德等人的坚决抵制。他分析了当时的敌我情况,借鉴南昌起义部队南下失败的教训,为保存南昌起义留下的革命火种和湘南起义中发展起来的力量,坚决主张在敌人兵力数倍于我的情况下,避敌锋芒,主动转移。但是,湘南特委的领导人仍然一意孤行,固执己见。在这关键时刻,朱德不顾湘南特委的反对和阻挠,毅然决定工农革命军第1师和农军主动撤离湘南,往东转移,向井冈山靠拢。

湘南起义历时三个多月,参加起义的人员达百万之众,暴动的烈火波及湘、粤两个省的5个地区——湖南的株洲、郴州、衡阳、醴陵地区和广东的韶关地区,共20多个县,起义中建党、建政、建军,开展土地革命,沉重地打击了国民党的反动统治。朱德、陈毅把南昌起义这面红旗,插在湘南,把军队扎根于人民群众中,不断地壮大自己的力量,这个方向是正确的。在暴动的前期、中期,湘南特委在朱德、陈毅率领的武装力量支持下,执行了许多正确的政策。但是,后来由于湘南特委执行了"左"倾盲动主义错误路线,脱离了群众;加上湘、桂军阀联合进攻,南北夹击,敌众我寡,使革命力量不得不退出湘南,向井冈山转移。从战术上"不得不退出湘南"这一点来看,湘南起义是失败了;但是,从战略上,从转移的方向路线上来看,湘南起义又可以说是胜利的、成功的。湘南起义部队上井冈山与毛泽东率领的秋收起义部队会师，诞生了中国第一支工农红军，巩固与发展了井冈山革命根据地。同时，湘南起义的历史功绩，不仅保存了从南昌起义诞生的革命火种，而且大大地发展壮大了这支武装力量。因此，湘南起义与南昌起义、秋收起义、广州起义等伟大的工农武装起义一样，永远载入了中国革命军的光辉史册。

2. 平江起义

平江起义前夕，国民党当局的高压统治使革命暂时转入低潮，但在南昌起义、秋收起义、广州起义和湘南暴动的影响下，各地工农武装斗争不断发展壮大，湘鄂赣边界特别是平江、浏阳等地，有着比较雄厚的基础，党和工农革命力量发展的速度更是迅猛。尽管反革命的力量还是比较强大，但是在党的正确领导下，彭德怀、滕代远、黄公略等人以不屈不挠的革命精神，经过充分的准备和酝酿，终于在1928年7月22日，组织和发动了著名的平江起义。

彭德怀，原名彭德华，1898年出生于湖南湘潭。他6岁入私塾，8岁时母死父病，家贫如洗，即废学，11岁时靠给地主放牛维持生计，13岁当过挖煤工人和修堤的苦力，饱尝了富人的凌辱和压榨，深知工农大众的痛苦。1916年投奔湘军当了一名士兵，由于作战勇敢，没几年他就升为连长。1922年入湖南陆军军官讲武堂，毕业后在湘军任营长、团长，并参加了北伐战争。1928年加入中国共产党，同年参加并领导平江起义。

1928年年初彭德怀升任独立第5师第1团团长。4月，由段德昌介绍，加入了中国共产党。随后，独立第5师第1团秘密成立了党的支部，直属特委领导，彭德怀任党支部书记。由于彭德怀的努力和党组织的积极工作，邓萍、黄公略、贺国中、黄纯一、李灿等共产党员控制了第1团的主要部队和第3团一部，从思想上和组织上为平江起义打下了良好的基础。

1928年3月，湘鄂赣边特委书记郭亮被叛徒出卖而惨遭杀害，特委机关也遭敌人破坏。根据湖南省委指示，调湘东特委书记滕代远接任湘鄂赣边特委书记。

滕代远，苗族，1904年出生于湖南麻阳。早年就读于湖南省立第二师范学校。1924年加入中国社会主义青年团，并于次年加入中国共产党。1926年年初，中共湖南省委曾派他到平江视察工作，并一度任共青团平江县委书记。北伐战争时期他是长沙近郊区委书记兼农民协会委员长。1927年8月，中央派王一飞任湖南省委书记，滕代远任湖南省委常委，兼任湖南省农民协会委员长。年底，调任湘东特委书记。

滕代远接受新的任命后，以省委特派员身份离开安源赴浏阳、平江寻找党的关系，以便恢复边界特委的工作。7月17日，滕代远找到1团团部副官邓萍，接上了党的关系，并传达了中共湖南省委关于准备在必要时举行起义的指示。18日中午，正在二营巡视的彭德怀得知南华安特委机关被破坏，黄公略以部队名义给共产党员开具的通行证落入敌手。彭德怀当即决定下午回县城。在返回县城时，又截获师长周磐发给副师长李慧根的密电，内容是立即逮捕共产党员黄公略、黄纯一、贺国中3人。与此同时，滕代远也接到湖南省委关于南华安特委被破坏的通知，指示中说："独立5师党的情况有所暴露，立即策动暴动，以争取主动。"

在此紧急情况下，18日晚，彭德怀约集党员，以看望黄纯一的病情为名，与滕代远一起到县立医院黄纯一的病室秘密开会。到会的还有邓萍、张荣生、黄纯一、李灿、李力、李光等8人，经过与会同志的讨论，最后决定以闹饷为名，在7月22日下午1点，趁敌午睡时举行起义。会上还做了相关的分工工作。

7月20日晚，彭德怀、滕代远等再次召开会议，检查了起义的准备工作，决定起义后立即打出镰刀斧头红旗，部队番号为中国工农红军第5军。对于黄公略率第3团第3营于当日提前起义的突然情况，会议也进行了分析，认为该营属第3团的建制，不一定引起师部对第1团的怀疑；同时，该营起义也可以起到扰乱第2、3团的作用；再者，改变第1团的起义计划已经来不及了，所以确定原定起义时间不变。

黄公略，1898年出生于湖南湘乡。1922年，与李灿、彭德怀一起考入湖南陆军军官讲武堂，毕业后回到湘军任连长。1926年，因在北伐战争中

第六章

星星之火可以燎原

作战勇敢,被提升为国民革命军第2师第30团少校团副。

7月22日,在彭德怀、滕代远领导下,独立第5师第1团在平江宣布起义。上午10点,彭德怀在团部召开了驻在县城和城郊的第1、第3营的排以上军官会议。会上,他历数国民党反动派的罪恶,宣布团部要实行1928年1月士兵委员会章程,实行为工人、农民服务,建立工农革命政府和工农红军,并当场揭发第3营营长经济手续不清,财政不公开,又与平江土豪劣绅相互勾结,为非作歹等罪行,宣布将其撤职查办,交特委连看押,并任命第9连连长黄纯一代理营长职务。同时对不执行士兵会章程的连、排长停职考查,他们的职务由该营、连士兵委员会推选适当的人代理,报告营、团部备案。这一措施,扫除了举行起义最后的障碍,大家心情异常高兴,立即分头行动。

11时半,在盛暑烈日之下,国民党军独立第5师第1团的800名战士,全副武装,颈系红带,精神振奋,集合在平江县城东门外1营驻地——天岳书院操场上,誓师起义。士兵委员会总代表李灿宣布起义,彭德怀作了动员讲话。全体官兵一致响应起义并进行了宣誓。最后,彭德怀拔出手枪,往空中一举,命令士兵们"装好子弹,准备出发"。

按照预定计划,李灿率领第1营进攻平江城内国民党县党部、县政府、县监狱和县挨户团;黄纯一率领第3营进攻独立第5师师部及其特务连,并派出部队在县城北门外担任警戒,以保证城内起义胜利完成。

这时,正值下午1点。平江县城内军警官兵午睡正酣,李灿率领第1营直捣县政府,以迅雷不及掩耳之势,很快解决了保安队哨兵和警察局的武装,占领了县政府,活捉了县长兼清乡委员会主任刘作柱、警察局长黄夕度等反动分子;解除了看守人员的武装,打开监狱,救出被关押的五六百名中共党员和革命群众;冲进清乡队住处,活捉了清乡队长,清乡队士兵放下武器投降。黄纯一则率领第3营,缴了师特务连的器械,除副师长、师参谋长逃跑,除训练处长躲入密室未被发现外,其余反动军官全部被俘。不到两小时,起义部队就解除城内敌人共两千余人的武装,起义部队顺利地占领了平江县城。

起义爆发之前,彭德怀已向平江周边共产党所掌控的武装力量发出信函,要求在起义当天各路人马都会合于平江县城。由营长陈鹏飞带领的第1

团第2营在22日下午4时,从思村、安定桥一带驻地开回平江县城。23日,黄公略率第3团第3营前来平江会师。当黄率部行至距平江县城外的一个小镇休息时,黄只身到县城与彭德怀等商讨工作,不料该营在第9连连长贺仲斌的煽动下,叛变南逃了。随营学校校长贺国中也带领随营学校全副武装的500多名师生从岳阳驻地开往平江,于23日安全抵达平江城。至此,所有参加起义的部队已胜利会师于平江。

7月22日晚,彭德怀、滕代远主持召开了一次团党委会,听取了各方面的汇报,确定下一阶段的工作,着重讨论了经费等问题的解决办法。

24日上午,士兵委员会在团部召开联席会议,宣布成立中国工农红军第5军,选举彭德怀为红5军军长兼第13师师长,邓萍任参谋长,下辖第1、4、7三个团。会议通过了红5军实行共产党党代表制。团以上建立政治部,保证部队革命化等决议。滕代远为红5军党代表,李灿、黄公略、黄纯一分别为三个团的党代表。营、连长及其他各级干部也做了调整和安排。还健全了编制和各种组织机构;各连成立了革命士兵委员会,军官由士兵选举产生;制定了不许侵犯老百姓,不许调戏妇女等革命纪律。还决定:以平江东乡的长寿街为革命根据地的中心。部队整编后,第1、4、7团分别向平江的东、南、北三方发展,并与邻县、邻省取得联系,建立湘鄂赣边界革命根据地,进而与红4军取得联系,以造成整个罗霄山脉的割据。

同时,为进一步加强党的领导,正式成立了中国共产党红军第5军委员会,由彭德怀、滕代远、黄公略、邓萍、黄纯一、李灿、贺国中、李光、张荣生和贺夷等人组成,滕代远为书记。各级党代表为同级的党委书记,这是当时红5军的一项重要的制度。

起义胜利的消息很快传遍平江城乡,极大地鼓舞了广大工农群众。人们喜笑颜开,扬眉吐气。起义当天,西北特委马上召开了会议,成立了平江农民赤卫队、西路指挥部和北路指挥部,组织赤卫队,打土豪劣绅。中共平江县委负责人胡筠正在钟洞白鸡坑召开县委扩大会议,听到起义的消息后,决定发动群众进城,慰劳起义部队,并组织游击队配合起义部队,扩大影响。23日,由胡筠等县委负责人带领,成千上万的工农群众和游击武装组织,扛枪背刀挑菜抬猪,浩浩荡荡从四面八方涌入县城,慰劳红军,

第六章

星星之火可以燎原

协助红军清查土豪劣绅,并把豪绅带回农村批斗。

7月24日下午,红5军党委和平江县委在平江县月池塘广场召开了有5万人参加的军民大会,宣布中国工农红军第5军和平江县工农苏维埃政府正式成立。大会还宣布了平江县第一届工农兵苏维埃政府主席胡筠及15名政府委员的名单,并宣布工农兵政府的主要任务是实行土地革命,扩大工农赤卫军,支援红军。大会还应广大群众的要求,公审和处决了罪大恶极的县长兼清乡委员会主任刘作柱、省清乡督察员杨鹏翼、大劣绅清乡委员李铁桓等一批贪官、恶霸。

平江起义的胜利震惊了国民党反动派,也打乱了敌人"清乡"、"剿共"的部署,并在一定程度上牵制了敌人大量的有生力量;同时,它与红4军在井冈山地区的斗争遥相配合,使时任国民党湖南省政府主席的鲁涤平寝食难安,遂速调朱耀华等3个师10多个团的兵力,在湘鄂赣边界地主武装的配合下,于25日分五路向平江城扑来。这时,滕代远、邓萍正在离县城60里的乡下参加平江县委扩大会议。彭德怀立即召开会议,决定利用城郊周围的有利地形,先歼灭敌人两个团,然后撤出平江县城,有计划地向赣南等地发展。

7月29日,敌军以3个团的兵力指向平江根据地中心长寿街,堵击红军退路,以5个团兵力分为前后两个梯队,沿长平公路向城西进攻。彭德怀率城内的第1团共6个连在城西门与敌激战,尽管予敌重创,但因敌军火力强大,起义部队伤亡太大。30日黄昏,彭德怀决定主动撤出平江,同胡筠率领的平江县工农游击队以及其他起义军,一起转移至东乡龙门一带休整。

这时,湖南国民党军约12个至15个团继续向平江、浏阳集结,围截红5军。为避免同敌人硬拼,红5军适时向江西修水进发。8月6日,部队进占修水县城,与当地党组织接上了关系,县城周围八九十里远的工农群众都涌进城来,参加打土豪的革命斗争,成立了修水县工农兵苏维埃政府,积极发展工会、农会和赤卫队的组织。随后,江西国民党军从武宁、万载等地向红5军进攻。8月20日,红5军吸取前段的经验教训,返回平江,到达黄金洞一带。

到8月下旬，国民党反动派先后又集中10多个师的兵力会同江西、湖北的反动部队前堵后追，多次围剿红5军。在如此艰难的形势下，彭德怀决定要保留自身力量，向井冈山转移，最终与井冈山的红4军胜利会师。

红5军主力上井冈山后，留在湘鄂赣边区的红5军第1、2、3纵队，在当地群众的配合下，继续开展游击斗争。3个纵队成立湘鄂赣边境支队，黄公略任支队长。

平江起义是一次较大规模的武装起义，其创建的中国工农红军第5军，有力地推动了湘鄂赣边界革命斗争的发展，为创建湘鄂赣革命根据地奠定了基础，也为井冈山革命根据地和中央革命根据地的创建和发展做出了重大贡献。

三、革命力量的第一次大汇合

1928年春天,朱德、陈毅率领南昌起义军及湘南农军到达井冈山,与秋收起义部队会合。毛泽东、朱德第一次在井冈山历史性地握手,中国工农红军第4军诞生了,中国革命有了一支强大的革命武装。1928年12月,彭德怀率领建立于平江起义中的红5军到达井冈山,与红4军胜利会师。从此,两军便投入到了保卫井冈山,建设革命根据地的伟大斗争中来。中国革命力量实现了第一次大汇合。

1. 历史性的握手

1927年11月,毛泽东领导的秋收起义失败后,"左"倾盲动主义统治下的中共中央临时政治局召开扩大会议,指责毛泽东在秋收起义指导上完全违背了中央策略,犯了"军事投机主义"错误,会议通过共产国际代表罗明纳兹提出的《政治纪律决议案》,撤销了毛泽东的中共湖南省委委员和中共中央临时政治局候补委员的职务。

1928年3月,中共湘南特委的代表周鲁来到井冈山,传达中共临时中央文件和湖南省委指示精神。由于错记了中央文件的内容,周鲁把对毛泽东的"开除中央政治局候补委员"处分记成了"开除党籍",并这样向井冈山地区传达。

在前委扩大会议上,周鲁如此这般作了传达,并宣布了中央的决定:撤去毛泽东井冈山前委书记一职,前委亦同时取消,毛泽东改任工农革命军第1师师长；着毛部速开湘南，归湘南特委节制，不得有误。宛希先、张子清等人对此很不满，会议开得不欢而散。

对于毛泽东来说，受到如此严厉而不公的处分，他内心的痛苦可想而知。但他还是从组织上服从了中央的决定，率领工农革命军第1团、第2团下山。

3月16日，工农革命军第1师在宁冈砻市集合，兵分三路，向湘南进发。仅留了第2团即袁文才、王佐部的少数人守山。结果，在江西国民党军和地主豪绅组织的靖卫团的强势反扑下，湘赣边界地区的大部分革命政权被摧毁，被称为井冈山斗争中的"三月失败"。

3月18日，毛泽东、何挺颖率工农革命军第1、2团来到酃县中村。在此驻扎期间，毛泽东让毛泽覃带一个连到郴州去联系朱德和陈毅。

十多天后，毛泽覃率队伍回到中村。他首先讲了一件喜事：他从陈毅那里看到了中央文件，毛泽东是被解除政治局候补委员职务，不是"开除党籍"，毛泽东还是中央委员。大家听闻后都感到很高兴。接着，他又讲了朱德、陈毅领导湘南暴动的经过，中共湘南特委的"烧杀政策"带来了严重的恶果，他们要撤出湘南，却遭到湘南特委的反对。

听了毛泽覃的汇报，毛泽东立即召开军事会议，决定派兵接应朱德、陈毅的部队，并做出部署：毛泽东、何挺颖、张子清率第1团为左翼，插到桂东、汝城；袁文才、王佐、何长工率第2团为右翼，向彭公庙、资兴方向前进。

朱德和陈毅于1928年1月13日发动了湘南暴动，智取宜都，取得坪石大捷，实现了武装力量同农民运动相结合的初步尝试。到3月底，湘南形势越来越不利于工农革命军的发展。在这种情况下，朱德和陈毅决定避开强敌的进攻锋芒，向井冈山地区退却，以保存革命力量。部队出发前，朱德作了动员。他说："这次进入湘南取得了很大胜利，广大农民已组织起来了。各县都有了自己的工农武装，贪官污吏、土豪劣绅威风扫地，广大农民扬眉吐气。但是，国民党反动派不甘心他们的失败，他们还要卷土重来，我们要百倍警惕，要选择更有利的地点、时间消灭更多的敌人。革命道路是漫长曲折的，同志们要树立不怕苦，不怕死，敢于斗争，敢于胜利的精神。"

3月29日，朱德、王尔琢率工农革命军第1师主力，以及耒阳新成立

第六章

星星之火可以燎原

的第4师、宋乔生率领的水口山工人武装，离开耒阳，向湘赣边界转移。他们经安仁、茶陵，于4月中旬到达酃县的沔渡。

正在郴州的陈毅接到朱德关于向井冈山转移的通知后，4月2日，他率领中共湘南特委机关、各县县委机关和工农革命军第1师的部分主力，以及宜章的第3师、郴州的第7师共4000余人，向东撤退。

4月8日，陈毅率部走到资兴县城，意外地遇到了前来接应的袁文才、何长工带领的第2团。两军会合后，在第2团的掩护下，陈毅率部到了彭公庙。不久，黄克诚带着永兴的800农军也赶到了彭公庙，与大部队会合。

这时，中共湘南特委执意要回衡阳。陈毅、何长工劝说无效，最后，他们还是上路了。后来听说在耒阳、安仁边界被反动民团抓住后杀掉了。

送走了中共湘南特委，陈毅和何长工的队伍，还有一些县的农民自卫军、县委机关往井冈山撤退，于4月中旬走到酃县沔渡，与朱德率领的主力部队会合。

两天后，朱德、陈毅所部1万多人相继来到井冈山，分住在砻市附近的几个小村庄里。

在桂东沙田的毛泽东得知湘南起义军已向湘赣边界转移，遂于4月6日率部向汝城进发。两天后占领汝城。原来从南面追击湘南暴动队伍的粤军回援汝城，放弃了追击。

完成调动粤敌回援的任务后，毛泽东率第1团向北撤退，于4月中旬到达资兴县的龙溪洞，同萧克领导的宜章独立营500多人会合。这是第一支同毛泽东率领的部队会合的湘南起义军。随后，毛泽东率部赶至酃县，决定在酃县以西阻击湘军，以掩护朱德等安全撤退。第1团团长张子清在战斗中负伤，一年多后逝世。

4月24日，毛泽东率部回到宁冈县砻市。在砻市的龙江书院，毛泽东和朱德这两个过去并未谋面却相互久闻大名的领导人终于见面了，两只大手紧紧地握在了一起。当时在场的何长工曾回忆说："毛泽东同志和朱德同志这次历史性会见，是我党我军历史上光辉的一页。从此，毛泽东和朱德的名字便紧紧联系在一起。"

朱德、毛泽东相会了。走进龙江书院，毛泽东把他身边的宛希先、何挺颖、何长工、伍中豪、袁文才等军中将领，以及宁冈党政负责人龙超清、刘辉霄介绍给朱德；朱德也将身边的陈毅、王尔琢、胡少海、龚楚、邓允庭等将领介绍给毛泽东。顿时，龙江书院内充满了阵阵欢笑声。毛泽东显得格外兴奋，带着祝贺的口吻对朱德说："这次湘赣两省的敌人竟没有整倒你！"

◎ 历史性的握手——毛泽东与朱德井冈山会师

朱德十分感激地答道："我们转移得很快，也全靠你们的掩护！"

随后，毛泽东、朱德等并肩而行，穿过厅堂，登上了书院三楼的文星阁，互相交谈着转移和接应的军情，气氛十分热烈、融洽。

毛泽东、朱德会合后，一起出席了两支部队连以上的干部联席会议。在会上，正式成立工农革命军第4军，朱德继续任军长（在湘南已有任命），毛泽东任党代表，王尔琢任参谋长。

部队的编组如下：

第10师由朱德兼师长，宛希先任党代表，下辖第28团（即南昌暴动余部，团长王尔琢兼任，党代表何长工兼任）、第29团（宜章农军，团长胡少海，党代表龚楚）；

第11师由毛泽东兼师长，何挺颖任党代表。下辖第31团（即秋收暴动余部，团长张子清兼任，党代表何挺颖兼任）、第32团（袁文才、王佐部，团长袁文才，党代表何东日）；

第12师由陈毅任师长，全部系湘南暴动的农军，人称"梭镖师"。

第六章
星星之火可以燎原

全军有1万余人，枪支2000余支，番号称"第4军"，是表示继承北伐时国民革命军第4军"铁军"的传统，而且该军的两支主力恰恰都发源于原第4军的独立团。

接着，毛泽东主持召开了工农革命军第四军党的第一次代表大会，选举产生了第四军军委，毛泽东当选为军委书记，成为这支部队的最高领导人。

5月4日，在砻市南边的一个草坪上，召开了庆祝两支革命部队胜利会师的大会。大会执行主席陈毅庄严宣告：中国工农革命军第四军成立，朱德任军长，毛泽东任党代表，王尔琢任参谋长。会场掌声雷动，欢声四起。

朱德第一个讲话，他说："我们党领导的两支革命武装的会合，意味着中国革命的新起点。参加这次胜利会师大会的同志，一定都很高兴。可是，敌人却在那里难过。那么，就让敌人难过去吧！我们不能照顾他们的情绪，我们将来还要彻底消灭他们呢！这次胜利会师，我们的力量大了，又有了井冈山作为根据地，我们就可以不断地打击敌人，不断地发展革命。"朱德希望两支部队会师后，要加强团结。他还向群众保证，红军一定要保卫红色根据地，保护群众分田的利益。他的话音刚落，就响起了热烈的掌声。

接着是党代表毛泽东讲话，他指出了这次会师的历史意义，同时分析了红军部队的光明前途。讲到红军的任务时，毛泽东明确地指出："我们红军不光要打仗，还要发动群众，组织群众。现在我们虽然在数量上、装备上不如敌人，但是我们有马列主义，有群众的支持，不怕打不败敌人。敌人并没有孙悟空的本事，即使有孙悟空的本事，我们也有办法对付他们。因为我们有如来佛的本事。他们总逃不出如来佛的手心！我们要善于找敌人的弱点，然后集中兵力专打这一部分。十个指头有长短，荷花出水有高低，敌人也有弱有强，'雷公打豆腐，专拣软的欺'。我们抓住敌人的弱点，狠狠地打一顿，打胜了，立即分散，躲到敌人背后去玩'捉迷藏'的游戏。这样，我们就能掌握主动权，把敌人放在我们手里玩。"毛泽东同志这一番话，把大家说得心花怒放，信心倍增。全场响起了暴风雨般的掌声和欢呼声。

红4军参谋长王尔琢讲了军民关系的问题。各方面的代表也都讲了话。大家都满腔热情地祝贺新成立的红4军在将来跟反动派的斗争中取得更大的胜利，根据地能逐渐地发展和巩固。

几十年后，关于这次历史性会师，朱德还曾赋诗曰：

红军荟萃井冈山，

主力形成在此间。

领导有方在百炼，

人民专政靠兵权。

会师后，考虑到井冈山地区无法供养这么多人，于是取消了师一级单位，让数千农军返回原籍斗争。第4军留下4个团约6000人，投入了开辟井冈山革命根据地的伟大斗争。6月间，根据中共中央的通知，工农革命军改称红军，中国工农革命军第4军于是改称中国工农红军第4军，简称红4军。

井冈山会师，是土地革命两大主流的汇合，它使由中国共产党领导的两支具有北伐战争传统和战斗力很强的部队聚集在一起，不仅大大增强了井冈山革命根据地的军事力量，而且对红军的创建和发展以及井冈山地区的武装割据都有重大意义。它使毛泽东和朱德两位巨人的手握在了一起。当时他们不曾想到，这次历史性的会师，将永远载入史册。美国著名女作家史沫特莱称赞"这次会见是中国历史上最重要的事件之一"。朱毛会师不是朱德、陈毅加入毛泽东的部队，而是几方面代表人物走到一起，几部分武装力量合成一股。

井冈山会师，将毛泽东和朱德的名字紧紧联在一起，并从此开始了中国工农红军武装斗争的新篇章。他们创立的红军被称为"朱毛红军"，他们创建的根据地被称为"朱德、毛泽东式"根据地，他们的建军经验，他们实行的战略战术被称为"朱毛战争经验与行动规范"。

历史性的握手，关键性的会师，震动全国的南昌暴动和秋收暴动的部队就此会合到一起，两支铁流汇聚成为红军主力，大大壮大了中国革命的武装力量，为中国革命矗立起一块新的里程碑。从此，人民军队的建设开始迈向全新的征途，井冈山革命根据地也由初创时期进入了大发展时期。

2. 两支红军大会师

平江起义进行到8月下旬，国民党反动派先后又集中十多个师的兵力

第六章

星星之火可以燎原

会同江西、湖北的反动部队前堵后追,多次围剿红5军。在激烈的战斗中,红5军每天要与敌血战数次,才能突围前进,许多战士英勇牺牲,也有一些旧军官动摇叛变,伤病员在增加,给养又有困难;另外,部队生活也十分艰苦,战士每天只能吃两顿地瓜干,有时连地瓜干也吃不上。部队严重减员,人心浮动,形势万分危急。在这种情况下,红5军往哪儿去,是摆在红5军全体指战员面前的重大问题。是继续单独留在湘鄂赣边界孤军作战,还是上井冈山与红4军会师?彭德怀及其他领导同志经过认真讨论,认为如果红5军继续在这里孤军奋战,很容易被敌人消灭;只有到井冈山与红4军会合,才能有效地抵抗敌人,保存红5军,巩固并发展井冈山革命根据地。

与此同时,8月20日,湖南省委指示红5军避免与敌人主力部队作战,并派一部与朱德、毛泽东联络。省委还指示以彭德怀、滕代远、舒玉林、余本健、冯菊生5人组成平江特委,指定舒玉林为书记,舒玉林未到前,由滕代远代理。所辖地域,依照暴动势力发展的情形来决定,加强党对暴动地区的领导。

1928年8月底,红5军冒着酷暑从平江向井冈山转移。但因有人投敌告密,红5军在万载县遭到朱耀华师的伏击,2000多人最后只剩下500多人,筹集的军需物资也丢失殆尽。军部决定退回铜鼓边境休整。第一次上井冈山失败。

回撤后,为了稳定军心,鼓舞士气,为重上井冈山作准备,在部队又进行了严格的整顿工作:清洗混进来的反动军官;遣散一些思想动摇和身体不好的官兵;吸收一批思想坚定、作战勇敢的工农优秀分子入党。经过一系列的思想和组织整顿,原来的3个团改编成5个大队,队伍的战斗力比以前有了明显的提高。

9月中旬,红5军第二次向井冈山挺进。由于吸取了第一次上山的教训,这次红5军采取了欲南先北的战术,迷惑敌人,打乱了敌人的部署。他们先向湖北通城前进,随后,向湖北通山进发,沿途发动群众,帮助当地建立游击队,进行土地革命,吸收贫苦工农入伍。经过不断扩军,红5军又发展为一支几千人的队伍。

10月，红5军由湖北通城向南回师，向江西进发，准备从修水直奔井冈山。为了能够顺利地到达目的地，滕代远以湖南省委特派员的名义，在江西台庄召开湘鄂赣边五县县委和红5军军委联席会议。彭德怀主张要以井冈山为榜样，反对乱烧乱杀的盲动主义和宗派主义。会议决定建立中共湘鄂赣边界特委和开辟根据地。会议决定将红5军与地方游击队合编为5个纵队，每个纵队400多人，并决定第1、2、3纵队在平江、修水、浏阳、万载一带打游击；第4、5纵队和直属队800多人、500多支枪，由彭德怀、滕代远、邓萍、贺国中、李灿5人组成的红5军军委率领，奔赴井冈山。

会后，彭德怀、滕代远率第1、3纵队向南进发，准备与毛泽东的红4军取得联络，黄公略率2纵队留湘鄂赣边界坚持游击战争。南进部队800名指战员，在没钱置备冬衣的情况下，穿着打土豪没收来的杂色衣服，跟着彭德怀向井冈山进发。彭德怀内心有一个坚定的信念：上井冈山。这个信念，早在平江起义前夕，彭德怀就在赠送给黄公略的一首诗里面展现出来了：

◎ 红4军、红5军会师

求知心切去黄埔，夜梦依依我不然。
"马日事变"教训大，革命必须有武装。
秋收起义在农村，失败教训是盲动。
惟有润之工农军，跃上井冈旗帜新。
我欲以之为榜样，或依湖泊或山区。
利用周磐办随校，谨慎争取两年时。

这次上井冈山，红5军主力采取灵活的游击战术，冲破敌人一道又一道封锁线。在一个多月的战斗和跋涉中，他们翻山越岭，跨过数十条湍急

第六章

星星之火可以燎原

的河流，经过了平江、修水、万载、萍乡、莲花等六七个县，击退敌军的围追堵截，行程数千里。经过无数的艰难险阻，部队终于在12月上旬进抵莲花县。

毛泽东获知彭德怀部队南进来井冈山，立即派何长工和毕战云率200余名战士下山，到莲花城北大山隐蔽等待，迎接红5军。因此，在荷花县的九都，彭德怀部会合了毛泽东、朱德派来接应的红4军特务营和独立营。

1928年12月11日下午，在何长工的带领下，红5军从永新三湾来到了江西宁冈新城，与红4军胜利会师。这时朱德已经在山下宁冈新城的城隍庙红军驻地等候彭德怀的到来。

随后，彭德怀在茨坪会见了当时任红4军党代表的毛泽东，毛泽东和彭德怀是在一家中农的住房里会见的。彭德怀走进屋内，看到一个身材颀长的人向他伸出手，并用和自己一模一样的湘潭口音热情地说："你也走到我们这条路上来了！今后我们要在一起战斗了！"彭德怀看着毛泽东那宽阔的前额，闪着睿智光芒的眼睛，从内心深处生起对毛泽东的敬仰之情，从这以后，他们便开始了长达30余年共同战斗的生涯。

毛泽东向初上井冈山的彭德怀仔细讲述了他对中国革命道路和前途的看法：为什么必须建立革命根据地，红色政权在中国得以存在的独特原因，中国目前进行的民主革命和社会主义革命的关系，等等。这些问题，恰恰是彭德怀在起义后遇到而又没有解决的问题。当时红5军中有些人对民主革命和社会主义革命区别不清，把消灭封建和消灭资本剥削等问题等同视之，在政策上对地主和对资本家等同视之。彭德怀觉察到这些是错误的，但是未能从理论上做出说明。同毛泽东的交谈，使他茅塞顿开，给他留下终生难忘的印象。

12月12日上午，在新城西门外的旱田里，举行了庆祝两军胜利会师的大会。会场上高悬着这样的对联："在新城，演新戏，欢迎新同志，打倒新军阀！趁红光，当红军，高举红旗帜，创造红世界。"

毛泽东这天身穿已经严重褪色的灰棉布军装，头戴缀着五角星的帽子，脚穿一双黑布鞋，生就一副充满睿智的面孔，显得很有精神。

他说："工农兵兄弟三个，工人是大哥，农民是二哥，兵士是三弟，工农兵占中国总人口的85%以上,地主、资本家是少数,掌权的军阀也是少数。多数人打少数人,谁能打得赢啊?三个人打一个人,谁打得赢啊?当然是三个人打得赢!所以,工农兵联合起来,就能打遍天下!……"

毛泽东还说:"今天我们有了红4军、红5军,将来一定会有几十个军,我们从小到大,从弱到强,最后的胜利一定属于我们。"

彭德怀今天也格外高兴,脸上的胡子刮得干干净净,头发也剃得光光的,精神抖擞。他的讲话很激动但也很谦逊,他说:"井冈山革命根据地是毛党代表、朱军长领导红4军建立起来的,我们红5军到井冈山来,要好好地向红4军学习,学习他们的宝贵经验。"

大会在热烈的气氛中结束了,红5军又把在万载筹集的钱款和一些物资,赠送给了物资供应正很困难的红4军,两军的感情日益融洽。随后两军便投入了保卫井冈山,建设革命根据地的伟大斗争中来。自此,井冈山上会集了后来共和国的领袖毛泽东和朱德、彭德怀、林彪、罗荣桓、陈毅这六位元帅。中国革命的力量,真正实现了第一次大汇合。

第七章
武装起义,花开遍地

一、江西起义

根据中共中央在八七会议上确定的在湘、鄂、赣、粤四省举行秋收起义的指示，江西各地党组织积极准备，开展土地革命，扩大革命武装，发动武装起义。吉安县东固及万安、泰和、永丰等县先后爆发了一定规模的武装起义，其中较有影响的是以赖经邦为书记的中共东龙支部领导的东固起义、建立了江西省第一个县苏维埃政府的万安起义和以康纯为书记的中共泰和区委领导的泰和三十都起义。

1. 东固起义

东固位于江西省吉安县的东南部，处在兴国、泰和、永丰、吉水和吉安五县的交界地区。这里距离县城较远，四周群山环抱，峰峦叠嶂，国民党反动派在这里的统治势力比较薄弱。考虑到该地区群众基础较好，早在1926年秋，共产党员、先进知识分子赖经邦在组织的派遣下，回到家乡东固从事革命活动。

赖经邦，原名赖泽智，号有济，1899年3月15日出生于江西省吉安县东固区的一个贫苦农民家庭。1918年春，他考入江

◎ 赖经邦

第七章
武装起义,花开遍地

西省立第七师范,在校期间,品学兼优,并积极参加各种进步活动,表现突出。1926年秋,赖经邦经当时任吉安县教育局局长的七师同学梁明哲的介绍,加入中国共产党。

受党组织的委派,赖经邦以县教育局督学的身份,一路巡学回到家乡东固。他利用自己的合法身份,以当地小学为据点,先后秘密发展了东固涧东书院教员汪安国、汪云从、刘经化和篾工李会凤等人加入中国共产党。

1927年2月,在赖经邦主持下,东固第一个党小组——中共东固小组成立。不久,东固第九区农民协会成立,共产党员刘经化、胡光明、罗宗清、王金宇等担任农民协会执行委员。随后,东固九区农协从县农协得到9支枪和一些子弹,开始迅速组织起东固地区的农民,成为革命武装力量。应广大人民群众的要求,东固九区农协开展了打倒土豪劣绅的斗争。

东固地区的大恶霸地主王初曦,利用收租放债,鱼肉百姓,人民群众对他恨之入骨。在得到以周庭藩(中共地下党员)为县长的吉安县政府批准后,东固九区农协将王初曦抓到县里关了一个多月,打击了东固及周围地区土豪劣绅的反动气焰,推动了革命运动的发展。

汪精卫叛变革命后,驻吉安的国民党第3军第8师朱世贵部开始大肆屠杀共产党员和革命群众,在吉安中山场杀害了吉安县总工会委员长梁一清、县人民自卫队长钟祥钦和县商会会长晏然,制造了震惊全省的八六惨案。吉安的革命运动受到重挫。但是,东固的共产党人并没有被国民党的反动气焰吓倒。为了保存革命力量,进行秘密斗争,吉安党组织领导人赖经邦、县农民协会常委高克念、总工会秘书曾炳春等潜回家乡东固,继续发动和组织群众开展斗争。

9月下旬,赖经邦在东固敖上秘密召开了党的积极分子会议,高克念、曾炳春、刘经化、汪安国、汪从云、段蔚林、胡鸣岗、黄启绶、戴希贤、罗乐天、李会凤等11人参加。会上,赖经邦作了《目前政治形势与党的任务的报告》,介绍了目前危急的政治形势,号召共产党员在这历史转折的紧要关头,必须勇敢地站出来,带领群众与反动派做斗争。会议着重讨论了恢复和发展党的组织、恢复农民协会和建立革命武装三个问题,并做出了相应的决议。

会后不久，东固与南龙两个地区的党员成立了中共东龙支部，以赖经邦为支部书记，下设5个党小组：东固、敖上、江口、南龙、安乐，分别由刘经化、段蔚林、戴希贤、罗乐天、汪安国负责。东龙支部的成立为党组织工作的开展奠定了组织基础。在党组织的指示和领导下，东龙地区的革命活动开始蓬勃发展起来，鼓舞了群众的革命热情，激发了群众的阶级觉悟。广大群众积极配合党组织开展打土豪、捉劣绅的革命斗争。与此同时，党的组织也得到很大的发展。到1928年春，党员人数已增至五六十人。

在中共东龙支部的领导下，赖经邦、曾炳春、刘经化、汪云从、李会凤等人在原来第九区农民协会的基础上组建了东固农民协会，负责管理农村一切行政事务，开展抗粮、抗租、抗债斗争，得到广大贫苦农民的拥护和支持。没过多久，整个东固地区的贫雇农几乎都加入了农协，农会会员迅猛发展到1.4万多人。

广大农民被组织起来后，为了更好地开展武装斗争，贯彻党的八七会议精神和上级党组织的指示，以赖经邦为首的中共东龙支部将第九区农民协会的9支枪和从南龙土匪那里缴获的10支枪集中起来，成立了东固地区最早的革命武装——工农革命军。同时，队长赖经邦通过私人关系，利用适当的方法，将东固地区由段月泉率领的三点会武装争取了过来。

段月泉，又名段起凤，出生于永丰县芹坑丝茅坪的一个贫苦农民家庭。由于不堪忍受地主的欺压，他被迫参加了三点会，并当上了东固一带三点会的首领。三点会是一支农民绿林武装，以兴国东村蜈蚣山为据点，平时打着"劫富济贫"的口号活动，在邻近百里之内势力最强、影响最大。考虑到三点会的内部情况，中共东龙支部决定将其引上革命之路，并派段蔚林去做争取工作。此外，赖经邦还利用自己与段月泉的亲戚关系，时常对他进行革命教育，启发他的阶级觉悟，引导他加入共产党的革命队伍。

功夫不负有心人。10月的一天晚上，段月泉率领20多人，带着14支枪，下了蜈蚣山，加入了东固工农革命军，增加了革命武装力量。段月泉在不久之后加入了中国共产党，还担任了东固工农革命军的副队长。至此，东固原有的工农革命军就发展成为一支有100余人、30余支枪的革命武装队伍，为该地区举行起义奠定了深厚的军事基础。

第七章
武装起义,花开遍地

11月初,由于驻吉安县的国民党军被调防,城内防守空虚,中共东龙支部决定乘此机会立即举行武装起义。11月12日,60多名工农革命军和100多名起义队员在赖经邦、段月泉的率领下,连夜向东固邻近的富田王家村进发,预备突袭大恶霸地主王初曦的住宅。不料,王初曦早已闻风而逃,起义队伍仅将其弟王良照抓获。革命军一方面将从王初曦处没收的钱财分发给王家村的贫苦农民,一方面向富田群众宣传革命思想,讲述革命道理,号召大家团结起来与土豪劣绅做斗争。

11月13日,起义队伍来到距吉安县城仅20余里的永和圩,在这里开展了打土豪、斗地主的斗争,抓到豪绅、地主8人,同时还筹得近万元的军饷。25日,起义队伍又在吉水南圩缴获长枪16支,随后于第二天返回富田。这次,东固工农革命军辗转20余天,经过打土豪、缴枪支、筹军饷,巩固了这支武装力量,同时也扩大了工农革命军的影响。

东固地区革命力量的发展引起了反动派的恐慌。12月12日,富田、新安、新圩、陂头、值夏"五市联防"靖卫队和吉水靖卫团向东固发起进攻。为了保存革命武装,避敌锋芒,东固工农革命军转移到永丰、吉水一带。在中共赣西特委的指示下,中共东龙支部将东固工农革命军和永(丰)吉(水)游击队合编为江西工农革命军第7纵队,赖经邦任党代表兼参谋长,吴江任纵队长,段月泉任副纵队长,曾炳春任政治宣传队队长。第7纵队下辖两个中队、一个政治宣传队,共100多人,七八十支枪。

江西工农革命军第7纵队成立后,开始在东固边界的吉安、兴国、泰和、雩都、永丰、吉水等地活动,以养军山为活动中心,以东固山为游击根据地,开展游击战争,打击地方反动武装靖卫团,并帮助各地建立农民协会,与土豪劣绅和地主恶霸做斗争。至1928年春,东固地区逐渐建立起一块东起南龙、西到仰龙坑、南起罗坑、北到三彩纵横15公里的红色根据地——东固革命根据地。根据地全盛时期面积达2000平方公里,人口约15万。1928年9月至1929年年初,在原来第7纵队的基础上,分别成立了以李文林、段月泉为团长的江西工农红军独立第2、第4团,为赣西南革命根据地的形成奠定了基础。

东固起义有力地打击了当地的地主武装,在当时的白色恐怖下保存了一定的革命力量,推动了四周各县革命运动的发展。东固革命根据地的建立也犹如黑夜里的一盏明灯,为赣西南地区的革命武装指明了前进的道路,鼓舞和影响了东固地区及邻近各县的农民群众,把革命斗争引向深入。

2. 江西首建政权的万安起义

万安县位于江西省西南部,是吉安、赣州之间的交通要道,东界兴国,南邻赣县、南康,西接遂川,北连泰和,赣江由南至北纵贯全县。

南昌起义后的一段时间里,中共万安县委与中共江西省委失去了联系。为了与省委接上联系,万安县委派出了专门的联络人员寻找省委。经过各种艰难曲折的努力,中共万安县委派出的联络员最终与中共江西省委取得了联系。1927年9月,联络员带着八七会议文件和江西省委关于秋收起义的计划回到万安。县委立即召开全县党代表大会,出席会议的有曾天宇、张世熙、刘光万、肖人俊、刘兴汉等70余人。会议传达了上级指示后,与会人员展开了热烈的讨论,讨论的问题主要是如何发动起义,重点是攻打县城和所需武器的经费来源问题。万安县委最后决定先行准备,择期起义。

曾天宇,1896年9月生于江西万安。原名国香,辈名传黄,乳名丙生,又名澜挽、南宛,化名梁明。他是江西早期革命活动家,万安暴动的主要领导者。他和方志敏、袁玉冰并称为"江西革命三杰"。1917年8月赴日本留学,参加旅日学生爱国运动。1918年,回国考入北京大学政治经济系。1919年五四运动爆发,曾天宇积极参加了这次反帝爱国运动。他还利用假期回家的机会,积极向群众宣传马克思主义。1925年,他加入了中国共产党。后在筹组赣州国民党县党部和发展中共组织的秘密活动中被捕入狱。在组织及其亲友的营救下,保释出狱,并由党组织送他赴莫斯科深造。不久后奉召回国,受党派遣在国民革命军第3军政治部任宣传科长,随军转战江西,参加北伐战争。1927年6月,率农民武装三次攻打遂川,并占领遂川县城。同年11月,他领导了万安起义。1928年3月5日,在保护群众转移时,壮烈牺牲。

第七章

武装起义，花开遍地

由于万安革命基础好，中共江西省委和中共赣西特委认为万安应该在全省范围内率先起义，并夺取县城，建立苏维埃政府，树立一个榜样，推动全省武装斗争的发展。为此，省委派汪群、特委派曾延生先后到达万安指导工作。

曾延生，1887年生于今江西省吉安县，是曾山的哥哥。1924年秋，他进入上海大学选读社会学系，不久即加入中国共产党。1925年6月中旬，曾延生奉命回到江西吉安实地指导建立和发展革命组织。1927年10月，曾延生以赣西特委代表身份来到万安，和曾天宇一道筹划万安起义。1927年12月，他奉调担任赣南特委书记。在他的领导下，赣南起义此起彼伏，大埠、雩都、信丰、寻邬等地起义相继爆发。这让敌人大伤脑筋。1928年3月23日，敌人突然包围中共赣南特委机关所在地，曾延生和夫人蒋竞英等13人不幸被捕，后牺牲。

汪群、曾延生等人到达万安后，与县委成员一起，认真研究起义的各项事宜。1927年10月，中共万安县委在罗塘村背村召开全县党的活动分子会议。汪群代表省委作了《江西政治形势和省委秋收暴动计划》的报告，指出万安要首举义旗。为加强对起义的领导，会议宣布成立万安行动委员会，作为赣西特委直接领导起义的总指挥机关。万安行动委员会以曾天宇为书记，张世熙、刘光万、陈正人、余球、汪群、曾延生等人为委员。会议还决定将全县的武装力量和部分农协会员组编为3支武装纵队，并分别指派了任务：张世熙指挥第1纵队，主攻县城东门；刘兴汉指挥第2纵队，主攻县城北门；刘光万指挥第3纵队，警戒县城西门和芙蓉门，协助攻打北门，并由曾天宇、张世熙、肖素民3人组成参谋部，具体负责筹划攻城。

在万安行动委员会的领导下，起义的各项准备工作紧锣密鼓地进行起来。中共万安县委机关驻地罗塘至善小学贴满了各种革命标语和党团宣言，大力宣传起义，号召迅速恢复各种革命组织，一致行动起来，打土豪、分田地，攻下万安城，建立工农政权。11月上旬，各地的区农协代表大会相继召开，提出了"打倒国民党，实行土地革命，建立苏维埃政府"等口号，在舆论方面为武装起义做了准备。各地农协组织积极开展抗粮、抗税、抗债、抗捐、抗租斗争，壮大自身的力量，使得当时全县的武装割据扩展到3/4的区域。

与此同时，党的各级组织也得到大力整顿，党员重新登记，不良分子被淘汰，面向工农群众发展新的党员，壮大了党的组织。起义前夕，全县有党员500余人，建立了窑头、上宏等5个区委，还成立了不少乡党支部。

此外，中共万安县委还扩充了工农革命武装。首先，从各区、乡工农武装中选拔一批勇猛的青壮年，组成以杨德明为队长，陈正人为党代表的赣西工农革命军第5纵队，作为县委直接领导的地方武装。其次，各区农协将16岁以上、45岁以下的会员编为5个纵队的万安工农革命军，纵队以下还分别组建了大炮队、快枪队、鸟枪队和马刀队，总人数达1.1万余人。最后，中共万安县委还发动群众收集散落的各种武器以及制造武器弹药的材料，并建立兵工厂和硫黄厂，赶制武器弹药，以装备工农革命武装。至此，攻城的各项准备工作已差不多完成，万安武装起义蓄势待发。

反动政府发觉农军的异常情况后，开始策划对农军的镇压活动。这一消息让中共万安县委果断决定，起义于1927年11月20日举行。11月19日夜间，2.5万名起义农民迅速而秘密地进入了集结地点。20日拂晓，参谋部一声令下，攻城开始。农军兵分三路进攻万安县城：一路攻城东门，二路攻城北门，三路一部警戒芙蓉门，大部协助进攻城北门。在神炮队的助威下，战士们手执长枪短枪、大刀长矛，架起长梯，奋勇前冲，喊杀声震天。驻扎在县城内的国民党军刘士毅团和第14军的一个连，被毙伤100多人。战斗激烈，进行了整整一天，最终因农民军武器装备差，又没攻城经验，县城没有被攻下，但把驻守万安县城的敌人吓得日夜紧闭城门，不敢出城半步。

首次攻城未果，中共江西省委派人到万安召开赣西南紧急会议，决定改组万安县委，撤销万安行动委员会，由县委直接领导起义。会议还做出了由万安农军协助泰和农军攻打泰和县城的决定。11月25日，万安农军与泰和农军联合，智取了泰和县城。这一行动引起国民党反动派的恐慌。随即，国民党驻军和靖卫团联合进攻万安，企图消灭农军，激起万安人民的强烈愤慨和起义的决心。

中共万安县委得知，11月28日，国民党14军派两个连护送南昌市公安局长李思愬由赣州乘船返南昌，遂决定在其途经万安时进行截击，并乘机再次攻打万安县城。12月24日，万安农军进行第二次攻打县城的战斗。

第七章
武装起义，花开遍地

这一天，巡哨的农军战士发现国民党14军两个连路过窑头。巡哨的农军战士一面追击，一面沿途高喊："打匪军喽！打匪军喽！"沿途群众一呼百应，他们在农会会员、暴动队、奋勇队的带动下，很快聚集了三四千人，猛追50余里。敌军逃进万安城，闭城死守。农军用土炮、鸟枪猛攻县城，与敌军相持半日，农军死伤30余人。这次攻城，完全是群众的自觉行动，没有统一的指挥。中共万安县委得知后，立即前往指挥，到后才发现敌人火力太猛，农民军不宜与之交战。为了避免无谓牺牲，县委遂命令农军撤出战斗。

12月31日，中共万安县委和县行动委员会领导8000余名农军第三次攻打县城。起义军兵分3路，与城内敌人血战7小时，毙敌30余人，缴枪6支，但仍没有攻下县城。

1928年1月9日，中共万安县委率领农军发起了第四次攻打万安城的战斗。这一次起义农军和助战群众人数达好几万，许多妇女儿童都参加了后勤工作。攻城的农军兵分4路，分别进攻东、南、西、北四个城门。曾天宇带领一部分农军埋伏在横背岭，以阻击从遂川方向前来增援的敌人。此时毛泽东率领的工农红军已占遂川，驻守万安城的敌团长刘士毅闻此消息后率部迅速弃城逃向了赣州。起义农军乘势占领了万安县城，第四次攻城终于胜利了。

攻占万安县城后，1月11日，中共万安县委在县城东门召开万人大会，隆重庆祝起义胜利，并宣布成立苏维埃政府。这是江西省第一个建立起来的县苏维埃政权。大会由曾天宇、张世熙主持，选举刘光万为万安县苏维埃政府主席，郭定远、周先茂、刘其英等7人为人民委员会委员。大会还公布了县苏维埃政府的28条政纲，要求没收地主土地分给佃雇农；废除债务，取消苛捐杂税，实行累进率之土地税；没收教堂财产；废除不平等条约，否认外债；工人实行8小时工作制等。

万安县苏维埃政府成立之后，采取了一系列巩固和发展政权建设的措施，扩大了革命的影响。国民党不甘心万安就此被红色政权占领，江西省政府主席朱培德和卫戍司令王钧随即抽调国民党27师杨明轩部81团、79团的各一个营，由吉安开进泰和。1月22日，第81团以整团兵力进攻万安，国民党第46军方鼎英部也调1个师顺赣江而下，直逼万安。在南北夹击的严峻形势下，万安农军为保存革命力量于24日退出县城。张世熙率领其中一路前往河东，向兴国、吉安东固一带转移；另一路由曾天宇率领前往河西，向万安、遂川边界转战，向井冈山靠拢。

曾天宇率领一路农军撤出万安县城后，不幸于3月5日晚被第81团的1个营围堵在住所内。面对国民党军的威逼利诱，曾天宇毫不动摇，怒斥国民党背叛革命、屠杀百姓的罪行，高声喊道："我愿以身殉党，决不为鼠辈所辱！"为使群众免遭残害，曾天宇推开房瓦，立于屋顶，向敌人连开数枪，高呼"共产党万岁！""苏维埃政权万岁！"随即举枪用最后一颗子弹从容自尽，时年31岁。

◎ 曾天宇

国民党军和地主武装对万安境内的共产党员和革命群众进行了残酷屠杀，使革命力量遭受严重的损失。退往河西的农军遭到国民党部队的重创，被迫隐蔽山间；退往河东的农军与赣西工农革命军第7、第9纵队合编为江西工农红军独立第2团，转战于赣西南。此后，在中共赣西特委、赣南特委的努力下，万安县委于1928年6月得以重建。同年夏，县委决定与井冈山红军联手再次起义，但因叛徒出卖，起义失败。之后，转移至河西的农军在刘光万等的率领下，跟随红军上了井冈山，加入毛泽东、朱德领导的队伍。

万安起义沉重打击了国民党反动派的嚣张气焰，创建了江西省第一个县级苏维埃政府，是继南昌起义之后江西爆发的又一次具有较大规模和影响的起义。国民党反动派的各大报纸用大字标题对此作了报道。英国人在上海办的《字林西报》对此也进行了报道。瞿秋白撰写的《蒋介石上台与肃清共产》中说："江西万安农民暴动，已经使豪绅资产阶级的报纸气得发疯。"

3. 泰和三十都起义

泰和，古称西昌，位于江西省中南部，井冈山脚下，赣中南吉泰盆地

第七章
武装起义,花开遍地

腹地。泰和县三十都地处万安、泰和交界,包括冠朝乡、上模乡等十余个自然村。这里地势险要,群众基础好,便于建立党的组织和农民武装,扩大红色区域。早在大革命时期,共产党员康纯就奉党的指示回到家乡泰和县开展建党活动。

康纯,1894年出生于江西泰和。1924年考入吉安的江西省立第七师范学校,并于第二年加入中国社会主义青年团。1926年3月,康纯转为中国共产党党员。回到泰和后,他以华和书院教员的公开身份为掩护,在群众中开展秘密工作,发展先进分子入党。康纯先后发展了翁德阶、胡运椿、彭昌仕等人加入中国共产党,并成立了党小组,组长由康纯担任。

国民党右派叛变革命后,开始大肆屠杀共产党员和革命群众。这也助长了泰和

◎ 康纯

地区反动势力的嚣张气焰,他们开始疯狂镇压工农运动。1927年9月,中共泰和区委成立,康纯任书记。为了应对国民党反动势力的反扑,康纯根据党的指示及时召开了泰和区委会议研究对策。会上,康纯指出,要革命就会有牺牲,我们不怕牺牲,但不能搞无谓的牺牲,因此必须注意斗争策略。会议决定将革命活动由公开转为秘密,由县城转向农村,中共泰和区委转到河东三十都。

转到三十都后,中共泰和区委的负责人开始认真着手党组织的建设和发展工作。康纯、翁德阶、胡运椿、肖南薰等共产党人经过一段时间的艰苦工作,发展党员350多名,扩大了党员队伍,建立了10多个党支部,发展了党的组织。此外,党的活动范围也扩展至以三十都为中心,东至罗汲,西到万安县城附近,南至沙村,北到永昌市80余里。

为了把泰和地区的农民群众组织起来,中共泰和区委在三口塘村召开了第五区农民协会成立大会,肖拔群被选为农协主席。随后,一支上千人的农民自卫军也组建起来,肖南薰担任农军大队长。在中共泰和区委的组

织下，这支农民自卫军首先向老西坑的标场（即赌场）和莲塘、完朝的烟场（鸦片烟）发起进攻，接着又在下坑、心田、平原、白竹、南舍、文塘、山田、东岭、坎头等村打了刘崇煌等十多家土豪劣绅，将没收的财产分给当地的贫苦农民，还焚烧了各种契约、债簿，最后还配合万安农军与万安中塘、土塘的土豪劣绅做斗争。农军的行动得到群众的热情拥护，扩大了革命声势，壮大了革命力量。

由于长时间待在较为偏僻的乡村，与外界接触很少，康纯为了弄清当前国内的革命形势，在八一起义军特派员杨柳春的介绍下，他去找了叶挺。但在当时白色恐怖的形势下，康纯几经周折，未能如愿。后来在广州见到了张太雷，并从他那里了解到国内外的革命形势，以及中共中央八七会议的指示。回到泰和后，康纯在文塘小学召开了紧急会议，翁德阶、肖拔群、胡运椿、肖南薰等人出席。康纯在会上传达了八七会议的精神和关于秋收起义的指示。为了顺应当前革命斗争的形势，会议决定在泰和发动武装起义，并制定了三十都起义的详细计划。

为了打造起义的声势，以获得群众的支持，中共泰和区委在新西坑召开了1000多人的群众大会，向群众宣传革命精神，号召农民群众用武装起义来推翻国民党反动派的统治，铲除土豪劣绅，建立自己的工农政权。与会群众的热情被充分调动起来，会场上群情激奋，大家高呼"打倒国民党反动派"、"建立苏维埃政府"等口号，洋溢着高涨的革命激情。

1927年11月中旬，康纯、肖拔群得到消息：国民党县长高本初从吉安领回一批枪支弹药，准备成立县靖卫团，对抗农民自卫军，以消灭革命武装。为了粉碎高本初的企图，康纯、肖拔群立即研究决定，组织农军攻打泰和县城，夺取武器武装农民。为了与万安的农民自卫军取得联系，以使攻城更有把握取胜，肖拔群亲自去万安请曾天宇、肖玉成率部前来支援。同时，还派人潜入县城联络在泰和县城内做地下党工作的郭合和，让其组织城内的工人配合农民自卫军的攻城行动。

11月25日晚，根据预定的方案，泰和农军800多人在肖南薰的率领下，带着10余支枪、2门土炮、40余支鸟铳及梭镖、大刀等武器，集合在喜庆堂，随后便开往泰和县城附近的各村隐蔽起来。这时，由曾天宇、肖玉成率领

第七章
武装起义，花开遍地

的万安农军也开始行动起来，他们化装成国民党军队从百加乘船，顺赣江而下，于半夜时分到达万安的窑头。万泰两县农军于26日黎明在水南会合，并随即商定了攻城计划：万安农军从西门攻城，泰和农军从南门攻城。

清晨的泰和县城一片寂静，居民还未起床，只有一个哨兵在城门口站着。化装成国民党军的万安农军来到了城门口，一个排长走上前对哨兵说："我们是保安司令部的，奉命来这里维持治安，有要事与你们县长商量。"一听是保安司令部的，还说要找县长，那个哨兵哪敢怠慢，立马行了一个军礼，跑步前去向县长通报。就在这个时候，农军乘机涌入县城。城内的郭合和率领工人立即响应，整个县城顿时陷入混乱。国民党县长高本初察觉情况不妙，遂乘乱从厕所爬墙逃了出去。县长的出逃使县城的防守一下子乱了套，守城的士兵跑的跑，逃的逃，根本无人防守。待到天亮时分，农军没费一枪一弹就顺利地攻下了泰和县城。这次攻城缴获了70多支枪，6箱子弹，大大增强了农军的武装力量。进城后，农军还打开监狱救出了100多名共产党员和革命群众。随后不久，考虑到此次攻城已达目的，且国民党援军马上就会赶到，农军从县城撤出。

为了抓到县长高本初，扩大起义的成果，筹集足够的军饷，三十都农民自卫军决定第二天再次攻打县城。当天夜里，农军从文塘出发，沿途召集群众加入其中，随后在冲屋村集中。集合起来的农军趁着黑夜急行军，于黎明前到达永昌市。这时泰和县内的国民党县政府的官吏和地主武装，因在前天刚遭到农军的突袭，个个如惊弓之鸟，战战兢兢，唯恐农军再次来袭，于是城门时开时闭。也许是天助农军，这天清晨满天云雾，伸手不见五指。农军乘着大雾尚未散去，悄悄地接近城门，等到城门一开，200多名农军蜂拥而入，又一次让守城的士兵措手不及。进城的农军迅速冲至国民党县政府，放火烧毁了盘剥农民的粮册和债簿，没收了大量银圆及县政府的钢印，取得了较为丰硕的成果。但遗憾的是，这次又未能抓到县长高本初。为了免遭国民党军的反扑，保存革命力量，起义军再次撤出泰和县城。

泰和三十都起义有力地震慑了国民党反动派和地主武装，虽然最终没有占领县城，建立苏维埃政府，但还是起到了打击反动势力的作用，壮大了农民武装力量，扩大了革命影响。撤出泰和县城的三十都起义农军在康纯、翁德阶、肖拔群等的率领下，与万安农军相配合，参加了第3次、第4次攻打万安城的战斗，为万安农民武装起义的胜利做出了贡献。

二、福建平和起义

土地革命战争时期,中国共产党领导福建红军、游击队和根据地人民,进行了英勇不屈的反抗国民党反动统治的斗争。福建的闽南地区,按当时党组织的活动范围,包括厦门、漳州、海澄(今属龙海县)、漳浦、云霄、诏安、平和等县(市)和华安、安溪、南安、永春、德化以及广东省饶平等县的部分边区,面积约1.9万平方公里,人口380多万,是闽南革命武装力量的主要活动区域。而其中的平和起义就是中共福建党组织积极执行中共中央八七会议关于土地革命和武装反抗国民党反动派总方针的具体表现,是武装反抗国民党的一次英勇尝试,它有效地"引导福建工农走上暴动的道路"。

1. 朱积垒在平和开展农会、工会斗争

平和县位于福建省南部山区地带,东与龙海县、漳浦县毗邻,西与广东省大埔、饶平两县交界,南与云霄县、诏安县接壤,北与永定、南靖两县相连,为闽粤交通要道之一。早在土地革命战争时期,由于该地的地理地缘关系和人民斗争历史的渊源,平和县人民在党组织、苏维埃政权及其革命武装的直接带领下开展了轰轰烈烈的革命斗争活动。

1925年冬,留法勤工俭学学生、中共旅欧支部成员黄廷钧从广东海陆丰参加过彭湃领导的农民运动后,回到家乡平和县下寨乡大坪村,发动群众,抗租抗税,进行农运活动。

黄廷钧，1898年出生于大坪山美村。从小受到良好的家庭教育，1916年考进厦门集美学校，接近进步人士，受到苏联十月革命的影响，经常阅读《新青年》、《每周评论》等进步书刊。1919年9月，黄廷钧等5名平和籍青年远渡重洋赴法勤工俭学，在周恩来和彭树敏等同学的帮助和影响下，黄廷钧以绝大部分精力研究社会科学，尤其是马克思主义政治经济学，决心从事国民革命运动，并逐渐转变成初步共产主义者。

1925年秋，黄廷钧离法回国，首先参加了广东海陆丰农民运动，之后回到了平和霞寨、大坪等地区，以留法学生身份投身国民革命。他同曾在厦门集美学校一同念书的黄道乾一道，于1926年农历正月，在大坪、铜场、小坪、双坑等地办起了7所平民夜校。黄廷钧以平民夜校为阵地开展革命宣传活动，使学员逐渐成长为农民运动的中坚力量和农民协会的领导成员。同年夏，他在大坪、小坪一带先后建立4个基层农会，提出二五减租，开展抗捐抵税、反对抓丁派款等斗争。

1926年10月，朱积垒从毛泽东主办的广州农民运动讲习所第六期学习结业，受中共广东区委的委派，以国民党中央农民部特派员的身份，随北伐东路军返回了平和开展革命活动。黄廷钧与朱积垒紧密配合，在九峰、长乐一带积极从事农民运动，利用国共合作的时机大力创办平民夜校，动员广大群众，传播革命真理，扩大农会组织，秘密发展党员，建立党团组织。朱积垒和黄庭钧二人积极地承担起平和县工农运动主要发起人和领导人的重任。

朱积垒，1906年4月出生于漳州市平和县九峰镇上坪村。1922年高小毕业，因成绩优异被保送到厦门集美学校师范部就读，在该校深受五四运动新思潮和马克思主义的影响，积极参加学生运动。1925年，学校以"思想赤化"、"行为过激"为由开除了他。1926年3月，朱积垒经罗明介绍，到广州第六期农民运动讲习所学习。在农讲所，听取了毛泽东以及周恩来讲授的课程，还到了当时农运搞得很有声色的广东省海丰县参观学习，从而由一个爱国的热血青年转变成坚定的共产主义战士。同年6月，加入中国共产党。9月，朱积垒从农讲所结业后到了汕头，被分配到国民革命军北伐东路军政治部，从事宣传工作。10月，经中共两广区委决定，朱积垒以

第七章

武装起义，花开遍地

中央农民部特派员身份，随北伐军东路军回平和县开展工作。

1926年12月初，闽南第一个农协会在平和县上坪乡成立。在发给会员的农会会员证上，印着"不劳动，不得食，宜协力"等字。同时，朱积垒在县城也办起了平民夜校，先后组织农会、工会、学生会、青年促进会等革命团体，开展演文明戏等各项活动。不久，全县二十几个乡分别建立了农民协会，且在九峰镇上坪村又成立了全县第一个中共党支部，朱积垒任书记。年底，又成立九峰镇第一个工会。当时，平和农民运动如火如荼，风起云涌，农民协会遍布全县的20个乡、镇，

◎ 平和起义时的朱积垒

会员1万多人，成为闽西南农民运动的一面旗帜。此时，朱积垒还为农会起草一份《宣言》，提出了"政权归农协会"的口号。

1927年1月，中共闽南特委在漳州成立，朱积垒被选为特委委员。会后，朱积垒、黄廷钧、陈彩芹、罗育才、朱思、朱赞相、杨文元等分头活动，在秀丰、洋半天、大溪、下寨、南胜、山顶坪、象湖山、小芦溪等地组织农民协会，开展减租抗捐收田斗争。到3月底，长乐、九峰、秀峰、崎岭、下寨等地的许多乡村，都先后建立了农会组织，入会者2000余户。平和农民运动迅猛发展起来。

2. 平和临时县委成立及武装力量的扩展

1927年4月，正当工人运动、农民运动蓬勃发展之时，忽然传来厦门"四九"镇压工人运动以及蒋介石在上海发动四一二反革命政变的消息，全国各地顿时乌云滚滚，平和县国民党右派势力也蠢蠢欲动。革命形势的急剧变化，引起了朱积垒等人的忧虑和思索，中共闽南特委及时决定，把农民协会办事机构从九峰县城撤至城郊上坪乡。6月，闽南特委书记罗明来到

平和指导工作时,又将领导机构迁至远离县城的大山区——长乐乡,并对平和武装斗争的发展做出了重要贡献。

罗明,1909年出生于广东大埔。早年就读于厦门集美学校师范部时,在中共广东区委的指导下,组织进步社团,传播马列主义,开展学生运动。1925年考入广东大学,加入共产主义青年团,不久加入中国共产党。罗明是中共闽西南地方党组织创建时期重要的组织者与领导人,曾任中共汕头地委书记、闽南特委书记、福建省委书记。

四一二反革命政变前夕,闽南特委从台湾出版的日文报中获悉蒋介石将采取反共行动。罗明在既无中共中央指示,也无中共广东区委指示的情况下,从实际出发,灵活果敢处置,立即领导闽南特委将革命重心转移到农村,表现了他坚定的革命胆略和杰出的政治能力。1927年6月,罗明到闽西及平和县指导工作,利用宗族关系改名为罗绍华,并在平和地区开展农民运动。1927年9月,

◎ 当年的中共平和县委印章

中共闽南特委根据党中央关于"闽南农民工作应特别加紧与东江方面相响应。闽南特委应即刻派最积极的活动分子到各县,特别是与广东接近的地方组织暴动"的指示,决定在革命基础较好的平和、上杭、龙岩、永定县开展武装斗争,实行武装暴动和土地革命,并具体指导平和县委加强武装斗争的工作。9月中旬,平和县召开第一次党代表大会,成立了中共平和县委(1928年2月,根据省委扩大会关于组织问题决议案,改为临时县委),同时成立了平和县农民协会,朱积垒任书记兼会长,朱思为秘书长,下辖5个支部,并通过了农会的有关章程和会旗。平和县委同时抽调30多名青壮年农民组成一支工农自卫军。临时县委研究决定,以长乐为中心,推动各乡镇农民运动,大力发展农会组织,开展"五减"(减租、减息、减捐、减税、减役)运动,秘密发展党的组织,收集枪支弹药,准备武装起义。

1927年10月13日,朱德率领南昌起义余部从广东饶平县转战到平

第七章
武装起义，花开遍地

和县城。在关帝庙，朱德会见了朱积垒、陈彩芹、朱思和朱赞襄，传达了八七会议精神，并鼓励大家当前不但要搞农民运动，还要开展武装斗争。朱德还告诉他们，起义部队经过大埔县的大埔角和饶平县的茂芝时，留下了不少枪支给当地的农民自卫军，叫他们前去联系。

12月，为了适应新的形势，中共福建临时省委成立，以罗明为主要负责人的福建省临委继续抓紧建立农民武装、开展土地革命和武装暴动工作。12月下旬，罗明再一次来到长乐乡，召集朱积垒等人开会，向他们进一步说明秋收起义的情况，并传达了省临时委员会的决定："当前党的任务，主要是领导农民运动，搞农民武装斗争。"要朱积垒以长乐为中心，积极领导农民开展减租减息斗争，造成以农村包围县城的局面。同时派干部秦文协助和加强平和县委工作，并决定在各方面条件比较具备的平和地区首先发动暴动。会后，朱积垒等人立即分头行动，布置各乡农会积极组建农民自卫军。

不久后，广州起义副总指挥赵自选路过此地，罗明特邀他到平和，向人们讲述广州起义的经过和意义，并帮助平和研究暴动的具体计划。赵自选是广州农讲所的军事总教官，早先就与罗明相识，此次路过福建得知罗明在平和，而平和党组织的主要领导人朱积垒又是他的学生，因而也就来到了平和。赵自选向平和的同志介绍广州起义的具体情况，指出广州起义虽然失败了，但它的经验再次告诉我们：在敌强我弱的情况下，要在城市夺取政权是不可能的，要想革命取得成功，只能在农村建立巩固的苏维埃政权，走农村包围城市的道路，对平和武装斗争的计划和包围县城的措施表示赞同。赵自选走后，罗明根据他提供的宝贵经验，积极帮助平和农会增强武装力量。然而，要开展武装暴动，武器是一个重要问题。罗明多次设法为和平解决武器装备问题，得知中共饶平县委有许多枪，他就写信给县委书记林宗璜，并派罗景悠持他的介绍信，随秦文前往饶平农会联系，取了十多支枪回来，还招揽人才自制土枪、土炮。在他离开平和时，把自己防身的手枪也留了下来。通过罗明、朱积垒等人的共同努力，平和的武装力量大为增强。

12月底，在各项工作布置、准备就绪后，罗明才离开平和，于1928年

2月去厦门任省临委书记。大革命失败后,在全国革命处于低潮的艰难时期,罗明坚决贯彻执行中共八七会议精神,在闽西南和福建全省重新燃起革命的烈火,功不可没。平和共产党人在他的影响下,思想观念、工作重点也迅速转移到武装起义上来,为建立福建工农革命军独立第1团,为平和农民运动走向武装斗争打下了坚实的基础。

3. 革命军占领平和

正当平和地区积极准备起义之时,国民党军第11军由平和入粤,县吏、豪绅为索取钱财,包办征派挑夫,成倍增加名额,甚至把服了役的挑夫扣留不放,再次顶用。仅长乐乡就有30多个农民被关押在县牢里,群情激愤。为保护群众利益,县委决定组织一次群众性的请愿斗争。

1928年2月4日(农历正月十三),是"王公入庵"庙会日,又是十三坪"大圩日"。长乐、秀峰、崎岭、上坪等地600多农民都来赶圩赴会,在朱积垒等人的带领下,手持写有"打倒军阀!""打倒土豪劣绅、贪官污吏!"等口号的三角彩旗,沿途还散发《告全县农民和民众书》和《告饶和埔三县人民书》等传单,浩浩荡荡犹如洪水般向国民党县政府冲去。最终请愿群众迫使县政府开监释放挑夫,并签发了实行"三七减租"的文告。此举大大鼓舞了广大群众的斗志。请愿取得胜利,各乡及附近县、乡均受到重大影响,有许多农民自主组织农会。事后,朱积垒召开县委会,决定从各乡抽调30多名青年骨干,成立平和县常驻工农自卫军独立分队,集中进行军事训练和担负警卫等任务。

为巩固请愿斗争的战果,进一步扩大影响,1928年2月11日(农历正月二十),这一天是传统节日"天穿日"。县农会决定,在这一天于九峰中学召开第一区所属4个乡镇农民代表大会。国民党县长方日中赶紧调集县保安队和小溪警卫队200多人,由曾鸡公指挥,企图于"天穿日"四面埋伏,镇压群众。是日,第一区各乡农民几百人,分三路进城。途中,朱积垒得知情况有变,立即改变计划,绕道撤回秀峰乡。在撤退途中,遭到

第七章
武装起义，花开遍地

县保安队的袭击，有10多人被捕。另外，进城买东西的长乐乡农民也有十多人被抓。这次受挫，使广大农民痛切地体会到武装起义的必要性。

朱积垒于次日在秀峰召开县委会和县农代会，会议决定在离县城较远、农运基础较好而又地处闽粤边陲的长乐乡，建立领导全县农民运动的中心据点，做出创建工农革命军、举行武装暴动的决议，宣告了一场以革命武装反抗反革命武装的斗争已势在必行。经与会人员的讨论后，决定："一、全体武装与豪绅对抗；二、组建福建工农革命军独立第1团，公推朱积垒为团长；三、农会改换红色旗，废除青天白日旗；四、与饶平、大埔联络，以其实力相助。"这是在八闽大地上，第一次公开打出共产党的旗帜，组建人民军队，独立领导武装斗争。

会后，中共福建临时省委批准了平和县委关于举行武装暴动的报告，并派人前往平和具体指导暴动工作。平和县委在省委的指示下，积极落实联席会议决议。朱积垒回到长乐乡，在下坪村召开群众大会，动员18岁到45岁的农民参加自卫军，仅当地报名的就有500多人。同时发动群众筹集大刀、利剑、长矛、铁叉、鸟枪、大炮等武器，并派人进城侦察敌情，还将46岁至50岁的老人组成担架队、运输队。此时，敌方也加紧了行动。县府勾结地主豪绅，利用封建思想、宗族观念诬蔑并破坏农民运动，且指使县城附近的地主豪绅搬入城内，组织保安队，通缉农会领导人。

在急剧变化的形势下，2月24日，朱积垒再次召开县委各支部和县农会联席会议，专门研究武装起义问题，认为立即发起暴动正是时机。分析有利条件有："第一，农民自20日后，反抗情绪高涨，多数要求武装暴动；第二，农民生活很苦，受广东革命的影响，对土地有迫切需要；第三，各乡农民对农会很有认识，表现都很好；第四，豪绅甚恐慌，虽保安队有150多名成员，警备队20多人，但各乡保安队均不能进行；第五，我方声势甚大，饶平、大埔方面又有实力相助。"

最后决议通过：（1）成立暴动委员会，由朱积垒任总指挥，罗育才任副总指挥。（2）正式建立福建工农革命军独立第1团，朱积垒为团长。请饶平赤卫军团长、原南昌起义军留下的干部王炳春任参谋长，朱思为副官，成立特务连、侦察队、交通队、宣传队等10个大队，加强农军战斗力，并具体落实饶平、大埔、永定的支援。（3）向群众公开党的宣传，鼓动农民实行土地革命。（4）以县农会名义发布宣言，号召农民暴动夺取政权，没收土地，建立工农兵代表会。同时，以工农革命军团部出布告，拥护工农利益，实行没收土地，取消捐税，打倒新旧军阀与豪绅资产阶级统治。（5）请省委通告漳州附近各县设法牵制张贞军队并派得力同志指导及代购枪弹。

正当起义工作紧张筹备之时，从县城又传来两个情报：一是省委派来帮助武装起义的两名干部，在夜宿客店时被捕；二是敌人严刑拷打被捕农友，他们宁死不屈，敌人准备于3月9日枪杀他们。情况紧急，朱积垒立即召开暴动委员会会议，决定在3月8日"率领群众，实施暴动"，并制定了"声东击西，引敌出城"的作战方案和兵分三路进攻县城的计划，以西路军为主攻。会后，县委将这次会议情况向省委做出书面报告，同时加紧部署暴动的准备事宜，派人进县城侦察，并邀请秀峰、九峰、上坪等地的农军以及饶平的"洋枪队"，大埔的农民自卫军，永定的"铁血团"，共1200多人参加起义。

依照既定方案，3月7日，为实施"声东击西，引敌出城"的战略，先由王炳春、朱思等带领洋半天、崎岭乡的农军以及大埔来的农军，到县城东北的崎岭乡打土豪，没收地霸曾锦江的布店，以诱使县城之敌分兵出城。然后回师配合西、北两路军攻城；另由杨文元带领小分队，在夜间化装潜入县城以做内应，并做好破监救人准备。

3月7日下午，长乐乡工农革命军5个大队和邻乡的农军近2000人，集中在长乐下坪的庵边坪举行誓师大会。随后按计划把队伍分为东、西、北三路：东路由崎岭、洋半天和大埔农军组成，朱思、朱赞襄任指挥，主攻县城东门；西路由长乐、上坪、湖山和饶平农军组成，陈彩芹、徐光英任指挥，主攻县城西门，朱积垒随西路行动；北路由秀峰、长乐和永定农军组成，罗育才、叶锦章任指挥，攻县城北门，秦文随北路军行动。朱积垒亲率暴动队伍1200多人，由罗景悠扛着一面大红旗，分路向县城挺进。

是日晚，天降大雨，但队伍仍按时抵达各预定阵地。西路军长乐3个大队和饶平步枪队等，由朱积垒、陈彩芹率领，路经九峰上坪村时，和上

第七章
武装起义，花开遍地

坪自卫军中队会合后，按时到达城西山垄埋伏。北路军秀峰乡等几个大队人马，由副总指挥罗育才率领也按时到达出击地点。北路军崎岭几个大队由朱思、朱赞襄率领，先在崎岭打土豪，再连夜赶到城东策应。

8日凌晨，天刚蒙蒙亮，总指挥朱积垒拔出左轮枪，"砰"的一声枪响，发出了总攻的信号。于是冲锋号声、土炮声、铁桶中的鞭炮声、枪声、叫喊声响成一片，响彻整个平和县山城，震撼着闽西南的崇山峻岭。被惊醒的曾鸡公，慌乱中赶忙指挥保安队和警卫队，仓皇应战，凭借城墙等有利地形进行顽强抵抗。这时，和突击队、步枪队在一起的朱积垒根据地形，再次组织火力，掩护突击队和饶平步枪队架梯攻城。战斗中，先后有两名战士牺牲。朱积垒见状后勇敢地冲到前面，向城楼用力扔上一颗手榴弹。在猛烈的爆炸声和滚滚浓烟中，战士们奋勇冲上了城楼，猛烈开火，被吓蒙了的敌军四下逃窜。率先攻上城楼的战士打开城门，工农革命军的大队人马，有如决堤潮水般势不可当地涌进城内，继续追击逃敌。这时，北路军也攻进县城，两路军会合后向县衙门冲击。原先潜入县城的杨文元等，也带着小分队和破监工具，带领战士们呼喊着冲向县衙监狱，救出了遍体鳞伤、戴着手铐脚镣的农友20多人，还放出70多位被反动县衙关押的"犯人"。在县衙门口，朱积垒命令红旗手罗景悠把红旗插上城楼。绣有"福建工农革命军独立第1团"大字的旗帜上，金黄色五角星和斧头、镰刀，熠熠闪光。

此次起义，工农革命军毙敌10余人，烧毁监狱、县署教育局和土豪劣绅房屋三四处，并没收了几家大土豪劣绅的财产分给贫苦群众，大家欢欣鼓舞，兴高采烈。但因朱思、朱赞襄带领的东路起义队伍在崎岭乡打土豪，未能及时赶到东、南两门，让敌余兵得以趁机逃脱。革命军攻破县城后，县长方日中在保安队保

◎ "怒潮"——平和暴动（版画）

护下也往南门逃窜。朱积垒率队追击，在战斗中左手和右脚负伤。敌军仓皇逃到南门塔仔山上，方日中和曾鸡公发现农军装备很差，子弹不足，火药枪不少被雨水淋湿，战斗力被削弱。当日下午，溃逃的反动武装便纠集附近各乡的联防队向县城进行反扑。起义队伍虽顽强抗击，但因鸟枪、土炮的火药被雨淋湿，失去作用。负伤后的朱积垒和朱思、陈彩芹、罗育才商量，认为攻破县城、救出战友、扩大影响的目的已达到，起义军火力难继。为保存有生力量，决定在饶平农军的阻击下，主动撤回长乐等乡村。

4. 起义揭开了福建工农革命的序幕

平和起义大大震惊了国民党福建省政府。随后，国民党军张贞派重兵进行疯狂反扑和血腥镇压。3月10日，张贞从漳州先派一个营的兵力，于次日进抵县城九峰，洗劫了朱积垒、朱思等人的家乡。从3月16日至6月12日，国民党军又先后4次进剿长乐赤色区域，兵力一次比一次多，后又增派一个团到平和，最后一次纠集1000多人，分6路进攻长乐乡，对红色区域进行多次残酷围剿和洗劫。中共平和县委领导农军和民众英勇反击，斗争非常残酷，但终因敌我力量悬殊，起义军伤亡惨重。为保存革命力量，朱积垒一边养伤，一边和陈彩芹、朱思等商讨，召开县委会，采取新的斗争方针，决定以边界山区为依托，工农革命军分成几个分队，转到饶和埔边区开展游击战争，形成割据局面，建立苏维埃政权，进行土地革命。7月，中共平和县委根据中共福建省委和闽西特委指示，将参加平和起义的工农革命武装改编为中国工农红军平和县独立营和特务营，继续开展武装斗争。

1929年平和地区与闽粤边的饶平、大埔、诏安、闽西苏区连成一片，平和农军并与饶平、大埔的农民自卫军联合组成工农革命军饶和埔独立支队，不久又成为中国工农红军第11军第48团，继续转战于闽粤边广大地区。

1929年1月，朱积垒和叶锦章、曾庆载到闽粤边界的象湖山工作。后转到广东大埔，在岩上乡苦竹凹小店夜宿，被密探发现后被捕，送往大埔县城关押，受尽严刑拷打坚贞不屈。1929年4月，朱积垒在广东大埔县城

第七章
武装起义，花开遍地

壮烈牺牲。战友们前仆后继，高举红旗，坚持斗争，一直战斗到全国胜利。而朱积垒的名字也和"平和暴动烈士纪念碑"一样，永远耸立在长乐山上，铭刻在人民的心中。

尽管英雄已逝，但革命的精神永存。平和起义不仅创建了福建省第一支在中国共产党领导下的革命武装，而且揭开了福建全省各地武装起义的序幕。

自1927年7月20日，中共中央就目前农民运动总策略发出农字第九号通告，指出："中国革命进到一个新阶段——土地革命阶段。"到八七会议，党从第一次国内革命战争失败所造成的严重困难局面中

◎ 平和暴动烈士纪念碑

逐步走出来，胜利地进入了土地革命战争的新时期。在八七会议精神鼓舞下，各地纷纷举行武装暴动。福建地理条件较好，遍地崇山峻岭，有利于割据。反动统治力量也是处于分崩离析的局面，国民党军11军、海军、新编军和"闽南王"张贞为师长的独立第4师之间互争地盘，矛盾重重，反动力量坚挺而脆弱。而人民群众在苛捐杂税的重压下过着非人的生活。但当时在福建省66县中，只有闽南的平和，闽西的永定、龙岩、上杭等县有斗争，而1928年3月8日平和的暴动又是这些暴动中的先声。平和又与南靖、漳浦、云霄、永定、诏安及广东大埔、饶平等县相毗连，是闽粤交通的要道之一。该县农民运动起步较早，且发展迅速，广大农民积极参加农会斗争，平和起义就是在这些斗争基础上爆发的。

平和起义爆发后，同年3月在龙岩爆发了后田暴动，5月爆发了从湖雷开始的永定暴动，6月爆发上杭蛟洋暴动，在闽西出现了一大片暴动的局面，为创造一县或几县割据区域创造了条件。平和、龙岩、永定、上杭暴动后，1928年7月，省委扩大会议遵照中央关于在斗争激烈的区域可设特别委员会的指示，决定由平和、永定、上杭、龙岩4个县委各派代表2人，在永

定成立闽西特委。在闽西特委领导下，成立暴动委员会，领导闽西一带革命群众与反动派短兵相接的斗争。在党的领导下，到1930年上半年，共有24万人口的平和县，赤色区域人口就有14000多人，区苏维埃2个，乡苏维埃16个，其他各县革命形势也都有发展。1929年6月，红4军前委书记毛泽东给中共中央的报告中曾提及在闽西党有相当好的基础，群众也好，各县斗争日益发展，希望很大。

在平和起义刚爆发后不久，中共福建临时省委即连续发文。一方面，在总结平和起义的成绩和缺点及今后斗争策略的问题上致平和县委信中指出："你们能为工农群众的利益，很艰苦地领导他们，由小的斗争进展到此次英勇而激烈的斗争，省委认为是满意的。"平和起义的爆发，国民党反动派极为注目，各报连日刊载消息，报道起义声势甚为壮大，等等，这反映了敌人的惶恐心理。另一方面，又高度赞扬和充分肯定了平和起义的意义，称赞这次暴动"是福建农民自动夺取政权的第一幕"，"是全福建暴动的先声，是福建空前的壮举，是福建工农兵平民自求解放的信号"，必将"引导福建工农走上暴动的道路"；还称赞"朱积垒同志做事努力、勇敢"。

1928年3月8日，以朱积垒为首的中共平和临时县委，积极贯彻党的八七会议精神，在福建省委的具体指导下，有组织、有纲领、有目的地领导农民发起的攻城暴动，是闽粤边数县农民武装的一次联合行动，是全省第一次规模较大的武装起义。它不仅创建了福建省第一支在中国共产党领导下的革命武装，拉开了福建各地暴动的序幕，而且对平和及其附近各县的武装斗争、土地革命和根据地建设都起了重大的推动作用，开创了福建的共产党组织独立领导武装斗争的新时期。

起义震动了八闽大地，极大鼓舞了广大工农群众的斗志，扩大了党的影响，标志着八闽大地的革命斗争从此走上了武装斗争、土地革命和创建革命根据地的新阶段。尽管平和起义未完全达到预期的目的，但共产党人和农民群众的英勇斗争，给福建人民留下了深刻的印象，鼓舞了他们反抗国民党反动统治的勇气，唤起了他们的觉悟，提高了农民对党的认识，认识到武装斗争和土地革命的必要性，在福建人民革命斗争史上写下了光辉的一页。

三、陕西渭华起义

渭华起义是1928年5月至6月在陕西省的渭南及华县地区爆发的。它是八七会议后，由中共陕西省委决定，在中共陕东特委及刘志丹、唐澎、刘继曾等人的具体领导下进行的武装起义。渭华起义不仅是陕西和西北的重大革命事件，填补了西北地区革命斗争史上的空白；也是当时全国的重大事件，是继南昌起义、秋收起义、广州起义之后，中国共产党领导的又一次声势浩大的农民和工农革命军相配合的武装起义，是中共领导武装斗争、建立苏维埃政权的伟大尝试。

1. 渭华起义的条件日渐成熟

渭华地区位于关中东部，北跨渭河，南接秦岭，是由西安到中原的交通要道。此地交通便利，信息畅通，文化发达，人们思想比较先进。早在20世纪20年代前后，这里就是马克思主义传播和党团组织建立较早的地方之一，党的力量和群众基础较好等，都为日后该地革命运动的爆发创造了良好的条件。第一，马克思主义的迅速传播，在关中大地播撒着革命火种，为渭华起义奠定了强大的思想基础；第二，在整个陕西省范围内，渭华地区也是建立中共党、团组织最早的地方之一，党、团组织的建立，为渭华起义打下了坚实的组织基础；第三，大革命期间，渭华一带农村普遍建立了农民协会，进行了大量的反抗地主、劣绅等斗争，尽管大革命失败后，该地区的革命斗争受到了一些挫折，并被迫转入地下，但农会组织并没有遭到大的破坏，活动并未停顿，而且农民运动此起彼伏，为渭华起义夯实了广泛的群众基础；第四，高塘民团，许权中旅的组建，也为渭华起义积蓄了重要的武装力量。

20世纪20年代初，军阀混战，社会黑暗，中华大地狼烟四起，而广大的知识分子，依然一如既往地在寻求着救国救民的真理。自马克思主义传到中国之后，它便迅速地得到了包括知识分子在内的广大国人的赞许和共鸣。1922年，马克思主义开始在陕西传播，且在一批早期共产党员的宣传、动员下，马克思主义迅速传播开来。共产党人魏野畴、王尚德、王复生、王延、方仲如、陈述善等人在渭南、华县等地，先后以咸林中学、赤水职业学校、渭阳中学、谷堆小学、高塘小学为阵地，热情宣传马克思主义，播撒革命火种，使渭华一带进步青年、学生普遍接受了马克思主义的启蒙教育，思想进步很大，革命意识日渐浓烈，为以后革命起义的爆发奠定了深厚的思想基础。

渭华地区是陕西省建立中共党、团组织最早的地方之一，也是大革命时期全省群众运动特别是农民运动最活跃的地方之一。早在1922年8月，王尚德在渭南赤水创办职业学校时，就在那里建立了陕西第一个社会主义青年团支部，并在此基础上建立了中国共产党的组织。同年12月，在陕西省委的指导下又成立了中共赤水特别支部。1927年2月成立中共陕甘区委。同年夏，夺取高塘民团的领导权，并在团内建立党组织——中共高塘特别支部。7月上旬，成立华县县委和中共陕西省委。

省委在大革命失败后，由西安向外疏散党团员时，又派了许多领导骨干到渭华地区，进一步充实和加强了该地区的党、团力量。省委扩大会后，渭南和华县县委对发展起来的党组织又进行了整顿。1928年2月27日，渭南县委发出通告，强调依靠群众切实严格地从组织上洗刷党内的机会主义，以贫苦工农化与集体化的原则，切实从下而上地改组，务必使组织适合斗争。县委还提出要严格党的组织生活，大力发展党的组织成员，要求在1928年4月底之前，发展党员到900人，比原来党员人数增加近一倍。同时，华县县委对党员也加强了服从纪律和秘密工作的教育，并积极发展党的组织。从1927年年底到1928年渭华起义前，华县党员人数大为增加，共青团的组织也有较大的发展。经过整顿后，党组织变得纯洁了，战斗力也得到明

第七章

武装起义，花开遍地

显的增强。可以说，随着中共党、团组织的建立，陕西渭华地区的革命运动也逐步发展起来。

早在大革命时期，渭华一带农村就普遍建立了农民协会。1925年11月，渭华地区的第一个农民协会——东张村农民协会成立。1926年10月，由共产党员杜松寿率领从广州农民运动讲习所结业的16名陕籍学生，与渭华县区内的农民协会共同举行了农民斗豪绅、抗粮抗款运动。1927年3月，渭

◎ 渭南渭华起义纪念馆

南县又成立了县农民协会，发展会员5100多人，并成立了农民自卫军委员会，筹设县农协和高塘区常备武装，准备武装斗争。大革命失败后，该地区的革命斗争虽然也受到了一些挫折，且农会开展的工作被迫转入地下，但组织并没有遭到大的破坏，活动也并未停顿。1927年下半年，在党的领导下，县农会组织带领觉醒的群众镇压反动豪绅；打击多摊多派的贪污人员；清除匪患，驱逐不法驻军，掀起反帝"非基"（即反对基督教）运动；破除迷信，从地主、豪绅手中夺回被把持、霸占的祠堂和庙宇，挂起农民协会和平民夜校的牌子。同时，农民协会反对买卖婚姻和歧视妇女，开展放足运动。

1928年春，渭华地区党组织又积极发动和组织群众，开展了反对国民党新军阀的宣传工作，领导群众同国民党反动派进行斗争。2月底，渭南县委领导宣化小学等校师生回击了反动分子的进攻。宣化小学设在渭南县城东北槐芽林的宣化观内，是中共的一个活动据点。宣化观中还有一个乐育小学，被以刘铭初为首的反动分子所把持。他们不仅赶走了该校的共产党员，还纠集了一部分反动分子捣毁了宣化小学。

为了避免党的文件落入敌手和党的组织遭受破坏，2月29日，宣化小学师生在渭南县中、县东关小学师生和附近一部分农民的支持下，惩治了反动豪绅刘铭初和乐育小学反动校长田宝丰。二二九事件揭开了渭华地区

新的群众斗争的序幕。事件爆发后,敌人疯狂反扑,封闭了县中和东关小学,并逮捕共产党员和革命群众40多人,收缴了共产党人在高塘所掌握的自卫团枪支。宣化事件后,渭、华两县县委转移到了农村,以主要力量做发动农民的工作。农民协会又秘密地恢复了活动,打击土豪劣绅,开展抗粮、抗款、抗租等斗争。县委要求把这一斗争逐步发展为暴动,摧毁旧政权,建立苏维埃政权。渭华农村出现了前所未有的新政治局面,为渭华起义奠定了坚实的群众基础。

1926年2月,共产党员王南、陈述善、赵和民领导高塘农民群众处决了反动民团团长,成立公民自治会,并且组建了共产党员起领导作用的高塘民团。几经斗争,高塘民团这支武装力量牢牢地掌握在党的领导下。

1927年7月,以中山军事学校(共产党员史可轩任校长,邓小平任政治部主任)学员和国民联军驻陕总司令部政治保卫队成员为骨干组建的部队,即后来的许权中旅,是党领导的一支重要武装力量。年底,省委又派共产党员刘志丹、唐澍等几名同志到许权中旅加强领导工作。起义前夕,该旅共1200多人,枪1000多支。随着党组织不断地发展壮大,省委决定该旅参加渭华起义。渭华两县县委就在上述基础上整顿加强党、团组织,恢复农民协会,发动农民群众,建立农民武装,为起义的爆发作了必要的准备工作。

随着时间的推移,起义的条件日渐成熟。1928年5月,在中共陕西省委决策与部署下,渭华地区爆发了一场声势浩大的武装起义,这便是土地革命战争初期中国共产党在陕西领导的渭华起义。

2. 陕西省委做了准备

大革命时期,陕西地区的革命斗争得到了蓬勃发展。然而,1927年4月和7月,蒋介石、汪精卫相继背叛了革命,残酷屠杀共产党人和革命群众,大革命运动惨遭失败。随后不久,统治西安的冯玉祥也站到反革命一边。他首先以"礼送出境"的方式,赶走了在其军队中工作的3名苏联顾问及

第七章
武装起义，花开遍地

刘伯坚、刘志丹、方仲如、宣侠父、刘贯一等四五十名共产党人。在他的指使下，陕西反动当局立即解散了进步工会组织、农民协会及所有的革命团体，将党团员及革命人士全部赶了出去。1927年8月18日，冯玉祥为了镇压革命，统一陕西的国民军，又成立了隶属于蒋介石的以石敬亭为主席的陕西省政府，进行反共清党活动。中共陕西地方组织遭到很大的破坏，大革命时所形成的统一战线亦归于失败，白色恐怖笼罩着三秦大地。

在这种情况下，中共陕西省委根据八七会议的精神，于9月26日召开了第一次省委扩大会议，纠正右倾情绪，确立了武装反抗国民党反动统治的方针，决定在陕西开展武装斗争和土地革命，并且做了大量的准备工作：建立起义的领导机关；组织武装队伍，确定以渭南、华县地区作为东府武装起义的中心，由共产党员许权中领导的一部分武装举行这次起义，并委托省军委负责人李子洲起草关于渭华起义的决议；加强对许权中旅的领导工作，等等。具体如下：

第一，建立起义的领导机关。

起义领导机关的建立是比较早的。1928年1月2日，中共中央在《致陕西省委信》中，要求陕西实行"武装暴动，推翻地主军阀统治，建立苏维埃政权"。1月12日，省委即决定在陕南、陕北分设特委，并把关中划分为5个暴动区，省东区即以渭南、华县为中心，包括华阴、蓝田等县。2月29日，渭南爆发了宣化事件，拉开了渭华起义的序幕。3月22日，中共陕西省委召开常委会议，决定划渭南、华县、五一（固市）、华阴、临潼为陕东暴动区，并成立中共陕东区特派委员会（以下简称陕东特委），由中共陕西省委常委刘继曾任书记，中共渭南县委书记肖明为组织委员，共青团陕西省委宣传部长李昌英（李大章）为宣传委员，专门负责领导陕东五县准备暴动。

4月1日，陕东特委正式成立。6日，陕东特委召开第一次扩大会议，制定了起义的纲领文件——《目前工作计划大纲》。这个计划在分析当时的形势时指出："反动势力实不稳固，而潜伏待发的群众斗争一触即发，只要我们加紧工作，努力成熟主观条件，敢想将来，陕东大暴动，必然爆发。"计划要求各县：整顿党的组织，使组织战斗化；组织游击队，开展游击战争；

发动群众进行抗粮、抗款、抗税、抗捐、抗租、抗债及反对土豪劣绅的斗争；组织民众。计划还要求4月底尽可能地成立苏维埃政权或农协，作为组织群众和指导斗争的机关。因此，在4月这一个月内，渭华地区的党组织也进行了紧张的准备工作。

第二，组织武装力量，加强对许权中旅部的领导工作。

渭华县委为了领导农民建立武装，加强渭华地区武装斗争的骨干力量，选派了王化民、孙敬堂等两县28名优秀党员、团员和农民积极分子，到滩南要司许权中旅，学习军事知识，领取武器。王化民、孙敬堂等人在滩南学习了一个月左右，携带了20多支步枪，回到渭华塬上，在华县陕东特委驻地堡子底三教堂一带进行游击活动，并且很快发展成为有180余人、80余条枪、以10多个村庄为活动据点的农民武装。后来，这支武装发展成了陕东赤卫队，建立了塔山军事据点，成为渭华起义一支重要力量。渭华地区的农民运动有了武装，如虎添翼，武装斗争更快地发展起来。1928年5月1日，成立了渭南崇凝区苏维埃政府，并于5月4日在华县高塘镇又召开了群众大会，公开提出"打倒冯玉祥，三年不纳粮"。会后没收了薛良诚的商号维盛源和潘炳万的染坊，把没收的东西分给贫苦农民。接着，5月中旬许权中旅开到渭华地区，与农民起义相结合，声势更大起来。

许权中旅是由大革命时期的共产党员史可轩等领导的国民联军驻陕总司令部政治保卫部直属部队和西安中山军事政治学校学员组成的。各级领导大多由共产党员担任，不少官兵也是共产党员或共青团员，实际上这支部队是中国共产党领导的军事力量。冯玉祥反共后，曾命令这支部队开赴河南，企图使它离开共产党的领导，把它拉向反动道路，甚至把它搞垮。省委根据当时情况，指示史可轩把这支部队拉出西安，摆脱冯玉祥，开赴陕北，继续坚持革命斗争。1927年7月下旬，史可轩受命率部离开西安，在向北进发至富平美原镇时，史可轩被军阀田生春杀害。许权中、高克林根据省委指示，率部折向南进，于1928年春到达滩南，暂编为李虎臣部第3旅，驻在三要司一带。同年4月，陕东特委书记刘继曾赴滩南传达了省委关于组织渭华起义的决定，要该旅扩大力量，加紧起义的准备工作。

1928年春，为了加强对许权中旅的领导，省委派刘志丹、唐澍、谢子长、

第七章
武装起义，花开遍地

廉亦民等人到许权中旅工作。唐澍任旅参谋长，刘志丹任司令部参谋主任，谢子长任副营长兼政治教导员。这样，就大大加强了党在许权中旅的领导力量。

刘志丹，1903年生于陕西保安（今志丹）。早年求学期间，组织领导过学生运动。1924年冬加入中国社会主义青年团，并于次年转入中国共产党。大革命失败后从事中共陕西省委秘密交通工作。1928年年初率一批干部到豫陕边界地区开展农民运动，4月参与领导了渭华起义。

◎ 刘志丹（左）和许权中（右）

1928年春刘志丹等人到许权中旅后，在旅党委会上又传达了党中央和陕西省委的指示。根据这个指示，旅党委选派部队中政治可靠、觉悟高、精明能干的干部和党团员，组成工作组，在部队中积极开展革命思想教育，加强军事训练，进行了大量的动员工作。在刘志丹、唐澍、刘继曾、许权中等同志的努力下，恢复发展了当地的农民协会，建立起赤卫队，大批的革命干部和武装骨干经过培训后成长起来。刘志丹还领导群众开展了直接反对土豪劣绅的斗争，公开审判和处决了3名恶霸地主，没收并分配了300石粮食。刘志丹与群众打成一片，经常深入群众的家中了解民情，帮助他们进行生产劳动。在与群众的接触中，他巧妙地抓住机会，向老百姓宣传革命道理，宣传共产党的政治主张和方针政策，并教导群众，穷人要翻身，只有团结起来，同心协力，铲除土豪恶霸，打倒贪官污吏，自己做主人翁，才能过上好日子。这些革命道理极大地提高了群众的思想觉悟，鼓舞了他们革命的士气。

刘志丹等人开展的宣传工作，不仅迅速扩大了革命影响，打击了部分敌人，而且加深了部队驻地群众和军队之间的感情，使群众深刻认识到这支部队是人民的队伍，坚定了革命的决心，对即将爆发的农民起义和革命斗争的进一步发展，特别是建立革命根据地和发展武装斗争，都起到了重要的作用。

3. 渭华起义和西北工农革命军的成立

经过充分的准备，5月初，由刘志丹、唐澍、刘继曾、许权中等同志直接领导，以华县高塘、渭南塔山为中心，东起潼关，西到临潼、蓝田，南入秦岭深山，北至渭河两岸，方圆数百平方公里的土地上，组成的西北工农革命军和陕东赤卫队以及许多支农民赤卫队，工农革命军和地方苏维埃政权紧密结合在一起，向着国民党反动势力、土豪劣绅、不法地主和贪官污吏展开了英勇的武装斗争。渭华地区的农民起义如火如荼地开展起来。

5月1日，渭南1000多名农民首先举行暴动。当天，在渭南崇凝镇举行纪念五一、反对国民党独裁统治的大会上，正式宣告成立了西北地区第一个区苏维埃政府——崇凝区苏维埃政府，开始了武装割据斗争的局面。接着，在中共陕西省委和中共陕东特委的领导下，渭华地区的池水镇、阳郭镇、三张镇和高原镇等地也分别召开群众大会，建立了区、乡苏维埃政权及武装力量陕东赤卫队，渭华起义烈火从此点燃。5月3日晚，华县四区区委带领党、团员武装袭击了薛家村大恶霸的家。5月4日，高塘镇举行了群众暴动大会，查抄了恶霸地主的商号。5月5日，东王村举行群众暴动大会，宣布村苏维埃政府成立，查抄了土豪的财产。

渭华地区武装斗争风起云涌，数日之后，就很快形成了以华县高塘、渭南塔山为中心，东至少华山，西到临潼，北接渭河，南连秦岭，约200平方公里的红色割据区域。苏维埃政权在华县、渭南、五一3个县48个区、村纷纷建立。至此，农民对土豪劣绅、地主的斗争已普遍展开。

渭华塬上的农民起义开始后，许权中旅根据中共陕西省委的指示和旅党委的决定，在刘志丹等人的领导下，在潼关南塬的战争前线上也举行了起义，奔赴渭华塬上。

1928年5月上旬，冯玉祥与樊钟秀部队酣战之时，陕西地方军阀李虎臣在关中发动了反冯战争，欲取代冯玉祥统治陕西。李虎臣命令许权中旅开赴潼关，参加反冯战争。在旅党委会议上，刘志丹等人主张立即把部队拉到渭华地区，举行起义。当时，有少数同志主张先打潼关，将队伍充实后再举行起义。最后确定派一个营去渭华配合农民暴动，其余参加攻打潼

第七章
武装起义,花开遍地

关。李虎臣当时已得知该部有参加渭华起义的打算,因此在向潼关进军途中,把许权中旅夹在他的部队中间,予以监视。到前线后,又把许权中旅摆在正面战场,企图把它当作牺牲品。

5月10日,李虎臣部在进攻潼关马鸿宾部队时失利。刘志丹、唐澍等人当机立断,再次召开旅党委会议,决定立即把部队撤出潼关前线,举行起义。次日夜,刘志丹等人率领部队,离开潼关,直奔华县高塘举行起义,许权中随后也带着警卫人员赶来。参加起义的指战员有600多人。部队到达华县瓜坡镇时,召开了军事大会,宣布起义,脱离军阀混战,改组部队的领导机构,成立了工农革命军及其军事委员会。全军战士,群情激昂,举起工农革命军红旗,摘掉国民党帽徽,踏在脚下,高呼"打倒国民党!""打倒国民党政府!""反对军阀混战!""打倒土豪劣绅!""分配土地给农民!""建立苏维埃政权!""共产党万岁!"部队改编后即赴高塘。

5月18日,部队抵达华县高塘镇后,地方党组织在高塘街召开了盛大的欢迎大会。广大群众敲锣打鼓夹道欢迎,陕东赤卫队、农民协会及各界群众万余人参加了大会。会场周围张贴着"中国共产党万岁!""西北工农革命军万岁!""工农兵联合起来!""打倒帝国主义!""打倒蒋介石!"等标语。

◎ 渭华起义旧照

会上,刘志丹代表起义部队做了讲话,号召军民团结起来,为打倒军阀,打倒土豪劣绅,创建苏维埃政权,坚持革命而不懈斗争。大会还宣布将起义部队改编为西北工农革命军,成立西北军事委员会。唐澍为西北工农革命军总司令,刘志丹为西北军事委员会主席,刘继曾为政委,许权中任军总顾问。在军中建立了党的组织,吴浩然担任军党委书记。下面辖4个大队、一个赤卫队(即警卫队)和一个骑兵分队。军队中还成立了士兵代表会议。

西北工农革命军成立后,唐澍、刘志丹等即以司令部的名义颁发布告,声称:"土豪劣绅和财东,剥削穷人真个凶。加以放财驴打滚,卖儿卖女还不清。""西北工农革命军,他是咱的子弟兵。""贪官污吏都打倒,我们要做主人翁,建设苏维埃政权,才能过成好光景。"这一布告号召军民团结起来,铲除土豪、贪官污吏,建立苏维埃政权。起义军四处消灭敌人的反动武装,截电杆、割电线,破坏敌人的交通线,袭击敌人军运车辆,夺取军用物资,击败敌人的军事进攻;还积极协助农民和地方组织打击土豪劣绅,建立苏维埃政权。

工农革命军与农民暴动相结合,把起义推向了高潮。在起义的中心区域内,国民党基层政权组织全部被摧毁,普遍建立起以一村或数村为单位的基层苏维埃政权,并拥有武装的赤卫队,在工农革命军和陕东赤卫队的紧密配合下,广大军民向封建地主阶级发动了猛烈的进攻。先后清算了150多名土豪劣绅,处决了60多名罪大恶极者,并没收了地主的粮食和家财,将其中一部分分给穷苦的群众。基层苏维埃政权也大都办起了平民学校、农民夜校和儿童团,组织群众学习文化知识和革命理论,宣传土地革命,开展文化娱乐活动。苏维埃政府还提倡男女平等,明令禁止强迫女孩缠足,提倡妇女放足。起义区内呈现一派崭新的政治景象,革命烈火映红了天。

4. 国民党军三次反扑

渭华地处豫陕交通要道,历来为兵家必争之地。党领导革命军民在这里发动起义,敌人极为不安。在起义爆发之时,冯玉祥正忙于军阀混战,无暇顾及。1928年5月8日,冯玉祥部宋哲元主力由豫西班师回陕,10日在潼关打败了李虎臣的军队,18日又击溃了李虎臣围攻西安的部队,陕西军阀混战局面暂告结束。于是冯玉祥、宋哲元立即调集重兵及地方民团和治安警察,从5月底到6月中下旬,先后对起义地区进行了三次疯狂"围剿"。

6月初,敌军以一个旅的兵力发动了第一次进攻。在渭南县保安团的配合下,敌军从渭南县城向东南方向进攻,企图经龙尾坡直扑陕东赤卫队塔

第七章

武装起义，花开遍地

山军事据点。但被埋伏在龙尾坡南端前沿阵地的西北工农革命军第4大队一部和陕东赤卫队予以阻击。谢子长闻讯也领兵从高塘前来增援，在桥南与敌激战，起义军两面夹击，保安团伤亡惨重，仓皇逃窜。就这样，国民党军的第一次进攻被粉碎。

6月10日左右，敌军发动了第二次进攻。田金凯的骑兵师，从华县县城一带出发，经瓜坡镇、大明寺，直驱高塘镇，妄图袭击工农革命军司令部。由于当时驻防高塘的西北工农革命军夜出执行任务，对敌情侦察不够，防范疏忽，东面之敌冲到离司令部3里远的骆驼渠时，才被哨兵发觉。在此危急的情况下，唐澍总指挥即派工农革命军司令部赤卫队长张汉泉率领的赤卫队员，第2大队第6中队长周益艺率领的第2大队留守人员与敌激战。战斗中，张汉泉手臂受伤，由参谋长王泰吉指挥部队继续战斗，将田军压于骆驼渠下。这时，外出游击活动的高文敏、谢子长等率第2大队、第3大队主力正好返回，从东西两面再次形成对敌的夹击之势，敌误以为中了埋伏，惊慌失措，随即丢盔卸甲，扔下许多箱迫击炮弹，逃回华县县城。敌军第二次进攻也被粉碎。

战斗结束后，西北工农革命军召开了军委扩大会议，分析了敌我力量悬殊的状况及其他主、客观条件，认为革命军如继续在渭华与敌硬拼是非常不利的，决定向陕北转移，在陕北建立革命根据地。会后，陕东特委书记刘继曾去西安请示省委，军委秘书长许维善去渭北购买弹药，勘察道路，准备使部队向北转移。

6月19日，敌军又发动了第三次进攻。这次敌军集孙连仲、魏凤楼、田金凯三师之众，由陕西省政府主席宋哲元亲自率领，分东、中、西三路，采取步步为营的战术，向高塘及塔山进攻，妄图一举消灭起义军民。由于敌军来势凶猛，部队移防陕北的道路也被切断，工农革命军军委根据这一形势，决定将部队撤进南山，不和敌军硬打死拼，以保存部队的有生力量。革命军司令部也由涧峪口南堡村移至牛峪口龙山底村。

东路敌军以田金凯的一师兵力，由逃亡地主孔献文、薛宝官及其民团做向导，从华县出发，经瓜坡镇进攻乔峪口，企图切断工农革命军的退路，进而从南面形成包围之势。在桥峪口，工农革命军马子敬率部和丰原里18

村苏维埃赤卫队一同进行英勇阻击。田部以猛烈炮火轰炸,起义军民被迫后退到桥峪口外的蕴空山后,凭借着山势险要,易守难攻的有利地形坚持战斗,直到主力部队安全转移,才放弃这个阵地。

与此同时,西路敌军一个师,从渭南县城出发,经崇凝镇直击塔山军事据点。敌军用迫击炮疯狂地轰击起义军塔山前沿阵地。工农革命军第4大队及陕东赤卫队一个中队,在许权中、雷天祥等指挥下,与数十倍于己之敌展开激战。在所有营房工事都被摧毁后,起义军被迫撤退至箭峪口。

战斗最激烈的是中路。宋哲元亲自率领中路一个多师,从赤水出发,分两路向高塘我军进攻。一路从赤水东川向高塘西北工农革命军司令部前沿阵地进攻,刘志丹、唐澍指挥革命军第2大队和第3大队一部分,阻击敌人。因敌众我寡,起义军激战后,退至南山涧峪口和牛峪口一带。另一路则从赤水西川向魏家原进攻箭峪口,企图切断起义军司令部与塔山军事据点的联络,并配合东川敌军进攻起义军司令部。但被唐澍指挥的部分西北工农革命军击退。敌人随后又抽调一部分兵力从侧面发动进攻,企图两面夹击,夺取魏家原。在这紧急关头,周围农民和赤卫队数百人,向敌人背面展开猛烈袭击,使敌腹背受到威胁,工农革命军阵地才得以暂时转危为安。在高塘起义军主力撤走后,魏家原军也随之转移。

6月20日拂晓,西路敌军又向塔山附近的清明山、凤凰山进犯,中路和东路敌军又向退至箭峪口、牛峪口、涧峪口的革命军猛烈进攻,战斗十分激烈。许权中、雷天祥指挥工农革命军,在箭峪西侧的铁家岭与敌激战。但由于敌我力量悬殊,起义军被迫且战且退,最后,退出渭华暴动中心地区。下午5时左右,西线部队退出箭峪口。许权中、杨晓初等撤退到洛南县蓝田许家庙,雷天祥带第4大队于次日到达洛南两岔河一带。东线起义军在刘志丹、唐澍的率领下,分别由东、西涧峪转入秦岭深山,于6月22日相继抵达两岔河。同日,西北工农革命军全部退出了渭华地区,越过秦岭,到达洛南县两岔河、保安镇一带。

7月1日,工农革命军在保安又遭到敌军5个旅兵力的重围。革命军英勇奋战,前仆后继,但因对形势估计不足,寡不敌众,两个大队全军覆没,唐澍壮烈牺牲。余部二三百人血战之后突出重围,在刘志丹、刘继曾的率

第七章
武装起义，花开遍地

领下至蓝田张家坪与许权中等部汇合。鉴于形势恶化，由刘继曾、刘志丹主持召开军事活动分子大会，决定取消工农革命军旗帜及军事委员会，党在军队中的组织隐蔽起来；暂停开展苏维埃运动；并通过许权中的私人关系，将部队暂归友人刘文伯师。后许权中率部编入刘文伯师。8月，许权中旅在河南邓县（今邓州），被当地的地主武装红枪会包围，战斗失利。最后保存下的党团员、干部、战士分散隐蔽，继续投身于革命运动中。

这样，轰轰烈烈的渭华起义最终失败了。在这次起义中，西北工农革命军、陕东赤卫队的广大指战员和渭华塬上的数万农民，同当地的地主、土豪劣绅势力和国民党的反动军队进行了英勇的战斗，在陕西革命斗争史上写下了光辉的一页。

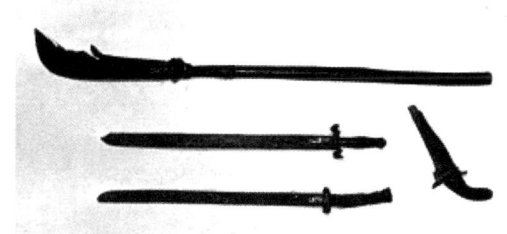

◎ 起义时用过的武器（资料照片）

在与敌军战斗中，西北工农革命军总司令唐澍、军党委书记吴浩然、西北工农革命军政治部主任廉益民、陕东赤卫队大队长李大德、副大队长薛自爽、中队长徐汉儒等人为革命献出了他们宝贵的生命。

这次起义虽然由于敌强我弱和缺乏经验失败了，但它的意义是深远的。它不仅在西北地区以至全国造成了一定的革命声势，震撼了国民党反动派的统治，沉重地打击了国民党反动势力的嚣张气焰，而且极大地鼓舞了人民革命的斗志，深刻教育了广大的劳苦群众，培养了一批杰出的革命干部，如刘志丹、许权中等人，为陕西革命运动的进一步发展，起到了重要的推动作用。渭华起义失败后，刘志丹等人总结渭华起义失败的教训，继续坚持革命斗争，积极扩大党、团组织，建立游击队，更加深入地扎根于群众之中。经过几年艰苦奋战，终于在党的领导下成功地创建了西北工农红军和陕甘革命根据地。

可以看到，在中国共产党的领导下，湖北、湖南、江西、广东、海南、京东地区、河南、福建、陕西等地都爆发了起义。除文中提到的起义外，中国共产党还在江西的弋阳、横峰以及南部等地，湖南的醴陵、桑植，江苏的通、海、如、泰等地领导了多次起义。革命之花开遍中国大地。尽管中国共产党领导的许多起义都以失败而告终,共产党人在起义过程中所总结的经验、教训为以后革命斗争的顺利进行奠定了基础。而且许多起义军在起义失败后成立了游击队,成功创建了诸多农村革命根据地,这为后来中国共产党走"农村包围城市,武装夺取政权"的道路并取得最终成功提供了重要条件。

结语　我们的队伍向太阳

中国共产党自诞生之日起，便肩负起民族独立和国家富强的历史重任。为了完成反帝反封建的历史使命，中国社会的各革命阶级，在中国共产党的倡导下，组成联合战线，掀起了一场轰轰烈烈的大革命运动。在大革命的激流中，中国共产党经受了北伐战争的血与火的洗礼，锻炼了其出色的政治工作才能，初步接触并掌握了部分革命武装，为大革命做出了自己独特的贡献。

由于反动派的联合武装镇压和中共党内右倾机会主义错误，大革命遭遇失败。中国共产党从血的教训中意识到掌握革命武装，独立领导武装斗争的重要性。为此，南昌起义打响了武装反抗国民党反动派的第一枪，标志着中国共产党独立地领导革命战争、创建人民军队和武装夺取政权的开始。

1927年8月7日，八七会议召开。根据指示，中国共产党先后发动和领导了秋收起义和广州起义。结果证明，以攻占大城市为目标的武装起义道路在中国行不通。毛泽东率领的秋收起义部队在遭受挫折后，走上了一条在农村建立革命根据地，以保存和发展革命力量的正确道路，代表了中国革命的发展方向。

随后一段时间里，各地武装起义蜂起，革命的火种得到保留。经过这些起义，越来越多的革命者开始认识到，到农村中去，特别是到那些受过大革命风暴影响的农村中去，会有革命发展的广阔天地。各地起义中保存下来的一部分革命武装，深入农村，开展游击战争，为后来建立和发展红军和农村革命根据地，奠定了初步的基础，开启了土地革命战争的伟大开端。

在意识到独立掌握武装的重要性之后，除了领导起义和建立革命根据地，中国共产党还很注重培养自己的军事干部。在国内，1924年国共合作创办的黄埔军校成为培养军事人才的摇篮，许多在中国革命事业中发挥关键作用的将帅都从这里走出；在国外，1921年，中国共产党与苏联共产党和共产国际开始合作培养军事干部。苏联的莫斯科东方大学、红色教授学院、伏龙芝军事学院等开设了中国成员班，教授军事理论和作战技术，为中国革命培养了许多军事人才。刘少奇、聂荣臻、叶挺、左权、陈赓等都被选派到苏联学习过。一大批优秀的战士，随时准备为中国革命的伟大事业贡献力量。

参考文献

1. 江英、李晓雨编．建军大业．人民出版社，2011
2. 齐鹏飞、王进编．毛泽东与共和国将帅．红旗出版社，1993
3. 哈战涌编．星火燎原——建军的那些人与事．当代中国出版社，2012
4. 王晓华、张庆军编．黄埔军校的将帅们．上海人民出版社，2009
5. 唐培吉编．两次国共合作史稿．浙江人民出版社，1989
6. 魏宏运编．南昌起义．上海人民出版社，1977
7. 肖燕燕．南昌起义人物研究．江西人民出版社，2009
8. 张月琴编．南昌起义史论．江西人民出版社，1986
9. 秋收起义写作组编．秋收起义．上海人民出版社，1977
10. 萧克、何长工编．秋收起义．人民出版社，1979
11. 张侠、李海量．湘赣边秋收起义研究．江西人民出版社，1987
12. 徐雁．广州起义全记录．湖南人民出版社，2009
13. 中共中央党史征集委员会、中央档案馆．八七会议．中共党史资料出版社，1986
14. 陈雄主编．共和国36位军事家（上、下册）．长征出版社，2007
15. 肖甡．中共党史百人百事．上海人民出版社，2006
16. 中共中央党史研究室编．中国共产党历史（第一卷上册）．中共党史出版社，2002
17. 江西省档案馆．井冈山革命根据地史料选编．江西人民出版社，1986

18. 中国革命博物馆编. 第一次国共合作时期的北伐战争. 黑龙江人民出版社, 1987

19. 本书编写组. 何长工传. 中央文献出版社, 2000

20. 陈幼荣、廖金龙. 从南昌起义到井冈会师八一起义军南征粤东转战到井冈山纪实. 中共党史出版社, 2007

21. 尹家民. 南昌起义纪实. 解放军文艺出版社, 2002

22. 张可. 秋收起义全记录. 湖南人民出版社, 2009

23. 李蓉、吴为编. 朱德与毛泽东. 中央文献出版社, 2005

24. 郑启等编. 毛泽东与彭德怀. 吉林人民出版社, 1998

25. 中共郴州党史资料征集办公室编. 湘南起义史稿. 湖南人民出版社, 1986

26. 湖南省档案馆、湖南省平江县委党史办公室编. 平江起义资料集, 1984

27. 廖开助编. 福建革命战争史稿. 福建人民出版社, 1986

28. 王云. 陕西文史资料选辑（第6辑）. 陕西人民出版社, 1979

后　记

国民革命失败后，蒋介石为首的国民党政府成了人民的敌人和中国革命的直接目标。年轻的中国共产党人从血泊中站起来，掩埋好同伴的遗体，揩干净自己身上的血迹，为争取民族独立、人民解放和实现国家富强、人民富裕，又开始了土地革命和武装反抗国民党反动统治的英勇战斗。为庆祝中国共产党成立100周年，缅怀革命先烈和前辈为建立新中国不惜抛头颅、洒热血而建立的丰功伟绩，出版社对2017年编写的《建军大业》一书进行加印。

本书主要描述大革命失败后中国共产党领导的八一南昌起义、秋收起义和广州起义以及党在各地领导的武装暴动，即土地革命战争初期党领导的反抗国民党反动统治的武装斗争和建军活动。

本书由江英主编，何虎生通读了全部书稿。参加本书撰写、修改、资料搜集、校对等工作的还有龙春利、黄玲、毛胜、周守高、胡志虎、赵文心、张天宇、黄菊、郭澳、王丹怡等人。

由于作者水平有限，也由于编著过程中遇到一些具体问题，如以八一南昌起义、秋收起义为中心展开叙述中国共产党艰难的建军史，这种写作体例是否合理，重大事实有无遗漏，也敬请读者批评指正。

作　者
2021年3月于中国人民解放军军事科学院

图书在版编目（CIP）数据

建军大业 / 江英主编. -- 北京：中国广播影视出版社：人民出版社，2017.5（2025.1重印）
（共和国三部曲史学读本 / 何虎生主编）
ISBN 978-7-5043-7915-3

Ⅰ. ①建… Ⅱ. ①江… Ⅲ. ①中国共产党－党史－史料②中国人民解放军军史－史料 Ⅳ. ①D231②E297

中国版本图书馆CIP数据核字(2017)第093886号

建军大业

江 英 主编

责任编辑	王 萱 宋蕾佳
组稿编辑	张振明
装帧设计	水玉银文化 张 頔
责任校对	谭 霞

出版发行	中国广播影视出版社
电 话	010-86093580 010-86093583
社 址	北京市西城区真武庙二条9号
邮 编	100045
网 址	www.crtp.com.cn
电子信箱	crtp8@sina.com

出版发行	人民出版社
电 话	010-84046650 010-84095121

经 销	全国各地新华书店
印 刷	北京凯德印刷有限责任公司
开 本	710毫米×1000毫米 1/16
字 数	230（千）字
印 张	18
版 次	2017年5月第1版 2025年1月第15次印刷
书 号	ISBN 978-7-5043-7915-3
定 价	45.00元

（版权所有 翻印必究·印装有误 负责调换）